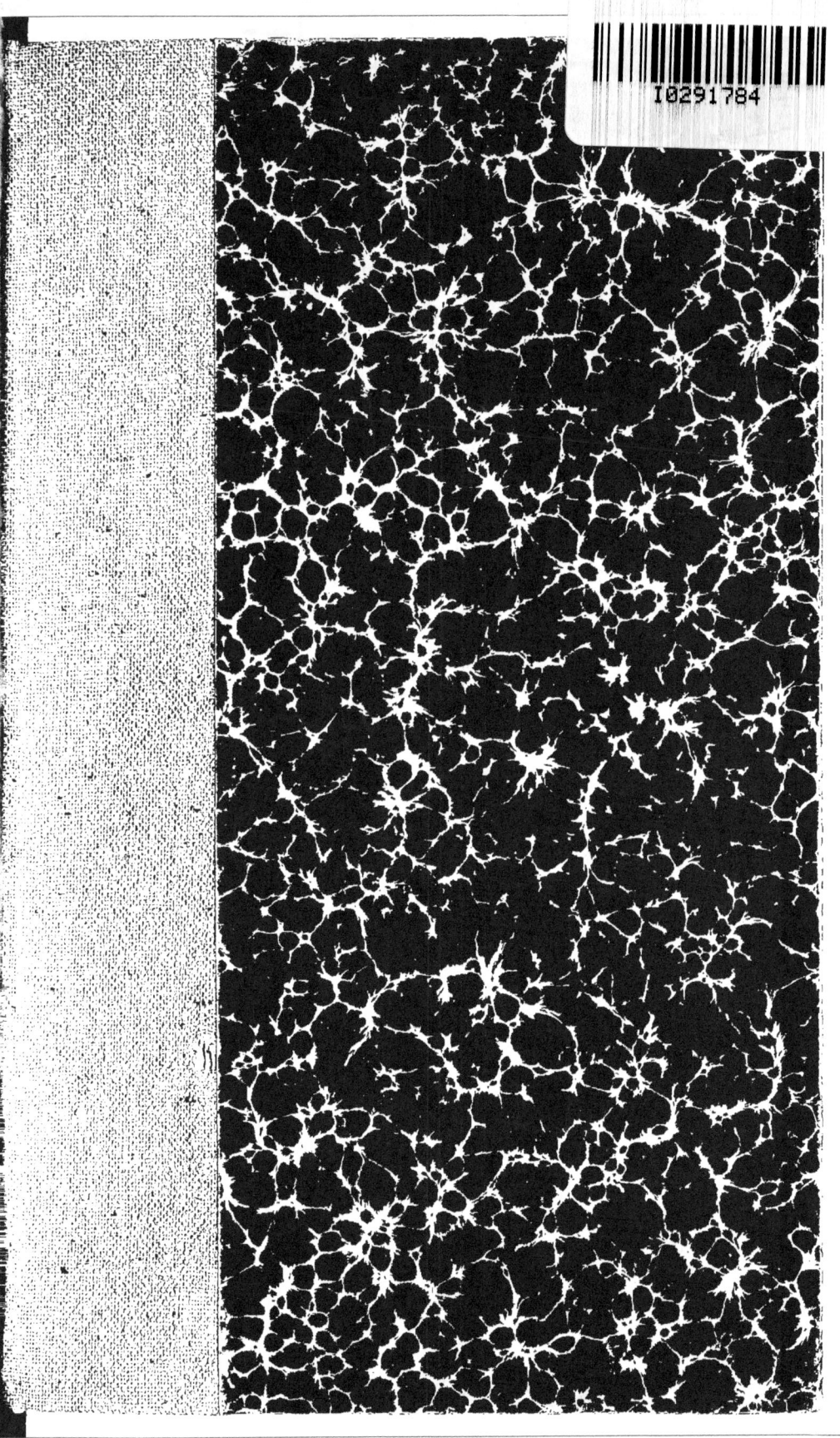

HISTOIRE
DE
M. AGUT

PRÊTRE, CHEVALIER DE SAINT-PIERRE

FONDATEUR DE L'HOSPICE DE LA PROVIDENCE

A MACON

ET DE

LA CONGRÉGATION DES SŒURS DU SAINT-SACREMENT

PAR

Louis M.-J. CHAUMONT

PRÉFET DES CLASSES A L'ÉCOLE CLÉRICALE DE RIMONT

LYON

Librairie Générale Catholique & Classique
EMMANUEL VITTE, Directeur
Imprimeur de l'Archevêché et des Facultés catholiques de Lyon.
3, PLACE BELLECOUR, ET RUE CONDÉ, 30

1891

HISTOIRE DE M. AGUT

LYON. — IMPRIMERIE EMMANUEL VITTE

Messire Louis AGUT (1695-1778)
Prêtre-chevalier de Saint-Pierre, aumônier des Carmélites à Mâcon
fondateur de l'hospice de la *Providence*
et Instituteur des Sœurs du Saint-Sacrement.

HISTOIRE

DE

MAGUT

PRÊTRE, CHEVALIER DE SAINT-PIERRE

FONDATEUR DE L'HOSPICE DE LA PROVIDENCE

A MACON

ET DE

LA CONGRÉGATION DES SŒURS DU SAINT-SACREMENT

PAR

Louis M.-J. CHAUMONT

PRÉFET DES CLASSES A L'ÉCOLE CLÉRICALE DE RIMONT

LYON

Librairie Générale Catholique & Classique
EMMANUEL VITTE, DIRECTEUR
Imprimeur de l'Archevêché et des Facultés catholiques de Lyon.
3, PLACE BELLECOUR, ET RUE CONDÉ, 30

—

1891

A la Révérende Mère XAVIER BOYER
SUPÉRIEURE GÉNÉRALE
DE LA CONGRÉGATION DU SAINT-SACREMENT
A AUTUN

Madame la Supérieure,

Quelque pénible qu'il soit à votre modestie de voir votre nom en tête de ce livre, je vous prie très instamment de ne pas vous refuser à cet honneur qui vous est dû à tant de titres.

Toutes les sœurs de votre pieuse congrégation ont voué au vénéré M. Agut un attachement — j'allais dire un culte — profondément religieux. Plusieurs d'entre elles, je le sais, l'invoquent avec confiance; aucune n'a déployé autant de zèle que vous pour préserver de l'oubli la mémoire du sage fondateur de votre institut.

En ce temps de lâcheté et d'égoïsme, il fait bon jeter son regard sur cette noble figure où la douceur n'exclut pas la fermeté; on aime à voir à l'œuvre le prêtre charitable que ni la calomnie ni la persécution ne purent empêcher de se dévouer au soulagement des malheureux. D'ailleurs, l'étude de sa vie offrira aux âmes qui tendent à la perfection religieuse un fécond enseignement et une consolation des plus fortifiantes.

Voilà comment, Madame la Supérieure, le dessein que vous avez formé d'élever à M. Agut ce monument de votre piété filiale, se trouve en si complète harmonie avec les aspirations généreuses de vos sœurs, soit hospitalières soit institutrices, et répond aux besoins spirituels de vos nombreuses élèves.

Puissé-je n'être pas resté trop au-dessous de vos désirs! Si imparfaite que soit mon œuvre, j'ose néanmoins vous en offrir la dédicace, en témoignage du profond respect avec lequel

J'ai l'honneur d'être,

 Madame la Supérieure,

Votre très humble et très obéissant serviteur,

       Louis M.-J. Chaumont.

Rimont, le 3 décembre 1891.

Monsieur l'Abbé,

Vous m'annoncez l'intention de me dédier la Vie de notre Père Agut ; sans doute, vous voulez personnifier la congrégation dans celle que la Providence a chargée de sa conduite. C'est dans cette pensée que j'accepte la dédicace de votre livre, attendu avec une légitime impatience par toute la grande famille du Saint-Sacrement.

Permettez-moi d'être l'interprète de ses sentiments, et de vous exprimer notre reconnaissance pour le zèle et le soin avec lesquels vous avez retracé les vertus de notre saint fondateur. Vous y avez dépensé avec les richesses de votre talent les trésors bien plus appréciables d'un cœur pieux et vraiment sacerdotal. Vous avez écrit la vie d'un saint avec une plume non seulement pénétrée de l'esprit de la sainteté, mais encore tout imprégnée d'un respectueux amour pour le saint lui-même. Ce sentiment que l'on découvre à chaque page a vivement touché celles d'entre nous qui ont pu lire votre précieux manuscrit ; nous prions Dieu de bénir le livre et l'auteur...

Veuillez agréer, Monsieur l'Abbé, l'expression de ma reconnaissance et de ma respectueuse estime.

       Sœur Xavier, sup. gén.

Autun, 4 décembre.

LETTRE DE S. G. Mgr PERRAUD

ÉVÊQUE D'AUTUN, CHALON ET MACON

MEMBRE DE L'ACADÉMIE FRANÇAISE

Autun, le 30 juin 1891.

Mon cher Abbé,

L'homme modeste dont vous venez d'écrire la vie n'était plus guère connu, en dehors des maisons de la congrégation du Saint-Sacrement, que par les érudits qui s'adonnent aux recherches de notre histoire diocésaine ou provinciale. Sans doute, on était habitué à voir dans les parloirs des religieuses de son institut, ce portrait aux lignes un peu dures, dont vous nous racontez l'origine; mais pour le plus grand nombre le tableau restait muet.

Désormais on connaîtra le modèle, et chacun pourra tirer de ses grands exemples, d'utiles leçons en tous genres de vertus.

M. Agut fut certainement un homme admirable, qui a reproduit, comme vous le faites justement remarquer, sur un plus petit théâtre, il est vrai, le zèle, le dévouement, l'inépuisable charité des Vincent de Paul, des Jean-Baptiste de la Salle.

En même temps que la congrégation du Saint-Sacrement s'honore d'un tel fondateur, la ville de Mâcon doit le tenir pour une de ses gloires les plus pures. Tout le diocèse peut du reste le revendiquer : Chalon a abrité, au début, dans une période fort critique pour l'institut naissant, quelques-unes de ses premières filles ; Autun possède depuis longtemps la maison mère de sa congrégation, aux bons services de laquelle il n'est que juste de rendre hommage.

Notre temps s'intéressera peut-être à l'histoire de cet enfant du peuple, qui par son travail courageux devint un homme de valeur, et, sans faire beaucoup de bruit, accomplit en faveur des malheureux et des petits, des œuvres de première importance. Les obstacles ne lui ont pas manqué. Il a trouvé sur sa route la contradiction, l'injustice, la persécution, et il a triomphé de tout par une volonté énergique, une austère droiture et une foi à toute épreuve.

Aussi bien, cet homme ne se recherchait en rien. C'était l'ouvrier de la Providence ; il ne doutait d'elle en aucune circonstance, et elle ne lui manquait jamais.

C'est ainsi que, pris de pitié pour les pauvres infirmes qui demeuraient sans secours, il fonda l'hospice des Incurables ou de la *Providence*, à Mâcon. Il accueillit des personnes dévouées pour assister ses chers protégés, et, sans qu'il l'eût prévu, il vit se former autour de lui un groupe de pieuses femmes qui devaient être le premier noyau de la congrégation du Saint-Sacrement.

A vrai dire, ce prêtre préparé par de fortes études théologiques, par l'habitude de l'oraison, par l'exercice de la prédication apostolique, par la direction spirituelle des carmélites de Mâcon, avait toutes les qualités requises pour fonder et former un institut religieux. De plus, les épreuves mêmes qu'il avait subies, ses exemples de haute obéissance, son austérité, sa régularité, son oubli de lui-même ajoutaient singulièrement à l'autorité de ses préceptes.

Il pouvait sans crainte écrire pour ses filles cette maxime

simple et belle dont il avait lui-même fait sa règle : « La régularité réligieuse consiste à s'acquitter de ses exercices, de ses emplois, de ses règles, sans y manquer en rien. C'est une loi sévère, placée au milieu du cœur, qui commande en qualité de souveraine et se fait obéir despotiquement. »

Vous aurez rendu, mon cher Abbé, un vrai service à toutes les religieuses du Saint-Sacrement, en leur mettant entre les mains la vie et les enseignements de leur vénérable fondateur. Le clergé trouvera en lui un modèle des vertus sacerdotales, et imitera sa particulière dévotion au divin Sacrement de l'autel.

Les fidèles s'édifieront aussi en lisant vos pages, dans lesquelles ils chercheront des encouragements à la pratique des bonnes œuvres.

Pour tous ces motifs, je bénis votre livre et je vous félicite d'avoir retracé d'une façon attachante la vie d'un digne et saint prêtre, dont la mémoire méritait d'être préservée de l'oubli et conservée aux générations futures.

† ADOLPHE-LOUIS,
évêque d'Autun, Chalon et Mâcon.

LETTRE DE S. G. Mgr LELONG

ÉVÊQUE DE NEVERS

ÉVÊCHÉ
DE
NEVERS

Nevers, le 20 juillet 1891.

Cher Monsieur l'Abbé,

J'ai lu avec beaucoup d'intérêt et de plaisir la plus grande partie de votre histoire de M. Agut.

Ancien supérieur de la congrégation du Saint-Sacrement, fondée par ce vénérable serviteur de Dieu, je ne pouvais demeurer indifférent à cette importante publication. Je m'en réjouis d'autant plus qu'elle répond à un de mes plus chers désirs.

Depuis longtemps je l'appelais de tous mes vœux. Les filles spirituelles de M. Agut n'avaient jusqu'à présent entre les mains que de froides et incomplètes biographies de leur saint fondateur. Grâce à vous, cette regrettable lacune sera désormais comblée. Vous avez mis en pleine lumière cette belle figure qui demeurait cachée sous le voile d'une humilité trop bien servie par certaines préventions, reste des attaques et des persécutions dont M. Agut a été l'objet pendant sa vie. Vous n'avez pas eu de peine à dissiper ces ombres, et vous le faites apparaître ce qu'il était en réalité : un modèle de foi, de simplicité chrétienne, de vie cachée, de dévouement à l'Eglise et aux âmes, de patience dans les épreuves, de mortification et, pour tout dire en un mot, de véritable esprit surnaturel, mettant le premier en pratique les conseils si sages et si pleins d'expérience que renferment ses écrits, malheureusement trop peu connus ; car il a été un de ceux qui commencent par faire avant d'enseigner, et c'est parce qu'il avait établi profondément en lui le règne de Dieu, que son action a été si puissante pour l'établir dans les autres. Il aurait pu dire avec saint Paul : « Soyez mes imitateurs, comme je le suis de Jésus-Christ. »

L'œuvre principale vers laquelle Dieu a fait converger sa vie, a été l'établissement de la congrégation du Saint-Sacrement, appelée à perpétuer des traditions de piété et de zèle.

A vrai dire, ce n'est pas à elle seulement que s'adresse votre histoire ; vous avez su l'encadrer dans celle du grand siècle où vivait M. Agut, et vous l'avez écrite avec une élévation de pensées et une pureté de style qui la recommandent à tous ceux qui aiment à s'édifier en lisant une vie de saint bien faite.

Beaucoup donc, en dehors des filles de M. Agut, se procureront cette joie sanctifiante, tous ceux en particulier qui sont en rapport avec la congrégation dont il est le fondateur et bénéficient de ses œuvres de charité. Mais ce sont surtout les religieuses du Saint-Sacrement qui trouveront dans cette lecture un charme et un profit spécial; et si une recommandation pouvait ajouter quelque chose à celle, bien autrement autorisée, de leur pieux et savant évêque, je leur dirais volontiers : cette histoire est vôtre, méditez-la, afin que, vous pénétrant de la doctrine et de l'esprit de celui qui fut votre père et doit demeurer toujours votre modèle préféré, vous portiez de plus en plus et dans vos personnes et dans vos œuvres, cette foi vive qui l'animait et lui a inspiré et fait réaliser de si grandes choses pour la gloire de Dieu et la sanctification des âmes.

Agréez, cher Monsieur l'Abbé, l'assurance de mes sentiments dévoués en N.-S.

† ETIENNE
évêque de Nevers.

AVANT-PROPOS

OUTE société, quel que soit son objet ou son organisation, recueille avec soin les faits et les traditions qui, après avoir été sa gloire dans le passé, justifient son existence présente et assurent son avenir. On se plaît, au foyer domestique, à raconter les belles actions des ancêtres, à citer leurs paroles remarquables, surtout à se réconforter au spectacle de leurs vertus.

Si tels sont les usages des familles chrétiennes, à plus forte raison en sera-t-il de même des congrégations religieuses, qui, par l'union surnaturelle des cœurs et l'accord des volontés, forment les familles où l'on s'aime le mieux, où l'on vit heureux, et où l'on meurt en paix. Qui donc pourrait s'étonner de les voir consigner dans leurs annales les pieux souvenirs et les exemples de sainteté laissés par leurs fondateurs?

Les ordres monastiques avaient leurs bibliothécaires, véritables historiographes chargés de relater, année par année, presque jour par jour, sur le cartulaire de l'abbaye, tous les événements dont elle avait été le théâtre, et personne n'ignore que ces précieuses chartes constituent aujourd'hui les sources les plus sûres de notre histoire nationale. Les congrégations modernes d'hommes et de femmes ont suivi à la lettre cette prescription de la règle bénédictine, et il n'est pas une communauté qui ne possède la vie de son fondateur ou de sa fondatrice. Depuis plusieurs années, les filles de M. Agut désiraient connaître plus en détail la vie de leur père vénéré, ses vertus, ses travaux, ses épreuves. M. Dumonet, prêtre et professeur au collège de Mâcon, avait bien donné au public, en 1787, la *Vie de M. Agut,* qui fut rééditée en 1828, en tête du premier volume des *Instructions aux sœurs du Saint-Sacrement,* et dont un abrégé, composé par M. Devoucoux, vicaire général d'Autun, précède également la troisième édition des règles du pieux institut.

Mais chacun s'accordait à trouver fort incomplet et insuffisant le travail de M. Dumonet (1). M. l'abbé

---

(1) **M.** Dumonet était principal du collège de Mâcon, lorsque la Révolution éclata. Ayant refusé courageusement de prêter le serment schismatique, il fut arrêté, jeté en prison, et mourut,

Boussin, ancien aumônier de la *Providence* à Mâcon, cédant à des instances réitérées, entreprit d'élever à la mémoire de M. Agut un monument plus digne de lui et de sa famille spirituelle. Il se mit donc à l'œuvre et y travailla jusqu'à sa mort, arrivée en 1882. J'ai raconté moi-même, en esquissant brièvement les principaux traits de sa vie, au prix de quels sacrifices il avait su, dans ce but, utiliser les loisirs de la retraite que le mauvais état de sa santé l'avait obligé à prendre en 1873 (1). Il commença par écrire l'histoire de la maison de la *Providence* fondée à Mâcon par M. Agut, et qui devait être, comme nous le verrons, la ruche mère de sa congrégation. A cet effet, il compulsa en vrai bénédictin les mémoires du saint fondateur, les vieux papiers de l'hospice des Incurables, les archives du département et celles de la ville de Mâcon. Afin de réunir les moindres traditions qui se rapportaient à son sujet, il s'adressa à toutes les maisons de la congrégation, et n'épargna ni les correspondances, ni les recherches, ni les voyages. Composant « à la manière des grands maîtres, dit M. Noirot, un de ses patients collaborateurs, un fait,

---

confesseur de la foi, sur les pontons de Rochefort, le 29 janvier 1795.

(1) Voir les numéros du 23 et du 30 décembre 1882 de la *Semaine religieuse d'Autun, de Chalon et de Mâcon.*

une date à préciser le retenait une semaine, un mois, un an, ou plus encore, s'il en était besoin ».

Il publia ainsi, dans les annales de la congrégation, l'histoire de sa fondation et de ses premiers développements. Les *annuaires* de 1874 à 1877 renferment le récit intéressant des travaux et des épreuves du vénérable instituteur des sœurs du Saint-Sacrement. Le pieux aumônier voulait compléter son œuvre en écrivant la *Vie* elle-même du serviteur de Dieu ; déjà il avait réuni une partie des matériaux nécessaires et il se disposait à les coordonner en vue d'une prochaine publication, lorsque la mort arrêta sa plume ! On peut dire vraiment qu'il succomba à la peine, l'excès du travail ayant hâté sa fin. Qui serait le continuateur de son pieux dessein ? Moins que personne je ne pouvais avoir cette prétention, ne connaissant de l'histoire de M. Agut et de ses fondations que ce que tout le monde sait, et n'ayant eu aucune relation avec la congrégation du Saint-Sacrement. D'autre part, comme je l'ai maintes fois expérimenté depuis, il n'y a que les saints qui puissent écrire la vie des saints, et à ce point de vue, aussi bien que sous d'autres rapports, M. l'abbé Boussin était de toutes manières l'écrivain manifestement désigné pour cette entreprise.

Pendant plus de dix années ses travaux restèrent

interrompus, quand, par suite de circonstances toutes providentielles (1), M. Fontaine, vicaire général et supérieur de la congrégation du Saint-Sacrement, me pria de les reprendre en sous-œuvre, et, avec la grâce de Dieu, de les mener enfin à terme.

J'obéis. Je fus peut-être téméraire en acceptant ; mais, si le choix qui avait été fait de ma chétive personne pour mener à terme un travail aussi important me couvrait à bon droit de confusion, l'honneur de contribuer dans la faible mesure de mes forces à la glorification d'un saint, me remplit d'enthousiasme et me fit trouver douces les longues veillées que j'ai consacrées à cette œuvre.

Quand, par suite d'un accident, les travaux d'un vaste édifice restent longtemps suspendus, les ronces et les épines ne tardent pas à croître au milieu des matériaux de toutes sortes amoncelés çà et là ; ce n'est bientôt plus qu'une masse confuse de décombres, et ce qui était l'annonce d'une splendide construction prend insensiblement l'aspect d'une ruine. Si, au bout de quelques années, un nouvel architecte et d'autres ouvriers sont appelés à poursuivre la même entreprise, ils doivent d'abord déblayer le terrain,

---

(1) Qu'il me soit permis ici de témoigner toute ma reconnaissance à la R. M. Saint-Pierre Rabet, parente de M. Boussin, qui me fit confier cette part précieuse de sa succession.

sonder ensuite les fondations, étudier le plan adopté, et enfin soumettre à un examen minutieux les matériaux précédemment réunis. Il n'est pas rare qu'une partie des premières constructions doivent alors être refaites, pour défaut de solidité ou d'élégance. Le second architecte se substitue ainsi insensiblement au premier, et fait sienne l'œuvre de ses devanciers.

C'est un peu ce qui est arrivé pour l'*Histoire de M. Agut*. La communauté du Saint-Sacrement, avec une obligeance parfaite, mit à ma disposition les manuscrits de M. Boussin et l'énorme quantité de documents qu'il avait su réunir. Je commençai par prendre connaissance des uns et des autres ; puis je me hasardai à tirer une première esquisse de l'œuvre elle-même.

M. Boussin s'était nourri, pendant son long séjour à la *Providence* de Mâcon, de la doctrine spirituelle de M. Agut ; mais je crois qu'il s'est contenté de l'étudier dans les deux volumes abrégés qui ont été imprimés à Millau, en 1828.

Plus heureux que lui, j'eus à ma disposition les sept ou huit *in-quarto* manuscrits laissés par le saint fondateur à sa famille spirituelle. Les lire attentivement et la plume à la main, en dresser ensuite une table analytique (1), afin de découvrir les traits histo-

(1) Cette table analytique sera d'un grand secours pour ceux qui voudront étudier les œuvres spirituelles de M. Agut. Nous

riques qui appartiennent à sa vie, noter les passages les plus remarquables, a été, je dois le dire, la partie la plus pénible, mais non la moins fructueuse de mon travail. J'appris ainsi à mieux connaître le serviteur de Dieu. Malheureusement M. Agut, à l'exemple des saints, ne parlait jamais de lui, ni de ses œuvres ; ses écrits, très riches en doctrine, ne relatent aucune particularité de sa vie ; ce n'est qu'en passant et comme à la dérobée qu'il fait allusion, ici et là, à quelques épisodes extraordinaires, dont il avait été témoin ou acteur. Sa modestie lui a empêché de nous révéler quoi que ce soit de son intérieur, qu'il eût été si intéressant de contempler. Il a tu de même tout ce qui se rapportait à son enfance et à sa première éducation. S'il parle des difficultés qu'il a rencontrées dans le cours de son ministère, des luttes et des épreuves qui ont marqué l'origine de son hospice et de sa congrégation, c'est malgré lui et sans nous fournir aucune explication. L'abbé Dumonet, je l'ai dit, n'est guère plus explicite. Il semble prendre à tâche de ne citer aucun nom propre, de ne donner aucune date. En le lisant, on voit qu'il appartient à l'école sentimentaliste du XVIIIe siècle, qui sacrifiait volontiers aux charmes des descriptions et de la narra-

l'avons dressée aussi complète que possible avec renvois à la pagination de chaque volume.

tion les détails précis des choses qu'il eût fallu rapporter.

Cependant, grâce aux recherches de M. Boussin et à quelques manuscrits composés par les premières Mères de la congrégation, la vie du saint fondateur nous est bien connue, au moins dans ses grandes lignes. Quelques dates restaient obscures ; nous avons essayé, à l'aide de documents authentiques, de les fixer sûrement. Certains personnages étaient moins connus ; les travaux historiques récemment publiés, nous ont aidé à les apprécier à leur juste valeur ; nous l'avons fait avec impartialité.

Les sources où nous avons puisé sont, outre les dépôts publics de Mâcon, fouillés avec tant de soin par M. Boussin, les archives particulières du Saint-Sacrement : le grand *registre des vœux* (1), le *livre journal* de la Providence (2), les *sermons*, les *mémoires* et les *lettres* de M. Agut, et surtout ses *Œuvres spirituelles* en sept volumes.

La troisième partie de notre livre est le fruit princi-

---

(1) La rédaction de ce précieux manuscrit date de 1774 ; mais il renferme les vœux émis par les sœurs depuis 1758.

(2) M. Boussin en a fait une fidèle et minutieuse analyse, et a réuni en un seul tableau les notes puisées par lui 1º dans le *livre des pensionnaires* de l'hospice (de 1735 à 1778), 2º dans le *livre des recettes* de la maison de la Providence, et 3º dans le *livre des dépenses*. Ces deux registres vont de 1757 à 1778.

pal des lectures que nous avons faites de ces précieux manuscrits ; nous l'avons composée presque entièrement de textes puisés dans cette collection. Aussi convenait-il de lui donner pour titre : *Esprit de M. Agut — sa doctrine spirituelle — ses vertus*.

Les deux premières parties contiennent l'histoire proprement dite de sa vie ; l'une commence à sa naissance et se termine à la fondation de l'hospice des Incurables, autrement dit de la *Providence,* c'est le récit de sa vie privée que nous nous sommes efforcé d'enrichir d'un grand nombre de faits passés sous silence par M. Boussin ; l'autre prend à cette date 1731 et continue jusqu'à la mort du serviteur de Dieu ; c'est le tableau émouvant de ses luttes, de ses épreuves et de ses fondations.

Un *Appendice* a été ajouté à la suite de la *Vie de M. Agut ;* il renferme le précis historique de la congrégation depuis la mort du saint prêtre jusqu'à nos jours. Mais, comme pour tout ce qui appartient à la période contemporaine, nous avons dû l'esquisser à grands traits ; il faut être à distance si l'on veut bien juger des personnes et des choses.

Nous insérons aux *pièces justificatives* trois mémoires composés par M. Agut lui-même sur son œuvre, et qui sont fort instructifs. Quelques notes biographiques sur les premières Mères de l'institut et des tableaux de statistique dressés par une main sûre et habile complèteront ces témoignages authentiques ; ils offriront en outre aux religieuses de la congrégation et à leurs élèves des détails du plus haut intérêt.

Nous avons écrit pour les unes et pour les autres. Puissions-nous avoir réussi à les édifier toutes et à leur inspirer, s'il est possible, une plus grande vénération à l'égard du saint prêtre qui a jeté les bases d'un institut cher à l'Eglise d'Autun et à plusieurs autres diocèses de France ! Nous eussions voulu nous aussi « secouer jusqu'au dernier les grains de poussière tombés en abondance, avec les âges, sur la physionomie de sainteté si belle de sainteté du vénérable fondateur. » Une foule de documents précieux ont disparu durant la tourmente révolutionnaire ; notre impuissance aura nui également à la perfection de l'ouvrage. Mais nous avons conscience de n'avoir rien négligé pour le rendre moins indigne de son objet. Nous déclarons enfin qu'en attribuant à M. Agut et à ses zélées coopératrices des qualificatifs dont l'Eglise a réglé l'emploi, nous n'avons nullement voulu prévenir ses jugements infaillibles, auxquels nous serons soumis d'esprit et de cœur jusqu'à notre dernier soupir.

Germagny, le 30 juillet 1891.

PREMIÈRE PARTIE

DEPUIS LA NAISSANCE DE M. AGUT
JUSQU'A LA FONDATION DE L'HOSPICE
DE LA PROVIDENCE A MACON

(1695-1731)

CHAPITRE PREMIER

ORIGINE ET ENFANCE DE M. AGUT

La lutte du bien et du mal remplit tous les siècles ; c'est, à vrai dire, l'histoire de l'humanité déchue ; chaque jour, ne sommes-nous pas nous-mêmes témoins ou acteurs dans les combats incessants de la vérité aux prises avec le mensonge, du droit trop souvent foulé aux pieds par la passion et l'injustice ? Si la mêlée est vive aujourd'hui, elle le fut surtout au siècle dernier, triste époque dont nous n'écrivons point ici l'histoire, mais que nous étudierons cependant au point de vue particulier de l'établissement d'une famille religieuse importante. En attendant que la Révolution détruisît, sous le futile prétexte que l'on sait, les anciens ordres monastiques, la secte qui l'avait préparée et rendue inévitable s'acharnait déjà contre les congrégations nouvelles ; elle en empêchait l'éclosion par tous les moyens, arrêtait leur développement, paralysait leur action et même s'essayait entre temps à confisquer leurs biens. Elle parvint à faire bannir, puis à faire supprimer la Compagnie de Jésus, ce premier rempart de la cité de Dieu, à laquelle on voulait livrer un assaut suprême.

Le clergé séculier — la chose va de soi — ne fut point épargné dans cette conjuration de toute une société contre Dieu et son Christ. « Au milieu d'une vapeur d'impiété et de luxure, a dit Louis Veuillot, chaque jour, elle applaudit à la chute de quelque noble ouvrage de sa sagesse passée. » Voltaire conduisait ouvertement la guerre ; avec quel accord, quel air, quel succès, nous n'avons pas à le rappeler. Malgré le roi, dont la coupable indolence aurait voulu imposer trêve aux combattants, malgré les Parlements, qui, tout en persécutant l'Eglise, prétendaient encore la défendre, une guerre haineuse, violente, quoique sourde, était déclarée à l'antique foi et à sa morale, aux institutions chrétiennes, quelles qu'elles fussent.

Comment la Révolution n'éclata-t-elle pas plus tôt, pourquoi ne fut-elle pas plus terrible ? On le doit aux saints que Dieu donne toujours à son Eglise. Ils priaient, ils expiaient, tandis que les soi-disant philosophes blasphémaient et se traînaient dans la fange. En dépit de tous les obstacles, ils créèrent de nouvelles œuvres de charité, établirent des maisons de refuge, des hospices dont la plupart sont encore debout. C'est un épisode de cette histoire que nous voudrions raconter; ce sont les efforts héroïques d'un saint prêtre pour venir en aide aux infirmes abandonnés ; ce sont surtout ses vertus que nous allons essayer de faire connaître au lecteur. Disons-le tout de suite, M. Agut fut, au xviiie siècle, l'imitateur de saint Vincent de Paul par sa charité compatissante pour les pauvres, et l'émule du B. de La Salle par son zèle à procurer le bienfait de l'éducation chrétienne aux enfants du peuple. La congrégation du Saint-Sacrement restera son œuvre et sa gloire devant Dieu et devant les hommes,

Il naquit à Mâcon, le 14 juillet 1695. Louis XIV était toujours l'idole de la France, en même temps que l'arbitre du monde. Quoique moins glorieuse que la précédente, la guerre qu'il soutenait contre l'Europe coalisée n'entama point le prestige qu'il exerçait partout, au loin comme au près. Toutes les provinces, toutes les villes du royaume faisaient monter vers le trône un concert de louanges et de félicitations. La ville de Mâcon se distinguait entre les vieilles cités bourguignonnes par son attachement particulier à la personne du Roi. Comprise dans le ressort du Parlement de Paris, elle entretenait des relations plus suivies avec la cour, où ses évêques remplissaient des charges importantes. Nous sommes tenté de penser que le prénom donné au futur instituteur des sœurs du Saint-Sacrement est une marque de cette affection vive et populaire que les Mâconnais avaient vouée à Louis XIV et qu'ils conservèrent longtemps à son illustre descendance.

La famille de M. Agut était originaire du Rouergue. On voit encore, à Espalion, au diocèse de Rodez, la maison modeste qu'habitait son grand-père et d'où son père, Antoine Agut, partit jeune homme, pour exercer, ici et là, dans les différentes villes du royaume, son métier de corroyeur (1). C'est ainsi qu'Antoine Agut arriva à Mâcon, qui devait être le terme de sa vie nomade. Il s'établit dans cette ville et y contracta un premier mariage, le 1er juin 1683. Son épouse, Isabeau ou Elisabeth Debeaune, mourait prématurément, au bout de neuf ans à peine, lui laissant plusieurs enfants en bas âge. Forcé de gagner à la sueur de son front le pain de chaque jour, le pauvre père ne pouvait veiller sur sa jeune famille; il se vit dans la nécessité de convoler peu après à de nouvelles noces. Le 7 septembre 1694, il épousa Charlotte Dubief,

---

(1) Parlant de la famille de M. Agut, sœur Mathilde Lacombe, nièce du saint fondateur, nous apprend qu'Antoine Agut était le plus jeune de ses frères. « Il voulut, dit-elle, être corroyeur et, quand une fois il sut son état, il prit envie de faire son tour de France, ce qui affligea beaucoup ses parents ; il partit donc avec l'intention de rentrer plus tard à Rodez ; mais, s'étant marié à Mâcon, il s'y fixa. » *Mémoire inédit de la R. M. Récy.*

dont il eut quatre autres enfants. L'aîné était Louis (1).

Les biographes du futur fondateur de la *Providence* se plaisent à observer que, selon la coutume des âges chrétiens, il fut porté, le jour même de sa naissance, à l'église collégiale de Saint-Pierre, paroisse de ses parents, pour y recevoir le saint baptême. Sa régénération dans les eaux de la grâce suivit ainsi de très près son entrée dans la vie, et M. Agut pourra se féliciter plus tard d'avoir toujours été en union avec Dieu, l'objet de tout son amour. Louis Corrand, marchand tanneur, et Anne Testenoire, femme d'un corroyeur, Louis Dubreuil, le tinrent sur les fonts sacrés. Tout respire donc la simplicité et même sent une certaine gêne autour du berceau du jeune Louis. L'ange du Seigneur, qui en reçut la garde, ne s'inclina pas avec moins d'amour vers cette âme privilégiée, appelée à une si belle mission.

---

(1) Voici les noms des enfants qu'Antoine Agut a eus de son second mariage :
1° *Louis*, né le 14 juillet 1695.
2° *Marie*, baptisée le 15 octobre 1696, épousa, le 22 novembre 1712, Simon Plassard, dont elle eut :
   Antoine Plassard, né le 13 décembre 1713, mort en 1769, curé de la cathédrale, vicaire général et promoteur du diocèse de Mâcon.
   Simon Plassard, qui mourut en 1753.
   Après son veuvage, Mme Plassard vint habiter avec son frère, M. Agut.
3° *Marie-Françoise*, baptisée le 14 septembre 1697.
4° *Antoine*, né en 1698, épousa, le 29 juin 1729, Huguette Desréaux.

L'enfant manifesta de bonne heure d'excellentes dispositions. Dieu, qui le destinait à établir une œuvre d'autant plus méritoire qu'elle serait combattue avec plus d'acharnement par les hommes, l'avait doué d'un tempérament énergique, d'une constitution vigoureuse, d'un esprit droit et solide. Manifestement M. Agut appartient à cette forte race des habitants du Rouergue dont son père était originaire. « Peuple de granit,... âmes trempées comme l'acier, écrit Mgr Bourret, évêque de Rodez (1), ils ont des genoux qui ne ploient pas, et leurs fières épaules n'ont point encore fléchi sous le joug honteux de l'indifférence ou de la désertion qui a écrasé les autres. » Aussi quand les vents furieux de la persécution se déchaîneront contre son œuvre, M. Agut saura, sans faiblir, tenir tête à l'orage et en triomphera par son indomptable volonté. Mais sous une enveloppe en apparence rude et insensible il cachera un cœur généreux et dévoué, une âme d'une délicatesse exquise, d'une bonté si compatissante qu'il ne pourra point résister aux gémissements des malheureux et préférera se dépouiller de tout plutôt que de les laisser sans secours.

« Docile aux premières impressions de la grâce, dit Dumonet, il faisait déjà son plaisir de la vertu et de la prière. Toute son ambition était de savoir lire pour se procurer une connaissance parfaite de son

(1) Lettre circulaire du 14 septembre 1874.

Créateur et de ce qu'il lui devait. Dans un âge où l'on n'a d'autres idées que celles qui ont pour objet la bagatelle, on le voit sérieux, s'occuper uniquement de ses devoirs et ne trouver de satisfaction qu'à les remplir. » Un secret instinct l'inclinait déjà vers le sacrement adorable de l'autel. Parlant, un jour, à un de ses confidents, des années de son enfance, M. Agut avoua ingénument qu'il était « au comble de sa joie, toutes les fois qu'il pouvait accompagner le saint Sacrement qu'on portait aux malades». N'y a-t-il pas là comme l'indice révélateur d'une mission spéciale et ne pressent-on pas celui qui devait être le père d'un institut voué à l'amour particulier du très saint Sacrement ?

Des sentiments aussi pieux nous font deviner sans peine quelle préparation il sut apporter à la première venue de Jésus-Hostie dans son cœur, bien que nous n'ayons aucun détail précis sur cet acte important de sa jeunesse. A l'époque où vivait M. Agut, l'usage n'existait pas encore d'entourer la première communion des enfants de la solennité qu'on lui a donnée si justement depuis. Mais il ne paraît pas douteux que le fervent Louis, qui éprouvait un attrait si doux et si fort pour la divine Eucharistie, n'ait été inondé de grâces, la première fois qu'il s'approcha de la Table Sainte, et qu'il n'ait alors entendu le secret appel de Dieu qui voulait posséder son cœur tout entier.

Son amour de l'étude crut aussi avec l'âge. Un de ses historiens nous apprend qu'il eut bien vite parcouru et compris les éléments si arides de la grammaire. Encouragé par ces premiers succès, sentant dans son âme un ardent désir de s'instruire — et sans doute aussi une intime et irrésistible impulsion vers le service des autels, il pressa son père de le laisser continuer ses classes. Il était persuadé, ajoutait-il, que « Dieu pourvoirait lui-même à ses besoins ». Une telle espérance dans le secours d'en haut devait être récompensée. M. Agut, durant tout le cours de sa vie, n'eut jamais d'autre appui que la divine Providence ; ses fondations, ses œuvres, tout a été voulu, dirigé par Dieu. Le bienfait des études littéraires lui fut ménagé de la même façon. Son père, modeste artisan, ne pouvait avec le seul fruit de son travail faire face à de si lourdes charges ; mais la détermination si ferme de Louis, sa foi au succès final ne permettaient pas d'hésiter ; le jeune écolier entra au collège.

Fondé en 1650, grâce au zèle éclairé et persévérant de Mgr Louis Dinet, évêque de Mâcon, qui en donna la direction aux Jésuites, le collège de cette ville avait acquis rapidement une grande importance. La première installation n'avait été que provisoire ; elle se fit dans des bâtiments d'emprunt, concédés par le charitable prélat à quatre régents, qui, moyennant la faible rétribution annuelle de mille livres, se mirent courageusement à l'œuvre. Au bout de quelques années, le nombre croissant des élèves obligea les Pères à construire l'édifice considérable transformé aujourd'hui en Lycée. Cette maison jouissait de la confiance générale des familles, quand Louis Agut y fut admis en qualité d'externe.

« Un heureux mélange de douceur et de sévérité, une méthode d'enseignement lumineuse, claire et facile ; une application constante à inspirer, à produire, à fortifier l'amour de la religion, à en faire observer les devoirs et les pratiques ; le rare talent d'allumer dans leurs disciples le feu de l'émulation, et de s'en faire chérir : voilà, dit Dumonet, ce qu'il aperçut d'abord dans les Jésuites et ce qui les lui rendit si chers. » En peu de temps, le jeune Agut fit, sous ses habiles maîtres, de rapides pregrès dans la connaissance des langues anciennes, de la géographie, de l'histoire où il excella, des mathématiques et de la philosophie. Il ne brilla point, il est vrai, par la richesse de l'imagination, ni par les charmes du style ; mais, ce qui valait mieux, il donna des preuves non équivoques de la rectitude de son jugement, de la maturité et de la profondeur de ses pensées. « Semblable au saint docteur que ses condisciples comparaient à un bœuf, à cause de sa lenteur à parler..... continue Dumonet, (il préférait) un modeste silence à cette extrême envie qu'ont toujours les jeunes élèves de produire leurs pensées et de s'attirer des louanges ; peu lui importait de paraître savant, pourvu qu'il le fût ; il attendait qu'on l'interrogeât pour se déterminer à rendre compte du fruit de son travail. »

Tous ses historiens s'accordent à dire que, grâce à son application, le jeune Agut devint rapidement un des forts élèves de sa classe ; on peut affirmer avec non moins d'assurance qu'il se montra constamment le plus soumis et le plus pieux de tous ses condisciples. Plein de respect et de docilité à l'égard de ses maîtres, bon et charitable pour ses camarades, il pratiquait envers lui-même une humble vigilance. En un mot, il parut le modèle achevé des écoliers et son exemple doit être proposé à l'imitation de la jeunesse chrétienne.

Cependant, Dieu permit que la ferveur de Louis Agut se refroidît un peu et qu'il se laissât entraîner à la dissipation par quelques camarades trop avides de plaisirs bruyants. Ce ne fut que pour manifester plus ostensiblement la protection particulière dont il l'entourait. Un jour, nos jeunes étourdis forment le projet d'une promenade navale sur la Saône. Fréter une barque, quitter la rive, voguer au large fut pour eux l'affaire d'un instant ; déjà ils se livrent à mille divertissements joyeux ; mais, dans leur folle joie, ils oublient les règles élémentaires de la navigation ; ils rament sans méthode et souvent les uns contre les autres. L'embarcation s'agite, penche tantôt à droite, tantôt à gauche, et laisse tomber au fond de la rivière un de nos nautoniers improvisés. C'est Louis Agut ! Aux yeux terrifiés de ses compagnons, il disparaît sous le bateau ; en ce danger suprême, il ranime sa foi ; de son cœur s'élève une ardente supplication jusqu'au souverain Maître de la vie et de la mort. Sa prière fut exaucée ; soudain, en effet, on vit remonter à la surface de l'eau l'imprudent jeune homme, qui put enfin atteindre le rivage. Notre pieux écolier témoigna à Dieu sa vive reconnaissance pour un bienfait aussi extraordinaire, renonça à des divertissements qui avaient failli lui coûter la vie, et se livra aux pratiques de dévotion avec une ardeur toute nouvelle.

La protection spéciale dont la divine Providence l'entourait se manifesta bientôt d'une façon non moins remarquable. Louis eut le malheur de perdre, durant son séjour au collège, sa digne mère, Charlotte Dubief, qui mourut le 9 mai 1709. Il est plus facile de concevoir que d'exprimer l'immense douleur dont son cœur aimant fut alors accablé. Sérieux, réfléchi, il comprit toute l'étendue de la perte que ses frères et lui venaient de faire ; il en fut inconsolable, mais plus que jamais il s'abandonna sans réserve entre les bras du Père des orphelins. Dieu fut touché de ses larmes et ne le laissa point sans secours. Pour les mêmes motifs que précédemment, Antoine Agut, son père, se vit dans la nécessité de contracter un troisième mariage. Malheureusement la nouvelle épouse, Benoîte Robin, ne fut pour les enfants de son mari qu'une cruelle marâtre. Louis en particulier eut fort à souffrir de sa méchanceté ; la seule présence à la maison de notre pauvre écolier suffisait pour la faire entrer en fureur, et ce n'était pas sans appréhension qu'il gagnait, chaque soir, le foyer paternel à sa sortie du collège.

Un jour cependant, Louis Agut fut accueilli par sa belle-mère avec bienveillance et même avec un certain empressement. « Acceptez, mon cher enfant, lui dit Benoîte Robin, ce mets que j'ai préparé pour vous. » Le jeune collégien, dont l'appétit était aussi vif que sa surprise était grande, se met à table et remercie sa mère. Mais à peine a-t-il goûté les premiers morceaux qu'il se sent pris de violentes coliques. Il crie au secours ; les voisins se précipitent dans la maison et constatent, non sans effroi, que la malheureuse mégère a saupoudré d'arsenic, en guise de sel, les aliments qu'elle a offerts à son fils d'adoption. Celui-ci se ressentit toute sa vie des suites de cet empoisonnement. Son estomac s'en trouva très affaibli et rarement il prit ses repas sans éprouver des nausées, suivies presque toujours de vomissements pénibles.

L'odieuse persécution dirigée contre notre humaniste cessa-t-elle après le criminel attentat que nous venons de raconter, les mémoires où nous avons puisé tous ces détails ne nous l'apprennent point. Nous savons seulement que M. Agut se vengea de sa belle-mère comme les saints aiment à se venger de leurs ennemis. Lorsqu'il eut fondé l'hospice de la *Providence,* il y recueillit Benoîte Robin, restée veuve et infirme, lui prodigua les marques de sa compatissante bonté, veilla avec sollicitude sur ses dernières années, et eut la consolation de la voir mourir dans de grands sentiments de foi et de piété. Touchant exemple, qui montre bien que la patience à supporter le prochain, quelque dur et injuste qu'il puisse être, que la générosité à lui pardonner ses torts, si énormes soient-ils, constituent le meilleur moyen de triompher de son endurcissement et de le ramener à Dieu.

CHAPITRE II

M. AGUT ENTRE AU SÉMINAIRE ET REÇOIT LA PRÊTRISE

INAUGURÉ par d'éclatantes victoires et longtemps continué au milieu d'une prospérité universelle, le règne de Louis XIV touchait à sa fin. De cruels revers, puis de nouveaux et inespérés succès en marquèrent les dernières années. M. Agut, après avoir terminé ses études littéraires et philosophiques, entra, vers cette époque, au grand séminaire de Mâcon. La France jouissait de la fortune dynastique de la Maison de Bourbon. Les aventures de la Régence n'avaient pas compromis sa tranquillité intérieure et, jusqu'en 1750, le cardinal de Fleury maintiendra, non sans gloire, le prestige de la religion, l'autorité des bonnes mœurs et le crédit du pouvoir. Ce fut comme un heureux prolongement du grand siècle. Il n'y a pas de circonstances plus favorables à l'éclosion des vocations saintes que le calme

LE SÉMINAIRE — LA PRÊTRISE

de la société et la paix des familles. Louis Agut avait mûri par la prière et par l'examen de ses propres dispositions l'appel qu'il avait entendu dès ses plus tendres années et qui l'attirait invinciblement au service du divin Maître. Il sollicita donc son admission au séminaire diocésain ; mais une grave difficulté s'opposait à la réalisation de ce projet généreux : la pauvreté de sa famille le mettait dans l'impossibilité de payer sa pension. Notre pieux jeune homme eut recours à Dieu, son refuge habituel, et cette fois encore la divine Providence lui vint en aide. Un honorable bourgeois de la ville, frappé de ses excellentes dispositions, s'offrit à couvrir les frais de son éducation cléricale.

L'ancien élève des Jésuites devint sans autre transition le disciple soumis des prêtres de l'Oratoire, qui, depuis près d'un siècle, dirigeaient le séminaire de Mâcon. Cette maison avait été fondée, en 1616, par Gaspard Dinet, évêque de Mâcon, de l'ordre des Minimes. Presque à la même date, le cardinal de Bérulle avait jeté les bases de son Institut ; il était venu lui-même conduire à Mâcon ses disciples et inaugurer le séminaire, dont ils restèrent chargés jusqu'au milieu du XVIIIe siècle. Disons-le hautement, les Oratoriens de Mâcon s'acquittèrent avec succès, durant de longues années, de la délicate et importante mission de former le clergé diocésain. M. Agut se réjouit d'entrer sous la direction de maîtres aussi doctes que pieux et expérimentés. Naturellement laborieux et réfléchi, il trouva dans la forte et vigoureuse discipline du séminaire, dans cet emploi de tous les instants du jour où tout est prévu et déterminé, sans que rien soit laissé à l'arbitraire, un nouvel aliment à son esprit intérieur et à son amour du travail. C'est le propre des maisons sagement gouvernées que le bien s'y fasse sous la sauvegarde du silence et de la paix. L'éducation cléricale, comme la formation religieuse, a pour premiers éléments le calme et la retraite; l'humilité l'entoure de ses voiles, car, semblables aux fleurs, les vertus éclosent sans bruit. La vérité divine, méditée avec amour, est le soleil qui les fait germer et croître; par elle, en effet, s'opère une fusion merveilleuse de l'esprit et du cœur : la pureté du cœur garde la clarté de l'esprit et l'esprit à son tour fait descendre dans le cœur sa lumière qui se change en chaleur, en force et en œuvres.

« C'est ainsi que se forment ces légions de prêtres dont nos regards, dit un éminent publiciste (1), ne discernent plus les vertus à travers les habitudes modestes et simples dont il les enveloppent et qui portent en réalité presque à eux seuls le fardeau de la civilisation chrétienne. » M. Agut acquit au séminaire cette fidélité aux exercices de piété, cette

(1) M. Armand Ravelet. *Le Bienheureux de La Salle.*

austérité de vie, cette ferveur à la prière, qui feront de lui, une fois devenu prêtre, le modèle du clergé mâconnais. Il apprit, en même temps, le grand art de faire tout avec ordre et méthode ; il s'imposa dès lors cette intelligente répartition de sa journée qu'il conserva toute sa vie et qui lui ménagera, au milieu des occupations les plus diverses, le temps nécessaire à la composition d'œuvres d'érudition ainsi que de volumineuses conférences aux Sœurs du Saint-Sacrement.

Enfin M. Agut trouva, dans la matière même de ses études, je veux dire dans l'Ecriture sainte, dans la théologie dogmatique et morale, un objet si relevé, « si digne de solliciter toutes les ardeurs d'un esprit sérieux comme le sien, qu'il en fut saintement épris et qu'il ne cessa d'en faire ses chastes délices. » Les progrès qu'il fit dans la science sacrée furent tels que ses supérieurs le désignèrent, préférablement à tous ses concurrents, pour soutenir une thèse publique de théologie. Ici se place un incident qui aura dans la vie de M. Agut un douloureux retentissement. On sait que les Oratoriens, après être restés longtemps fidèles à l'esprit de leur pieux fondateur, s'étaient laissé peu à peu gagner par les perfides menées des jansénistes. Tous sans doute ne suivirent point le trop fameux P. Quesnel, et l'Institut du cardinal de Bérulle resta cette « corporation que l'Eglise pouvait, dit Michelet, montrer à ses amis et à ses ennemis. » Malheureusement les directeurs du séminaire de

Mâcon avaient embrassé les doctrines nouvelles sur la grâce et mettaient tout en œuvre pour les faire triompher. Mgr de Tilladet, qui gouvernait le diocèse de Mâcon depuis 1676 et qui se faisait chérir par son inépuisable charité, avait mis un louable empressement à publier la bulle *Unigenitus* dès le 12 juin 1714 ; à la fin, circonvenu par les novateurs, il eut l'insigne faiblesse, comme quelques autres prélats, de revenir sur cet acte d'obéissance et par un nouveau mandement, daté du 3 octobre 1718, il retira l'adhésion qu'il avait donnée à la célèbre constitution.

L'abbé Agut achevait alors le cours de ses études théologiques. « Esprit droit et franc, il reçut, sans s'en douter, des lèvres d'un professeur habile, mais perfide, le poison de l'erreur. Aussi, lorsque vint l'heure de la discussion publique, pour laquelle il avait été choisi et qui était présidée par Mgr l'évêque entouré de plusieurs docteurs en Sorbonne et d'ecclésiastiques distingués, le jeune théologien, dont la loyauté avait été indignement surprise, soutint avec talent et vigueur, aux applaudissements de l'assemblée, une thèse presque entièrement infectée du venin janséniste (1). » Le triomphe des sectaires fut de courte durée. A peine son erreur reconnue, le vertueux séminariste voulut réparer le scandale involontaire qu'il avait donné.

(1) M. Boussin. *Notes manuscrites*.

Nous verrons bientôt avec quelle sainte énergie il s'acquitta de ce pénible devoir, foulant aux pieds toute fausse honte et tout amour-propre. De son côté, Mgr de Tilladet, « qu'on avait empêché, ainsi qu'il le dit lui-même, de suivre les lumières de son esprit et les mouvements de son cœur, » fit le 9 mars 1729 son humble soumission au Saint-Siège.

C'est ici le lieu de mettre en lumière le caractère hypocrite et les monstrueuses conséquences de l'hérésie janséniste, sur laquelle nous aurons encore à revenir. Mgr Perraud, évêque d'Autun, Chalon et Mâcon, en a tracé de main de maître un tableau si fidèle, que nous n'hésitons pas à le placer sous les yeux du lecteur. « Le christianisme, dit l'éminent prélat, tel (que la secte) le comprend et le présente aux hommes, devient insupportable à un grand nombre de ceux qui ne demandent que des prétextes pour s'émanciper. On a voulu leur imposer une religion sans miséricorde et incompatible avec l'humaine faiblesse, ils rejettent toute religion. La doctrine authentique de Jésus-Christ porte la peine des exagérations inventées par des sectaires qui n'ont rien compris à la loi d'amour. Aussi, du jansénisme intransigeant au philosophisme incrédule et libertin, la distance sera vite franchie. Bientôt, en face des lugubres théologiens qui ne prêtent au Dieu de l'Evangile que des paroles sévères et de terrifiants anathèmes, va s'organiser une coalition puissante, qui enrôlera sous son drapeau toutes les forces de l'esprit humain et les lancera dans une guerre à outrance contre la révélation chrétienne. Exégèse, critique, histoire, science naturelle, astronomie, poésie, roman, théâtre : tout sera mis en œuvre pour débarrasser le monde d'une religion qui traite le cœur de l'homme avec une si révoltante dureté !

« Les conséquences philosophiques et sociales de cette formidable insurrection contre la religion de Jésus-Christ sont loin d'être épuisées. Elles continuent à se dérouler sous nos regards contre les doctrines, les institutions, les œuvres dont nous sommes les apôtres ou les champions. Elles forment l'appoint le plus considérable des malaises qui troublent si profondément la conscience contemporaine et se traduisnt à chaque instant par les plus douloureux conflits. D'ailleurs, l'erreur a sa logique comme la vérité. Elle a suivi dans le monde, et particulièrement en France, une marche progressive dont on peut aisément marquer les étapes dans l'histoire des esprits. Il ne s'agissait d'abord que de protester contre le Christ fantaisiste et arbitraire inventé par des docteurs qui, sous prétexte de maintenir dans son intégrité le dépôt de la foi, se plaisaient à vilipender la raison et à lui contester l'exercice de ses droits les plus certains.

« Bientôt ce fut le vrai Christ de l'Evangile qui fut attaqué, persiflé, honni, à l'égal des pires imposteurs. Les sages s'applaudissaient d'avoir délivré le monde du joug superstitieux des religions révélées. Ils prophétisaient fièrement la venue d'un siècle où, débarrassé des langes de son enfance, l'esprit humain serait à jamais fixé dans le culte simple, bienfaisant, accessible à tous, du Dieu qui a pour temple la nature, pour prêtres tous les hommes « droits et sensibles », pour théologie les axiomes universels de la raison.

« Ces émancipateurs s'imaginaient d'ailleurs naïvement avoir fermé définitivement l'ère des querelles doctrinales, et doté les hommes d'une paix imperturbable. En effet, dès qu'il n'y avait plus de Christ, ni d'Eglise, ni de sacerdoce, ni de symbole, de quelle autorité religieuse pourrait-on désormais être tenté de demander la déchéance? La logique a répondu : de ce Dieu même de la raison naturelle que des novateurs plus entreprenants s'apprêtent à traiter exactement de la même façon que leurs devanciers avaient traité le Christ de l'Evangile et de l'Eglise catholique.

« Ils sont à l'œuvre maintenant, aussi acharnés contre la notion d'un Dieu personnel, régulateur suprême des consciences, principe et sanction de la morale, que l'avaient été les philosophes du dix-huitième siècle contre le Dieu de la révélation et toutes les exigences d'une religion positive (1). »

---

(1) *Mandement et Instruction pastorale* pour le second centenaire de la mort de la Bienheureuse Marguerite-Marie et le Jubilé extraordinaire accordé par sa Sainteté Léon XIII à la paroisse et cité de Paray-le-Monial. P. 117, 118, 119.

Le savant évêque développe ensuite avec une force de logique irrésistible les conséquences « individuelles et sociales des erreurs antireligieuses », sorties comme de leur source de la secte « étroite, orgueilleuse, entêtée », qui a donné « l'exemple d'une désobéissance scandaleuse à l'autorité suprême de l'Eglise ».

Contentons-nous de renvoyer le lecteur à ces pages éloquentes (1), et revenons à la vie sainte et mortifiée que menait le pieux abbé Agut, au séminaire de Mâcon. On a conservé deux mémoires en latin écrits de sa main, à cette époque de sa vie.

L'un nous fait connaître avec quels vifs sentiments de foi il reçut la tonsure, puis les ordres mineurs ; son amour particulier pour le très saint Sacrement, qui constituera le trait dominant de sa physionomie sacerdotale, y perce à chaque ligne ; au fur et à mesure qu'il franchit les divers degrés de la sainte cléricature, il sent son cœur s'embraser d'une piété de plus en plus ardente à l'égard de la divine Eucharistie. Le second écrit, achevé, nous semble-t-il, avec plus de soin, car il ne porte ni surcharge ni rature, est un très touchant commentaire des obligations du sous-diacre et de ses fonctions particulières ; celles-ci étudiées par rapport à l'adorable Victime de nos autels, celles-là exposées avec une précision, une clarté qui dénotent la joie et le bonheur avec lesquels M. Agut se

---

(1) Voir aux pièces justificatives.

consacra irrévocablement au service du divin Maître.

Le temps était arrivé pour lui de recevoir l'imposition des mains et l'onction sacrée qui fait les prêtres du Seigneur. « Je n'ai pas de détails, dit son biographe, sur la manière édifiante dont il s'y prépara. » Mais, reprend M. Boussin, « il est facile de conjecturer avec quelles saintes dispositions il gravit successivement les marches du sanctuaire. » Voici son raisonnement aussi juste qu'ingénieux : « De la hauteur d'un édifice solide et bien proportionné, on peut conclure la largeur de sa base et la profondeur de ses fondations. Ainsi, de l'éminente sainteté à laquelle parvint M. Agut, on peut inférer sur quelles assises inébranlables il posa ce monument spirituel. »

Les dates de sa promotion au sous-diaconat puis au diaconat ne nous sont point connues ; tout ce que nous savons, c'est que son ordination sacerdotale eut lieu en 1719 ou en 1720. Il serait difficile de peindre les sentiments de son âme généreuse en ces jours bénis entre tous que nul prêtre ne peut oublier.

Avec quelle sainte énergie il immola à Dieu son cœur et ses sens par le vœu de chasteté perpétuelle, sa vie dure et austère, qui défia constamment la calomnie, acharnée contre sa réputation, le prouve mieux que nous ne saurions le dire. Ce fut dans un esprit de zèle et de dévouement non moins admirable que, par le diaconat, il se consacra au ministère de la parole, « lui qui ne cessa de parler aux pauvres, aux riches, aux petits, aux grands, avec un accent de foi, une conviction, un oubli de soi tels qu'ils touchaient profondément les âmes et déterminèrent plusieurs conversions éclatantes ».

Nous renonçons à montrer quel saint effroi et en même temps quelle reconnaissance emplirent son âme au moment où il reçut l'ineffable pouvoir d'immoler la divine Victime et de réconcilier les pécheurs, « lui qui toujours se regarda comme le plus vil des hommes, et après une vie admirablement pleine, tremblait à la pensée de paraître devant Dieu ; lui qui avait une tendre compassion pour les âmes égarées, dont un grand nombre lui durent leur retour à la vertu, lui enfin dont la charité pour le Dieu de l'Eucharistie était si ardente, qu'il fit de ce sacrement le centre de sa vie et voulut lui consacrer la congrégation de ses filles spirituelles (1). »

(1) M. Boussin, *Ibid. passim.*

CHAPITRE III

PREMIERS MINISTÈRES DE M. AGUT; — IL EST INDIGNEMENT PERSÉCUTÉ

Au moment où l'abbé Agut quittait le séminaire pour s'employer, sous les ordres de son évêque, au ministère des âmes, le diocèse de Mâcon possédait un nombreux clergé et d'importantes communautés religieuses, vouées les unes à la contemplation, les autres aux œuvres de miséricorde. La seule ville de Mâcon renfermait, sans compter les couvents, quatre églises paroissiales : la cathédrale de Saint-Vincent, la collégiale de Saint-Pierre, Saint-Nizier et Saint-Etienne. Quand M. Agut eut été ordonné prêtre, il fut attaché à l'église collégiale de Saint-Pierre, sa paroisse où tout enfant il avait déjà rempli quelques fonctions (1) et qu'il n'avait

(1) Nous rapportons ici un fait extraordinaire, arrivé en 1708, à la collégiale de Saint-Pierre et dont M. Agut fut témoin lui-même. Il l'a consigné tout au long, dans son *Instruction sur le sacrement de l'Eucharistie.* « C'est l'usage, dit-il, dans cette

jamais quittée, sauf le temps nécessaire à son éducation cléricale.

église de faire garder, pendant la nuit du jeudy au vendredy saint, le Saint Sacrement au reposoir, par des clercs et des séculiers, soit pour y faire les stations pendant la nuit, soit pour prêter main forte contre les voleurs, qui pourroient se servir de ce temps où tout le monde est couché, pour dérober l'argenterie dont on a coutume d'orner ce reposoir. C'étoit encore en ce temps l'usage des pénitents de la chapelle du gonfalon de faire leurs stations pendant une partie de la nuit dans toutes les églises de la ville ; ils se rendoient à celle de Saint-Pierre immédiatement après être sortis de la cathédrale, environ sur les dix heures du soir. Leur station finie et tout le peuple sorti de cette église, on se mit en devoir de parcourir toute cette église et toutes les chapelles, jusques au Jubé qui existoit pour lors, pour scavoir s'il n'y avoit aucune personne cachée par mauvaise volonté. La perquisition s'en fit cette année, avec la dernière exactitude, même les armes à la main ; n'ayant donc trouvé aucun, on ferma les portes de l'église au-dedans et tous au nombre de sept se rendirent au reposoir, qui se fait ordinairement dans la chapelle des merciers, ditte vulgairement notre dame de la Crèche, où ayant fait quelques moments de prière pour nous recueillir, car nous avions communié ce jour-là de la main de feu monsieur l'abbé de Chauvigny pour lors prévost de l'église, ensuite nous nous rendîmes à la sacristie pour y faire une légère collation, pendant laquelle un séculier de la compagnie se dissipa un peu et donna lieu aux autres d'éclater de rire... On revint au sérieux et chacun prit le parti de venir devant le Saint Sacrement faire sa prière du soir, après laquelle, s'étant relevés et assis sur des bancs de tapis, soit pour lire ou pour méditer, l'un d'entre nous tournant la tête du cotté de la chapelle du Saint-Esprit apperçut un objet qui frappa d'abord sa vue et en avertit les autres de la compagnie ; nous tournâmes également la vue de cette part, et sans nous tromper nous aperçûmes un homme vêtu d'une aube extrêmement blanche et ceint d'une espèce de ruban, debout à côté des fonts baptismaux ; mais nous ne pûmes distinguer son

Le chapitre noble qui la desservait se composait d'un prévôt nommé par le roi, et de douze chanoines.

visage tellement qu'étant le plus jeune de la compagnie, je dis aux autres que c'étoit un pénitent de la ville ; mais les autres (restèrent) convaincus du contraire. L'un de la compagnie dit que c'étoit peut-être un avertissement que Dieu nous donnoit d'être plus respectueux, devant son sacrement adorable, que nous l'avions été dans la sacristie où l'on s'étoit un peu dissipé; que ce ne pouvoit être qu'un ange ou quelque saint dont le corps pouvoit reposer en ce lieu ; pendant ces entrefaites, nous nous déterminâmes à prendre devant le Saint Sacrement un cierge à la main et le conjurer en son nom de nous dire ce qu'il faisoit en ce lieu ; cela fait, nous ouvrîmes la porte du reposoir faite de barreaux de bois et nous en descendîmes en partie les trois degrés pour aller à luy. Sur le champ, il s'avance pas à pas vers nous ; sa démarche nous fit trembler et pâlir, nous rentrâmes dans la chapelle du reposoir et fermâmes sur nous la porte, nous prosternant avec cris et prières devant le Saint Sacrement ; peu à peu la frayeur cessa, un grand calme succéda et nous ne cessâmes de prier, du moins une partie d'entre nous ; puis ayant regardé au travers des barreaux nous vîmes cet ange ou ce saint vers le pilier de la chaire, en adoration, prosterné sans bouger ni remuer jusqu'à l'aube du jour où nous le vîmes tout à coup disparaître.

« Ce bruit s'étant répandu parmy nos ecclésiastiques du chœur, un d'entre eux qui étoit d'une grande piété et candeur et dans un aage avancé, nous raconta un événement à peu près de même et dans les mêmes circonstances, arrivé pareillement la nuit du jeudy au vendredy saint, où étant jeune clerc, il apperçut un ange qui parut si brillant sur le passage de la chapelle du Saint-Esprit pour aller au reposoir que l'on auroit pu compter les cadettes du pavé et que luy avec les autres stationnaires étant sortis de la chapelle du reposoir pour aller à luy, la porte du clocher par où il passa, s'ouvrit et se ferma en même temps avec un si grand bruit qu'ils en furent effrayés, et l'ange ayant disparu, ils se retirèrent au reposoir non sans étonnement. » (*Œuvres manuscrites*, 1er vol., p. 93-97.)

A l'origine et durant plusieurs siècles, les membres de la collégiale avaient mené la vie en commun, sous une règle austère. « Les chanoines, dit M. de La Rochette, dans son *Histoire des évêques de Mâcon*, après avoir vu six fois leur église et leur monastère ruinés et dévastés par les guerres et les incendies, se décidèrent, après l'année 1470, à s'établir à l'intérieur de la ville. » En 1553 François Ier leur avait permis de se faire séculariser, « à la charge de ne recevoir pour chanoine aucune personne qui ne fût noble par le sang ». Enfin le pape Paul IV leur accorda la sécularisation en 1559. Quelques années avant la mort de M. Agut, en 1773, les chanoines de Saint-Pierre obtinrent de Louis XV une distinction honorifique des plus enviées ; le roi érigea leur chapitre en comté et chacun d'eux reçut le titre de comte et fut décoré d'une croix pectorale (1).

Outre le chapitre noble, il y avait à la collégiale de Saint-Pierre, au XVIIIe siècle, sept *chevaliers* ou chanoines prébendés, qui siégeaient immédiatement après les chanoines titulaires, puis treize prêtres, appelés *tournistes* parce qu'ils étaient chargés de célébrer à tour de rôle les offices divins, enfin douze ecclésiastiques, nommés *distributaires*. M. Agut prit rang tout d'abord parmi ces derniers. Il remplit avec ponctualité et avec un grand esprit de foi les charges qui lui furent

(1) Cette croix, émaillée et à huit pointes, avec quatre fleurs de lis, se portait suspendue à un ruban bleu céleste.

assignées dans ce que l'on appelait le *bas-chœur*; à ses yeux rien n'était petit au service du souverain Maître et Seigneur de toutes choses. Son mérite et l'édification qu'il donnait autour de lui le firent bientôt distinguer par les vénérables chanoines et dès 1725 il fut admis au nombre des chevaliers de Saint-Pierre. Cette corporation remontait à l'année 1602 et avait eu pour fondateur le chanoine d'Oncieux de Montierno, sous l'épiscopat de Gaspard Dinet, qui l'avait approuvée. Les chevaliers de Saint-Pierre étaient tenus de chanter, aux principales fêtes de la très sainte Vierge, une messe solennelle, à l'issue de laquelle ils devaient réciter le *De profundis*; ils avaient de plus l'obligation de psalmodier le grand office, en ces mêmes fêtes et durant leurs octaves, et enfin de célébrer tous les dimanches de l'année une messe précédée du chant du *Veni Creator*. La chapelle du Saint-Esprit leur était assignée pour ces différents offices. Au chœur les chevaliers portaient l'habit canonial complet, et lorsqu'ils célébraient au grand autel, ils avaient le privilège de la mitre (1), aussi bien que les chanoines-comtes, avec lesquels ils pouvaient officier en toute occurrence.

Nous ne sommes entré dans tous ces détails qu'afin

---

(1) La première église de Saint-Pierre, construite hors les murs, fut consacrée, sous le règne de saint Louis, par Innocent IV, qui accorda aux chanoines réguliers de Saint-Pierre et de Saint-Vincent le privilège de porter la mitre.

de mieux faire connaître à quels ministères M. Agut consacra les premières années de son sacerdoce. Chanter les louanges du Seigneur, exalter son saint nom, intercéder en faveur des vivants, prier pour les morts, acquitter, en un mot, toutes les intentions que s'est proposées la sainte Eglise dans l'institution de l'office canonial, voilà ce qui remplit pendant plusieurs années la majeure partie des journées du pieux chevalier. Il bénissait Dieu de l'avoir appelé à de si augustes fonctions et mettait tous ses soins à s'en acquitter dignement. Mais, outre les obligations du chœur, M. Agut reçut encore la charge d'enseigner le latin aux enfants qui servaient à l'église et de diriger les personnes occupées à la sacristie. Ses fortes études classiques, son zèle pour la maison de Dieu, son habileté dans la science liturgique le rendaient éminemment propre à ce double emploi.

Quelque pénibles que fussent ces diverses occupations, M. Agut s'y adonna avec un dévouement et une abnégation qui édifièrent profondément ses confrères du chapitre et tous les habitants de la paroisse. A l'église, on l'aurait pris pour un ange tant sa modestie donnait à ses démarches ce recueillement dont les saints sont pénétrés en présence de la divine Majesté. Sa dévotion particulière envers le très saint Sacrement lui faisait trouver de douces jouissances dans l'ornementation du temple saint et en particulier dans le soin qu'il donnait aux autels et au tabernacle où résidait Jésus-Hostie. Rien n'échappait à sa vigilance attentive ; l'ordre le plus parfait régnait à la sacristie et dans les autres dépendances de l'église confiée à sa garde. Quand plus tard il écrira les *Règles* de son Institut ou qu'il composera les *Instructions aux sœurs du Très-Saint-Sacrement*, il ne craindra pas d'entrer dans tous les détails de l'emploi de la sœur sacristine avec la précision que la pratique seule peut donner.

Sa conduite à l'égard des jeunes clercs confiés à son zèle est encore plus admirable. Il comprenait l'importance souveraine de l'éducation, qui assure, quand elle est vigoureuse et surnaturelle, le bonheur sur la terre et le salut au ciel, mais qui peut précipiter dans l'abîme de l'erreur et du vice, si elle est faible, inconstante et guidée par les seules lumières de la raison. Sa maxime était que chez les jeunes gens la vertu ne peut être solide, qu'autant qu'elle a pour fondements une foi éclairée et une application soutenue au travail. Aussi s'efforça-t-il par tous les moyens d'inspirer aux enfants de chœur dont il était le régent, une piété sincère et un grand amour de l'étude. Du reste, son propre exemple était une prédication vivante ; lorsque les jeunes clercs le voyaient à l'église absorbé dans la prière et la méditation, à la maison, soucieux de ne pas perdre la moindre parcelle de son temps, ils se sentaient naturellement portés à l'imiter. M. Agut était très sévère pour les divertissements.

Ayant connu à ses dépens le danger des amitiés bruyantes et volages, il veillait sur les enfants de chœur en récréation, avec une sollicitude aussi ferme que prudente. Quoiqu'un peu excessifs, les conseils qu'il donnera à ses filles spirituelles relativement aux jeux et aux récréations, sont néanmoins inspirés par la plus haute sagesse et par une expérience consommée.

Au nombre des élèves qu'il forma pour le sanctuaire figure en première ligne son neveu, Antoine Plassard, qui devint prêtre de grand mérite, curé de la cathédrale, promoteur du diocèse et vicaire général.

Cependant les emplois dont il était chargé à la collégiale de Saint-Pierre ne suffisaient point à son zèle ardent. « Dès les débuts de sa carrière sacerdotale on le vit rechercher et soigner avec une tendre charité les pauvres incurables, pour lesquels il éprouvait une surnaturelle prédilection (1). » Mais avant de le suivre sur ce nouveau théâtre de sa charité, l'ordre chronologique nous oblige de placer ici cet acte de foi et de courage dont nous avons dit un mot, et qu'il accomplit pour obéir à sa conscience, sans nulle considération humaine. Quand le devoir avait parlé, M. Agut se montrait inflexible ; il foulait aux pieds les vains subterfuges de la politique et savait sacrifier à la gloire de Dieu son repos, ses propres intérêts ;

---

(1) Dumonet. *Vie de M. Agut.*

dût-il même s'exposer à la critique et à la persécution, il n'hésitait jamais.

Nous l'avons vu, à la fin de ses études théologiques, soutenir devant une assemblée nombreuse, une thèse où, avec la meilleure foi du monde, il admettait les sentiments des jansénistes sur la grâce et la justification. Ses professeurs du séminaire les lui avaient enseignés comme étant la véritable doctrine de l'Eglise; la vigueur de sa logique, la force de ses arguments, un style clair et précis avaient valu au jeune théologien un succès dont les partisans de Quesnel à Mâcon s'attribuaient le mérite, non sans une certaine ostentation.

Mais un pieux et zélé docteur de Sorbonne n'avait pas tardé à relever avec toute l'autorité que donnent la science et l'orthodoxie, les erreurs contenues dans la thèse de M. Agut. Il les réfuta une à une et de façon à ne rien laisser à la réplique. Les preuves qu'il apportait étaient péremptoires; elles dessillèrent les yeux de notre argumentateur, qui, resté profondément attaché à la vérité catholique, alors même qu'il semblait s'en éloigner, demeurait ainsi digne de la posséder tout entière. M. Agut se mit donc à étudier de nouveau la question débattue; il lut les écrits des saints Pères, les décisions dogmatiques des souverains Pontifes sur la doctrine si sublime et si mystérieuse de la grâce. La lumière se fit dans son intelligence et y apporta une conviction si forte qu'à menaces, rien ne fut épargné de ce que la haine peut inspirer à des sectaires démasqués. On ameuta contre lui l'opinion publique, on s'efforça par tous les moyens de le perdre dans l'estime de ses confrères et de ses amis; on chercha même à le faire passer pour fou. M. Agut souffrit tout en silence ; au creuset de la tribulation sa vertu s'épura ; sa foi reçut une trempe plus forte encore s'il est possible, et sa résolution d'obéir jusqu'à la mort aux décisions du Saint-Siège devint irrévocable.

Nous trouvons la preuve de ces sentiments généreux dans le testament qu'il écrivit plusieurs années après être sorti de prison, le 25 juin 1761, et que ses filles spirituelles conservent avec amour comme le miroir de son âme vaillante. « Premièrement, porte le préambule, je déclare que je veux mourir, ainsi que j'ai vécu, enfant soumis de l'Eglise catholique et romaine, que j'en adopte de nouveau toutes les sacrées décisions sans aucune exception, que je déteste souverainement toute hérésie, système nouveau, impiété, blasphème, auxquels j'ai déclaré toute ma vie la guerre et que j'ai eus toute ma vie en horreur et en abomination. »

Les expressions énergiques dont se sert M. Agut se rapportent très certainement aux faits que nous venons de raconter. Mais non content de cette solennelle déclaration, le bon et fidèle serviteur y reviendra dans son testament spirituel, daté du 1er mai 1773 et olographe comme le premier. Le vénérable vieillard — il était presque octogénaire — jette sur le passé un regard plus ému encore. Comme saint Pierre, qui ne cessa jusqu'au dernier soupir de verser des larmes de componction et d'amour au souvenir de son triste reniement, il se rappelle avec tristesse l'égarement de son esprit, renouvelle sa rétractation, et lance encore une fois l'anathème à tous les révoltés de l'erreur. « Je proteste, dit-il, de vivre et de mourir dans les sentiments de l'Eglise catholique, apostolique et romaine, et je rétracte de nouveau tout ce que j'ai pu dire et penser contre les décisions des souverains Pontifes, prononçant anathème de bouche et de cœur contre tous les réfractaires à leurs bulles et constitutions. »

L'humble soumission de M. Agut à l'injuste sentence qui l'avait frappé, son calme dans l'adversité, sa patience, surtout son inébranlable attachement au Saint-Siège produisirent une impression profonde à Mâcon. Mgr de Tilladet revint sur le jugement qu'on avait arraché à sa faiblesse et rendit au prêtre innocent la liberté de monter au saint autel. Les historiens de M. Agut pensent que le spectacle de tant de violence d'un côté, de tant de résignation de l'autre contribua pour beaucoup au retour de l'évêque de Mâcon à l'orthodoxie.

La date du 9 mai 1729, que porte son mandement d'acceptation de la bulle *Unigenitus*, donne à cette opinion sinon la certitude, du moins une grande probabilité.

M. Boussin, le pieux annaliste de la *Providence*, si profondément dévoué lui-même au souverain Pontife, termine le long récit qu'il avait composé des luttes de M. Agut contre les jansénistes par cette touchante exhortation aux sœurs du Saint-Sacrement : « Et maintenant, dit-il, heureuses filles de M. Agut, soyez pleines de respect et d'admiration pour l'esprit de foi de votre père (1). A son exemple, ayez en horreur toute nouveauté profane et ce que l'on appelle les idées modernes, car la vérité ne change pas ; elle est immuable et immortelle comme Dieu. A son exemple et en suivant ses pressantes recommandations, soyez les dociles enfants de la sainte Eglise romaine, soumises d'esprit et de cœur aux décisions de son infaillible chef, heureuses de suivre en tout ses sentiments et sa direction. Il est,

---

(1) Comme preuve du zèle que M. Agut eut toujours pour l'orthodoxie de ses filles, transcrivons ici deux articles des Constitutions primitives des Sœurs, qui furent rééditées et approuvées par Mgr Moreau, évêque de Mâcon, en 1774 :

« XI. — Elles (les Sœurs) éviteront avec soin les personnes de l'un et de l'autre sexe qui voudraient disputer avec elles sur les matières de religion, et leur répondront simplement qu'elles sont filles de l'Eglise, parfaitement soumises à son autorité et à ses décisions.

« XII. — Dans cet esprit, elles ne liront que des livres approuvés et ne feront l'emplette d'aucun qu'avec la permission de leur supérieure, qui sur cela aura pris ou prendra conseil du supérieur ecclésiastique par nous nommé ». (P. 10.)

en effet, le vicaire du Dieu de vérité ; la filiale obéissance à son autorité sacrée est toujours pour les individus et les communautés, comme pour les diocèses et les nations, une source de bénédictions abondantes, tandis que ceux qui s'éloignent et s'isolent de sa surnaturelle influence ne tardent pas, fussent-ils des génies, à devenir la proie des illusions de leur orgueil. (1) »

(1) M. Boussin — *Notes manuscrites.*

CHAPITRE IV

M. AGUT EST NOMMÉ CHAPELAIN, PUIS AUMÔNIER DES CARMÉLITES — IL PREND SOIN DES INCURABLES.

La fermeté et la patience dont M. Agut venait de donner un exemple si édifiant durant la persécution déchaînée contre lui, avaient vivement ému les âmes pieuses de la ville, non moins que ses nombreux amis. Loin de nuire à sa réputation, les calomnies de ses adversaires, leurs odieuses manœuvres n'avaient fait que le grandir dans l'estime des honnêtes gens. A peine fut-il sorti de sa prison, que les Carmélites de la ville saisies d'admiration pour ses éminentes vertus, conçurent un vif désir d'être guidées par lui dans les voies si difficiles de la perfection, et chargèrent une personne de confiance de lui faire des ouvertures à ce sujet.

Il y avait un siècle environ que les filles de sainte Thérèse avaient été établies à Mâcon. Leur fondatrice, la Révérende Mère Marguerite de Sainte-Thérèse, avait occupé une haute situation dans le siècle. Par sa naissance elle appartenait à l'honorable famille des Descrivieux ; par son mariage avec Christophe Chandon, conseiller du roi, elle semblait réservée aux plus grands honneurs. Mais avant même d'avoir goûté aux délices du monde elle en connut l'inconstance et la vanité. Elle perdit son époux peu de temps après son mariage. Restée veuve à vingt et un ans, sans enfants, douée de tous les dons de la fortune, des grâces de la jeunesse et des qualités les plus enviables de l'esprit et du cœur, elle se vit aussitôt recherchée par plusieurs partis fort honorables. Mais le céleste Époux des âmes l'attirait irrésistiblement à Lui. Émule de sainte Chantal, Mme Chandon s'arracha avec un courage héroïque à la tendresse de ses parents et aux obsessions de ses amis pour embrasser les saintes rigueurs du cloître. Elle entra dans l'ordre du Carmel, nouvellement réformé, et que Mme Accarie venait d'introduire en France. Ses vertus et ses rares capacités pour le gouvernement la firent choisir successivement comme prieure dans les monastères de Nevers, de Bourges et d'Orléans. Elle était encore à la tête de cette dernière communauté, lorsqu'elle reçut la difficile mission de fonder une maison de son ordre à Mâcon, sa ville natale.

Mgr Louis Dinet, que nous avons déjà vu appeler les Jésuites à Mâcon, seconda de tout son pouvoir les pieux desseins de la R. M. Marguerite. Celle-ci commença par s'installer avec cinq religieuses dans la maison de son père, qui était fort peu aménagée pour les exercices de la vie claustrale. Ce ne fut qu'au bout de vingt mois et à force de persévérance, qu'elle put poser la première pierre d'un couvent régulier. L'évêque de Mâcon combla de faveurs cette nouvelle fondation, à laquelle toutes les familles de la cité contribuèrent généreusement. Entre autres privilèges, Mgr Louis Dinet accorda à la Révérende Mère prieure le pouvoir de choisir elle-même pour confesseur habituel de ses religieuses tel ecclésiastique du diocèse qu'elle jugerait à propos. Les successeurs de ce prélat sur le siège de Mâcon ne révoquèrent point un droit si extraordinaire, mais dont les pieuses filles de sainte Thérèse avaient toujours usé avec sagesse et discrétion (1).

C'est pourquoi les Carmélites de notre ville, en 1725, purent désigner M. Agut comme leur chape-

---

(1) Tous ces détails, bien capables d'intéresser les filles de M. Agut, nous sont fournis par leur saint fondateur lui-même dans son *Histoire des révolutions de Mâcon*, qu'il serait si désirable de rééditer. Aussi bien avons-nous cru, avec M. Boussin, devoir leur donner une certaine étendue.

lain, au moment même où sa situation vis-à-vis de Mgr de Tilladet se trouvait encore si délicate. Un tel choix en effet honorait infiniment la victime des jansénistes et la vengeait de toutes les accusations dont ils avaient cru l'accabler. Les sectaires le comprirent; ils intriguèrent de nouveau auprès de l'évêque et avec tant de force que celui-ci, n'osant annuler la nomination de M. Agut, ne consentit pas néanmoins à lui accorder les pouvoirs nécessaires pour entendre les confessions des religieuses et leur annoncer la parole de Dieu.

Quant à M. Agut, il subit sans se plaindre cette nouvelle humiliation, et attendit avec le calme de la résignation chrétienne l'heure où il plairait à Dieu de lui faire rendre justice pleine et entière. Il accepta la situation qui lui était offerte, avec d'autant plus d'empressement qu'elle était plus modeste. Au lieu d'être aumônier du monastère, il dut se contenter du simple titre de chapelain; sa joie fut grande cependant car, dit son biographe « cette petite place était propre à satisfaire son goût pour la solitude, pour la prière, pour le travail, son estime pour l'état religieux et son attachement à sa ville ».

De leur côté, les Carmélites ne se découragèrent point; elles reçurent M. Agut comme chapelain chargé de leur dire la sainte Messe, bien résolues à lui confier la direction de leurs consciences, dès que le saint prêtre aurait obtenu le retrait de la mesure qui le frappait encore si injustement. Mais cette réparation impatiemment désirée devait se faire attendre cinq ans encore.

Ces cinq années parurent être autant de siècles au zèle ardent qui animait M. Agut. Toute son ambition était de se dépenser au salut et à la sanctification des âmes, et il ne pouvait entrer en communication avec elles ni au saint tribunal, où il ne devait point siéger, ni dans la chaire, qui lui était pareillement interdite ! Grandes durent être les souffrances de ce cœur vraiment sacerdotal, tout embrasé du zèle pour la gloire de Dieu, l'objet de tout son amour. Une mère qui voit périr son enfant sans pouvoir lui porter secours, un ami dévoué témoin de l'angoisse de ceux qu'il chérit et réduit à l'impuissance de leur venir en aide, un soldat les pieds et les mains liés au milieu du combat d'où dépend le salut de la patrie, endurent des déchirements moins cruels que l'apôtre de Jésus-Christ, condamné à l'inaction tandis que des âmes sollicitent les grâces de son ministère.

M. Agut se dédommagea de la contrainte à laquelle il était réduit, en redoublant d'attention dans les emplois qu'on lui avait rendus à la collégiale de Saint-Pierre : l'éducation des jeunes clercs et le soin de l'église. Nous lui connaissons un autre attrait, lequel deviendra, avec l'amour du très saint Sacrement, le caractère distinctif de sa belle âme ; je veux parler de sa tendresse pour les pauvres malades incurables.

Ces malheureux gisaient en grand nombre et sans secours aux abords de Mâcon, depuis que l'hospice où autrefois ils trouvaient un asile avait été détruit par les Calvinistes en 1562 et en 1565. L'hérésie est, autant et plus que la Révolution, le fléau des peuples. Aucune des institutions de bienfaisance fondées par l'Eglise afin de soulager ceux qui souffrent, n'a pu trouver grâce ni devant l'une ni devant l'autre.

Quel que soit leur drapeau, politique ou religieux, les sectaires se tiennent la main pour ruiner les œuvres de la piété et de la charité chrétienne. L'histoire des guerres civiles du xvie siècle, aussi bien que l'histoire de la Révolution, n'en fournit que trop de preuves. Maîtres de Mâcon à deux reprises différentes, les huguenots n'eurent rien de plus pressé que de mettre au pillage, non seulement les églises et les couvents de la ville mais encore les hôpitaux et les asiles de bienfaisance. A la renaissance catholique qui marqua les premières années du xviie siècle, les habitants de Mâcon avaient été assez heureux pour pouvoir rétablir l'Hôtel-Dieu et l'Hôpital général, situés tous les deux dans l'enceinte de la cité ; mais le manque de ressources les empêcha de relever de ses ruines l'hospice des Incurables, qui avait été fondé, au xive siècle, entre Saint-Clément et Mâcon. Ne trouvant pas de place dans les hôpitaux de la ville, créés pour soulager d'autres infortunes, les malheureux infirmes erraient çà et là ; ils affluaient principalement, au faubourg de la Barre, d'un accès plus facile, et sans doute aussi parce qu'il s'y trouvait des fermes et des habitations rurales. Les uns en effet parvenaient à trouver un gîte dans les étables et les granges de la campagne; les autres, étendus à terre le long des rues, sollicitaient de la pitié des passants quelques aumônes à l'aide desquelles ils sustentaient leur misérable existence. Tous étaient également privés de secours spirituels; l'église de Charnay, dont le faubourg de la Barre dépendait, étant fort éloignée, il arrivait souvent que ces pauvres malheureux mouraient sans sacrements, abandonnés de leurs propres familles.

Un tel spectacle ne pouvait manquer d'émouvoir la charité compatissante de M. Agut. Aussi entreprit-il, dès les premières années de son sacerdoce, de venir en aide à ces infortunés, soit en leur procurant les soulagements qu'il était en état de leur fournir, linge, pain, viande, médicaments, soit en les disposant à une mort chrétienne. Il se multiplia surtout durant l'hiver de 1730 à 1731, qui fut très rigoureux et qui augmenta la misère dans des proportions effrayantes. Il se privait de tout afin de pouvoir distribuer ses aumônes en plus grande abondance, et s'en rapportait pour sa propre subsistance au Père céleste, qui n'a jamais refusé aux petits oiseaux du ciel leur pâture quotidienne.

Mais plus l'abbé Agut s'attirait par son dévouement

aux pauvres l'estime et l'affection des gens de bien, plus aussi ses ennemis s'obstinaient à user de rigueur à son égard. Mgr de Tilladet maintenait contre lui la défense qu'on lui avait intimée cinq ans auparavant, d'entendre les confessions et de monter en chaire. De nouvelles démarches furent tentées discrètement dans le but de faire lever cette inqualifiable interdiction ; elles demeurèrent sans résultat.

Quoique M. Agut souffrît cruellement, on ne l'entendit pas une seule fois se plaindre de ses persécuteurs. Toutefois, dans la crainte trop fondée que leur influence aussi tenace que pernicieuse ne rendît son ministère absolument stérile, il prit en silence la résolution de porter sa cause au Père commun des pasteurs et des fidèles, et de chercher à Rome des juges moins prévenus que ceux dont se composait l'officialité diocésaine de Mâcon. Ainsi avait fait vers 1705 le B. Grignon de Montfort. Lui aussi, par son zèle à combattre l'hérésie, s'était attiré des sentences d'interdit de la part de prélats jansénistes ou favorables à la secte. Il s'était alors tourné vers la chaire infaillible de Pierre et avait imploré justice et protection de celui qui est le refuge et l'appui de tous les persécutés.

M. Agut ne pouvait puiser ses inspirations à meilleure école ; il partit donc, « un bâton à la main, un léger viatique dans sa poche, n'ayant d'autre recommandation que l'écrit même qui constatait son interdit » (1). Vrai pèlerin des âges de foi, après avoir invoqué le nom du Seigneur et s'être placé sous la protection de la très sainte Vierge, de ses saints patrons et de son ange gardien, il se mit en route au printemps de l'année 1731, tressaillant de joie et d'espérance à la seule pensée des saints Apôtres dont il allait bientôt baiser le tombeau et vénérer les précieuses reliques.

Soldat de la vérité désarmé et désavoué par ses chefs, il s'achemina à pied, d'étape en étape, sous le chaud soleil de la Provence, jusqu'à Marseille où il devait s'embarquer. Avant de monter sur le vaisseau qui allait le conduire en Italie, notre pieux pèlerin gravit la colline de Notre-Dame de la Garde, afin de recommander son voyage à Celle que l'Eglise nomme si justement l'Étoile de la mer. M. Agut ne devait pas tarder à éprouver combien est efficace la prière confiante à Marie.

Lorsque le navire qui l'emportait vers les États pontificaux fut à la hauteur de l'île de Corse, une violente tempête vint l'assaillir. Déjà le vent soufflait avec fureur; d'épais nuages dérobaient aux regards la lumière du ciel et rendaient plus incertaine la marche du vaisseau dans ces parages qui ne manquent pas d'écueils. Le saint prêtre se jette à genoux et « récite avec une foi vive la prière où l'Eglise supplie le Tout-

(1) M. Boussin, *Notes manuscrites*.

Puissant de nous accorder les biens éternels par les mérites de Pierre qu'il soutint au milieu des flots et de Paul qu'il délivra trois fois du naufrage. » Il s'adresse à Marie et lui demande, les larmes aux yeux, le salut de tout l'équipage. Sa prière n'est pas encore achevée que la tourmente s'apaise soudain ; les vents cessent et le navire peut reprendre sa course vers le port le plus voisin de Rome (1).

« Il nous semble voir, disent les biographes de M. Agut, ce pieux prêtre saluant avec transport la Rome des papes, foulant avec respect son sol tout imprégné du sang des martyrs. Bien que versé dans la connaissance de l'histoire ancienne, il reste indifférent en face des monuments profanes élevés par le génie et la vanité des hommes, ou du moins il ne leur accorde qu'une attention secondaire. Mais ce qui le fixe, l'attendrit, l'absorbe, ce sont ces trésors inestimables aux yeux de la foi, que possède la Jérusalem nouvelle. »

Sans entrer autrement dans le détail de son pèlerinage, suivons M. Agut à l'audience que Clément XII, pontife d'une bonté toute paternelle, daigna lui accorder. Elle fut ce que ni lui ni ses amis n'eussent osé espérer. Le pape accueillit avec bienveillance le pauvre persécuté et fit droit à son humble requête. On dit que Clément XII, mû par une inspiration particulière, encouragea vivement le futur fondateur

---

(1) MM. Boussin et Dumonet. *Locis citatis.*

de la *Providence* à commencer sans délai l'œuvre de charité dont il avait formé en secret le dessein, mais qu'il n'avait encore fait connaître à personne. Les historiens de la R. M. Javouhey, fondatrice des sœurs de Saint-Joseph de Cluny, rapportent une révélation analogue qui illumina le berceau de leur pieuse congrégation (1).

En 1805 *Nannette* — c'était le nom de la Révérende Mère Anne-Marie durant son enfance — était accourue avec ses sœurs à Chalon-sur-Saône pour contempler les traits augustes du vicaire de Jésus-Christ et recevoir sa bénédiction. Perdues au milieu de la foule, comment furent-elles remarquées de Pie VII, qui les admit en sa présence et pressa Anne-Marie par des paroles prophétiques de jeter sans plus tarder les bases de son institut? C'est là, le secret de Dieu qui tient en réserve pour ses saints les dispositions les plus admirables de son amour.

Si l'humilité de M. Agut s'effraya, sa foi était trop vive pour s'étonner d'une intervention aussi manifeste de la Providence. Il reçut les encouragements du Souverain Pontife comme un ordre du ciel qui ne lui permettait plus d'hésiter. Nous le verrons en effet, aussitôt après son retour de Rome, recueillir les incurables et leur créer un asile où des âmes généreuses vien-

(1) Voir notre *Notice biographique sur la R. M. Anne-Marie Javouhey*.

dront les servir avec un empressement que la grâce seule peut inspirer.

Clément XII leva la suspense dont M. Agut avait été frappé et enjoignit à l'évêque de Mâcon de lui rendre tous les pouvoirs nécessaires à l'exercice de son ministère sacré auprès des âmes.

Mais avant de reprendre le chemin de la France, le pieux chapelain des Carmélites voulut satisfaire sa tendre dévotion envers Marie et lui rendre grâces de l'heureuse issue de son recours à Rome, en visitant le sanctuaire vénéré de Lorette. Nous manquons de détails sur ce nouveau pèlerinage de M. Agut. Dumonet sa borne à dire, avec sa sécheresse habituelle, que « prosterné dans la chapelle de la Reine des Anges, il lui donna des marques certaines d'un dévouement sincère et respectueux ». Nous aimerions à savoir combien de temps le futur fondateur des Sœurs du Saint-Sacrement passa auprès de la *Santa Casa* et surtout quelles faveurs particulières il y obtint. Tout ce que nous pouvons dire, c'est que M. Agut garda un souvenir ineffaçable de son séjour à Lorette et qu'il en rapporta pour sa communauté et pour sa maison les litanies de ce nom, qui étaient encore peu connues en France (1).

De Lorette il se rendit au mois de juillet 1731

---

(1) Il les copia de sa main, dans la maison du Verbe incarné, où, dit-il, il les trouva gravées su une lame d'argent.

à Bolsène, près d'Orvieto, en Toscane. Cette ville avait été au xiiie siècle le théâtre d'un miracle qui atteste d'une manière éclatante la présence réelle de Notre-Seigneur dans la très sainte Eucharistie : un prêtre, en disant la messe, eut au moment de la consécration des doutes sur la réalité du mystère. « La sainte hostie alors, dit M. Agut, commença à verser une abondance de sang, et le sang dans le calice se mit à augmenter à si gros bouillons que le corporal, les nappes et l'autel, jusqu'au marchepied, en furent tout imprégnés. Le prêtre, hors de lui-même, se mit à gémir, se repentit et aussitôt le précieux Sang cessa de couler. » On a conservé une partie des degrés de l'autel qui furent ainsi teints du sang de Jésus-Christ, et l'église où le miracle s'est accompli en présence de tout le peuple, est devenue le centre d'un pèlerinage célèbre. M. Agut avait une trop ardente dévotion envers le Saint Sacrement pour ne pas visiter ce pieux sanctuaire. « Il eut la consolation, raconte-t-il lui-même, d'être conduit derrière l'autel (témoin du prodige) par un chanoine sacristain en étole et en surplis, lequel avec un poinçon lui montra visiblement le portrait de Jésus-Christ dans une de ces grosses gouttes de sang », restées adhérentes au marbre.

Lorsque le serviteur de Dieu eut satisfait sa piété, il reprit le chemin de la France. Quelle voie suivit-il à son retour et quelle fut l'époque précise de son arrivée à Mâcon, questions intéressantes, mais qui resteront sans réponse. Les biographes du saint prêtre et les mémoires qu'il a laissés sont muets à cet égard. Nous pouvons cependant affirmer que la seconde partie de son voyage s'effectua avec une certaine célérité, qui étonne pour ce temps, car au siècle dernier les pérégrinations au delà des Alpes étaient longues et pénibles. Mais M. Agut avait hâte de reprendre ses fonctions, ce qu'il fit durant l'été de cette même année 1731. Il dut recevoir ses lettres de juridiction de Mgr de Tilladet au plus tard au mois d'août, puisque ce prélat mourut le 5 septembre suivant.

Or, rapporte Dumonet, dès que « l'orage fut entièrement dissipé et que l'évêque, forcé de rendre justice à son mérite, lui eut accordé tous les pouvoirs dont il avait besoin », les Carmélites de Mâcon, qui attendaient depuis cinq années l'heure de la Providence, et qui durant ce temps avaient apprécié chaque jour davantage les grandes vertus de leur chapelain, voulurent non seulement l'avoir pour guide de leurs consciences, mais encore l'attacher irrévocablement à leur monastère. Le digne prêtre et les pieuses filles de sainte Thérèse firent donc un billet double, par lequel ils s'engageaient, celui-là à ne les quitter jamais, celles-ci à le conserver toujours comme aumônier, tant étaient profondes l'estime et la vénération qu'ils s'inspiraient mutuellement. De part et d'autre on fut fidèle à ce contrat mystique ; pendant quarante-sept ans M. Agut dirigea le Carmel de Mâcon avec une piété, une connaissance de la vie intérieure et un dévouement qu'on ne saurait trop admirer ; pendant quarante-sept ans les Carmélites reçurent sa direction si ferme et si éclairée, dans un esprit de foi et de docilité qui ne se démentit pas un seul instant » (1).

L'année 1731 vit aussi M. Agut jeter les premiers fondements de l'hospice de la *Providence*. Laissons-le nous raconter lui-même les origines et les merveilleux développements de cette œuvre. Il parle de lui à la troisième personne, passant sous silence tout ce qui serait à sa louange et se bornant à un récit fort sommaire que nous compléterons plus tard. « Ce fut, dit-il, en 1731 que le sieur Agut, à son retour en France, pensa sérieusement à se livrer au ministère des pauvres. Plusieurs occasions lui en fournirent une ample matière, surtout en 1732, où plusieurs de ces misérables périrent de faim, de froid et de misère, sans aucun sacrement, parceque l'Hôtel-Dieu n'était pas suffisant pour les contenir. D'ailleurs ce n'est point l'usage à Mâcon d'y loger les étrangers autres que les militaires ou soldats passants, mais seulement les malades de la ville attaqués de maladies accidentelles et non invétérées.....

« Le sieur Agut, touché de commisération pour tant de malheureux qui périssaient chaque jour en conféra

---

(1) M. Boussin. *Notes manuscrites.*

avec un saint et pieux ecclésiastique, également témoin de tant de misères, qui donna la main à un projet qui fut de louer, hors de la ville, une petite maison, pour y tenir au moins deux ou trois de ces incurables, en attendant que la divine Providence voulût lui ménager des fonds pour pouvoir en augmenter le nombre (1). »

(1) Voir aux *pièces justificatives*.

CHAPITRE V

NOUVELLES LUTTES CONTRE LE JANSÉNISME. — M. AGUT DIRECTEUR DES AMES. — SA PIÉTÉ.

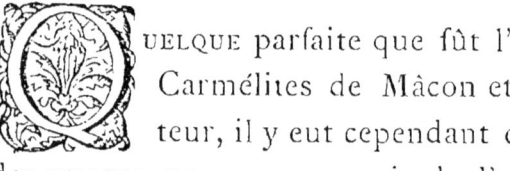UELQUE parfaite que fût l'entente entre les Carmélites de Mâcon et leur saint directeur, il y eut cependant certains troubles, des *nuages*, pour nous servir de l'expression de Dumonet, qui l'altérèrent un instant. Faut-il s'en étonner? Les communautés les plus ferventes ne sont pas à l'abri du tentateur.

Le Carmel de Mâcon, après avoir joui durant de longues années d'une paix profonde, se trouva soudainement en proie à la discorde. N'oublions pas que la secte des jansénistes recrutait de préférence ses adeptes dans les communautés d'hommes et même de femmes. Qui ne connaît Port-Royal-des-Champs et l'obstination des Bernardines de la célèbre abbaye, dont Louis XIV lui-même n'eut raison qu'à l'aide de ses mousquetaires? Ce qui poussa à la révolte la Mère Angélique et ses religieuses, fut, personne ne l'ignore, leur prétention à disserter sur la grâce et sur les autres questions de ce genre, auxquelles l'abbé de Saint-Cyran se flattait de les avoir initiées. Comme Luther et Calvin, avec lesquels il était en si parfaite union d'idées et de sentiments, le trop fameux hérésiarque avait sans cesse à la bouche les mots magiques de réforme, d'abus à corriger, de retour à l'antique discipline, et l'on sait combien il est facile d'entraîner les âmes simples et droites vers le faux idéal d'une réformation dont elles seraient elles-mêmes les apôtres ou les instruments. Les jansénistes ne doivent pas à une autre cause les succès qu'ils obtinrent en France au XVIIIe siècle. Des prêtres, des laïques, des femmes de la ville et de la cour, des religieux et surtout des religieuses se laissèrent prendre au miel de leurs paroles et à la séduction de leurs dehors hypocrites. Ce qu'ils avaient fait à Port-Royal, ils le firent en de moindres proportions mais avec la même tactique au Carmel de Mâcon. Nous avons vu que les directeurs du Séminaire étaient de chauds partisans du P. Quesnel. Non contents d'inculquer les principes jansénistes dans l'esprit des jeunes clercs confiés à leurs soins, ils entreprirent de se faire des prosélytes parmi les simples fidèles.

Après avoir attiré à eux quelques personnes dévotes des diverses paroisses de la ville, ils firent tous leurs efforts pour gagner par leur moyen les communautés religieuses et principalement le Carmel. Quel triomphe, s'ils avaient pu compter au nombre de leurs partisans les filles de sainte Thérèse, qui jouissaient d'une réputation méritée de régularité et de ferveur ! Quel crédit, par ce seul fait, leurs doctrines n'acquerraient-elles pas auprès des âmes soucieuses de leur salut et de leur perfection !

Aussi ne négligèrent-ils aucun moyen pour pénétrer dans ce sanctuaire du silence et de l'oraison; d'une part, des brochures où l'hétérodoxie se cachait sous le voile de la piété étaient, malgré la clôture, discrètement envoyées aux religieuses, qui, par la mobilité du caractère et la vivacité de l'imagination paraissaient plus disposées à en recevoir l'esprit; puis c'étaient des visites furtives de personnes recommandables par leur vie exemplaire, mais déjà gagnées à la secte. Les voies ainsi préparées, les docteurs de mensonge, désirés, attendus, se glissaient eux-mêmes, comme le serpent de l'Eden, et finissaient par entraîner dans les filets de l'hérésie ces nouvelles Èves à moitié séduites. L'accès leur était d'autant plus facile que la reconnaissance, l'influence acquise semblaient leur ouvrir toutes les portes du Carmel. On sait en effet que le cardinal de Bérulle, fondateur de l'Oratoire, fut en même temps pour la France le propagateur le plus ardent et le plus dévoué de la réforme opérée par sainte Thérèse. Les tentatives des jansé nistes ne restèrent donc pas impuissantes. En dépit de la vigilance et de la fermeté de leur prieure, plusieurs Carmélites cédèrent aux suggestions de l'ennemi.

Le mal allait grandissant ; il pouvait devenir irréparable, lorsque Dieu dans sa miséricorde envoya à cette communauté qui était chère à son cœur, M. Agut, jadis la victime, maintenant l'adversaire résolu de l'hérésie. Nul plus que ce prêtre énergique et éclairé n'était apte à ramener la paix et la sérénité parmi les pieuses recluses du cloître ; nul surtout n'était mieux préparé à tenir tête aux fauteurs de la secte à Mâcon. Il connaissait par une triste expérience leurs ruses, leur souplesse, leur ténacité, et il pouvait leur opposer l'ardeur de sa foi, l'étendue de ses connaissances théologiques et, disons-le aussi, la sainteté de sa vie. Il se mit donc résolument à l'œuvre et ramena peu à peu dans le droit chemin de l'orthodoxie les malheureuses que de faux docteurs en avaient détournées. La bonté qu'il leur témoignait en toutes circonstances n'avait d'égales que la force et la clarté avec lesquelles il exposait la doctrine de l'Eglise sur les points controversés.

Mais en même temps qu'il reprenait une à une à l'intérieur du monastère les positions perdues, il soutenait énergiquement au dehors la lutte contre les émissaires du parti. Il se plaça comme un mur d'airain entre le Carmel et les jansénistes de la ville. Ceux-ci, sachant qu'ils avaient encore quelques intelligences dans la place, remuèrent ciel et terre pour les conserver. C'est alors que M. Agut, afin de couper court à ces relations, résolut de se placer lui-même au parloir des Carmélites et d'en chasser impitoyablement tous les agents plus ou moins avoués de la secte.

Cette admirable fermeté obtint le succès qu'elle méritait : la lumière se fit dans les intelligences et il n'y eut plus au Carmel qu'un cœur et qu'une âme. La reconnaissance que la révérende Mère Prieure et ses filles en témoignèrent à M. Agut fut d'autant plus vive que la lutte avait été plus ardente. A partir de ce jour une docilité exemplaire, une union parfaite des volontés ne cessa de régner parmi ces ferventes religieuses, si bien que leur communauté passait aux yeux des supérieurs pour une des plus régulières du royaume.

Nous devons dire un mot de la méthode que suivit M. Agut durant son long ministère chez les Carmélites de Mâcon et des consolations qui furent la récompense de son zèle après de si rudes épreuves.

Le gouvernement des âmes est, selon saint Grégoire, le plus excellent de tous les arts ; il est aussi le plus difficile. Il faut plus que de la science pour appliquer avec discernement et sagesse les mérites du sang de Jésus-Christ aux âmes qu'Il a rachetées sur la croix ; il faut les illuminations de la sainteté ; car, travailler à la sanctification d'une âme est une œuvre essentiellement surnaturelle et divine. Mais si, pour élever jusqu'à son amour de simples fidèles, Dieu exige de ses ministres tant de perfection, que ne demande-t-il pas aux prêtres, chargés par état de guider à travers mille écueils ceux qu'Il appelle à la pratique des conseils évangéliques ?

« Destinés à faire avancer tous les jours des âmes déjà saintes dans les sublimes voies d'une sainteté parfaite, ils doivent être exactement religieux eux-mêmes, en avoir tous les sentiments, tout l'esprit et toute la ferveur ; mais en même temps ils doivent avoir l'œil pénétrant pour découvrir les blessures les plus secrètes et une habileté à les fermer bientôt.

« Tel fut M. Agut à l'égard des Carmélites. Intérieurement crucifié pour le monde et mort à toutes les choses de la terre, il lui fut aisé d'inspirer à ces filles vertueuses le détachement le plus universel et l'abnégation la plus héroïque. Puisant toutes ses lumières dans la plaies mêmes de Jésus-Christ et au pied de sa croix, il fut éloquent pour des cœurs si bien préparés. Plein de la doctrine et du zèle de Thérèse, il sut les rappeler sans cesse à la règle, prévenir les relâchements, corriger les abus, ne donnant jamais de leçon qu'il ne pratiquât lui-même. S'il invite à quelques macérations rigoureuses, c'est en portant lui-même une calotte armée d'épingles, dont la pointe lui entrait dans la tête, ou une espèce de chemise de fer ; s'il encourage à la patience, c'est après avoir souffert tous les maux imaginables ; s'il anime à l'obéissance, il en est le modèle, et son front annonce la simplicité d'un enfant ; s'il s'irrite en quelque sorte contre la tiédeur, c'est qu'il l'envisage comme la perte infaillible des monastères, et que lui-même ne s'arrête jamais dans le service qu'il rend à Dieu ; si enfin il ne parle que de charité, c'est qu'il en est tout consumé lui-même (1). »

Il n'est donc pas étonnant qu'une vie si sainte ait été marquée par des grâces extraordinaires, dont le souvenir s'est perpétué jusqu'à nous dans les traditions des sœurs du Saint-Sacrement. M. Agut, nous l'avons déjà dit plus d'une fois, avait une confiance absolue en la divine Providence. Il éprouvait un bonheur indicible à s'en rapporter pour tout et en tout à sa maternelle bonté. Des secours inespérés, des multiplications miraculeuses de vivres vinrent à maintes reprises récompenser sa foi, qui ne connaissait ni les doutes ni les surprises des âmes pusillanimes. Nous aurons plusieurs faits de ce genre à raconter en parlant de la fondation de la maison des Incurables, si bien nommée la *Providence*. De leur côté, les Carmélites furent deux fois témoins d'un événement non moins extraordinaire, qu'elles attribuèrent aux prières de leur saint directeur. Celui-ci s'en est toujours défendu, et dans le récit qu'il en a laissé, il a bien

---

(1) Dumonet. *Vie de M. Agut*, p. 19 et 29.

soin de prévenir ses filles spirituelles qu'il n'y entra que « comme une simple cause instrumentale (1) ».

Des insectes malfaisants que M. Agut nomme « gourguillons » infestaient le grenier où les Carmélites conservaient leur provision de blé et menaçaient de tout dévorer. « Malgré toutes les précautions de la communauté, dit-il, les animaux couvroient tellement le bled et les murs du grenier que l'on eût dit que c'étoit un crêpe noir tendu de tous côtés. Les sœurs eurent recours à mon ministère et me prièrent d'entrer pour y faire l'exorcisme de ces insectes. La procession se fit de toutes les sœurs, avec le bénitier, la croix et les chandeliers; les religieuses prosternées à terre autour du grenier répondirent à l'exorcisme que j'en fis selon le rit de la sainte Eglise.

« Le (lendemain) matin étant venu, l'on remonta au grenier que l'on trouva entièrement vide d'insectes ; mais pour s'assurer davantage du prodige, comme quelques-unes des sœurs croyoient que si l'on ne voyoit plus d'insectes, c'est parce que peut-être étoient-ils rentrés dans le bled, on voulut s'en assurer et pour cet effet tout le bled fut remué et bouleversé avec des pelles. Mais il ne s'en trouva aucun, à l'étonnement de la communauté, ce qui est arrivé une seconde fois à peu près dans les mêmes circonstances. »

Tel est le récit de M. Agut. Ceux qui l'ont vu dans

(1) Voir le volume III des *Instructions* aux sœurs du Très-Saint-Sacrement, 66ᵉ dialogue, *sur l'eau benite*.

l'exercice de ses fonctions saintes ne s'étonnaient point que Dieu récompensât sa foi par des miracles ; jusque dans les rapports ordinaires de la vie, il nous apparaît comme un modèle achevé de recueillement et de ferveur. Écoutons le témoignage de Dumonet, son contemporain :

« A l'autel, dit-il, en chaire, au confessional, en voyage, en conversation, à la promenade même il édifie, il touche, il attendrit ; il ne parle des choses qui ont rapport à Dieu qu'avec une sensibilité qui frappe tous ceux qui l'entendent et souvent il ne peut retenir ses larmes. Le souvenir des bontés divines, le nom seul de la charité le ravissent et ses yeux baignés de pleurs disent éloquemment à tous combien Dieu est aimable. »

Un des caractères principaux de la piété du saint prêtre, nous l'avons déjà remarqué, était une tendre dévotion envers le sacrement de nos autels. « C'étoit surtout l'adorable Eucharistie, reprend son biographe, qui lui causoit les plus vifs et les plus délicieux transports ; il ne pouvoit se lasser d'admirer le prodige de miséricorde qui rapproche ainsi de nous la Majesté divine et qui, pour notre unique avantage, l'anéantit sous des enveloppes si obscures et si grossières. »

M. Agut avait son habitation (1) sur la place des

(1) Le monastère des Carmélites, auquel elle était attenante, faisait un des côtés de cette place ; c'est aujourd'hui une caserne d'infanterie.

Capucins, longtemps surnommée l'*Ile sonnante*, à cause des quatre ou cinq clochers que l'on remarquait tout autour et qui la faisaient retentir de leurs joyeux carillons. Cette place était, à la grande satisfaction du pieux aumônier, comprise dans le parcours habituel de la procession de la Fête-Dieu. Combien M. Agut aimait ce pacifique triomphe de la très sainte Eucharistie! Aussi ne négligeait-il rien pour en rehausser l'éclat ; le reposoir qu'il faisait dresser, chaque année, devant sa maison, était peut-être soit par ses dimensions soit par la richesse et la variété de ses ornements, le plus remarquable de la ville. « Au milieu d'une espèce de galerie couverte et tendue de belles tapisseries, ornée en même temps de colonnades, de festons et de guirlandes peintes, s'élevoit majestueusement un superbe pavillon carré, dont quatre anges dressés aux coins du dehors, annonçoient la destination glorieuse ; l'intérieur réunissoit tout ce qui est capable de satisfaire et de charmer une curiosité religieuse ; de riches et de pompeux rideaux, de précieux tapis, d'éclatantes broderies, une multitude prodigieuse de flambeaux rangés avec une symétrie admirable, une niche superbement revêtue pour servir de trône à Jésus-Christ, de douces eaux jaillissantes, pour figurer les grâces dont il est la source, d'agréables parfums, qui étoient comme les symboles de ses amabilités ; voilà ce que renfermoit ce temple mobile, où M. Agut recevoit tous les ans avec un empressement inexprimable son Rédempteur et son Dieu. »

Il célébrait avec non moins de bonheur chaque année, le vendredi dans l'octave du Saint Sacrement, la fête du Sacré Cœur, pour lequel il était embrasé d'un ardent amour (1). Malgré les jansénistes, il mit tout son zèle à répandre cette salutaire dévotion à Mâcon et dans tout le diocèse.

La piété de M. Agut avait pour fondement une foi vive et éclairée ; si donc quelque prétendu philosophe s'avisait d'attaquer en sa présence la religion catholique, il trouvait toujours en lui un adversaire prêt à lui répondre. Sa science théologique en effet le rendait capable de sortir victorieux des discussions qu'il eut à soutenir tantôt avec les incrédules qui commençaient déjà à pulluler, tantôt avec les hérétiques qu'il rencontra sur sa route. Il avait surtout à cœur de venger de leurs sophismes le plus auguste de nos mystères, la sainte Eucharistie.

(1) La *Vie de la vénérable Mère Marguerite-Marie*, par Mgr Languet, venait de paraitre (1729) et avait contribué pour une large part à faire connaitre et aimer le Cœur du divin Maître. Nous pouvons affirmer que M. Agut fut l'un des plus intrépides défenseurs de ce beau livre, contre lequel jansénistes et philosophes menèrent la campagne avec un si touchant accord. Plus les sectaires s'acharnaient à couvrir de leurs moqueries sacrilèges le Cœur de Jésus et sa fidèle amante, plus l'intrépide champion de la foi apportait de zèle à lui gagner des adorateurs. On le vit constamment sur la brèche, repoussant tous les coups dirigés contre la citadelle sainte et ne laissant passer aucune objection sans la réfuter.

Pendant son voyage en Italie, il réduisit au silence trois ministres protestants, très instruits et appartenant chacun à une secte différente. Ces prédicants revenaient de Gibraltar, port espagnol récemment tombé sous la domination britannique et où l'anglicanisme faisait des efforts inouïs pour s'implanter. A les entendre, la parole de Dieu devait être la seule règle de foi. « Fort bien, Messieurs, répliqua M. Agut ; veuillez alors me donner l'interprétation de ces quatre paroles du saint Evangile : « Ceci est mon corps. » — Ces paroles, dit celui des trois prédicants qui appartenait à la secte de Luther, signifient que c'est le vrai corps que nous avons dans l'Eucharistie ; la parole de Dieu ne saurait être plus claire. Le second, qui était Calviniste, nia fortement, disant que l'Eucharistie n'est que la figure du corps du Christ et que le texte en question devait s'interpréter purement dans un sens figuré. — Donc, reprit M. Agut, les paroles de l'Evangile signifient selon vous : « Ceci n'est pas mon corps. » Mais comment pourrons-nous nous entendre ? L'un de vous soutient que dans l'Eucharistie se trouve le vrai corps de Jésus-Christ ; l'autre affirme le contraire, et tous les deux vous alléguez le même principe et la même règle de foi. Le troisième, cherchant à tirer d'embarras ses collègues, s'écria : Et vous ? Qui vous accordera avec vous-même ? — L'évangile expliqué par la tradition constante de l'Eglise, répondit M. Agut, voilà ma règle infaillible de foi. » A ces mots, les trois ministres se turent, parce que la tradition les condamne tous (1).

La foi du saint prêtre ne s'étonnait point des miracles que la divine Hostie opère si fréquemment dans l'Eglise. Il en a composé un long et substantiel récit pour l'édification de ses religieuses. A côté de ces faits évidemment surnaturels, il en a placé deux autres assez extraordinaires, dont il fut lui-même le témoin à Mâcon. Le premier est un curieux effet du tonnerre qui « renferme, dit-il, un avertissement donné aux fidèles pour qu'ils entourent de leur vénération la plus profonde la très sainte Hostie qu'un élément brusque et violent a été obligé de respecter ». La foudre tomba sur l'église des Capucins et brisa plusieurs ornements de l'autel. Le crucifix, placé sur le tabernacle, fut un peu noirci par le fluide ; mais ni les vases sacrés ni les saintes espèces ne furent atteints.

Une autre fois, le jour même de la fête du Sacré Cœur, un coup de tonnerre éclata sur la chapelle de la Visitation, tandis que le Saint Sacrement était exposé ; quoique la foudre éteignît tous les cierges, elle n'effleura même point la divine Hostie. « Il fallait, ajoute M. Agut, que quelques adorateurs n'eussent peut-être pas toute la foi qu'ils devaient avoir en cet

---

(1) *Entretiens spirituels*, tome II, p. 918.

adorable sacrement pour que Dieu la leur ravivât d'une manière si sensible. Celui qui parlait autrefois à Moïse sur le Sinaï au milieu des éclairs et des tonnerres, montrait qu'il voulait se faire entendre de la même manière de ceux qui étaient dans cette église afin de les exciter à réveiller leur foi. »

La foi de M. Agut n'eut jamais besoin de pareils stimulants. Elle était aussi vive que sa piété étai tendre. Aussi pourra-t-il plus tard se rendre le témoignage que depuis son enfance il s'était fait *un devoir essentiel d'un dévouement spécial à Jésus-Christ, dans son adorable Sacrement.*

CHAPITRE IV

M. AGUT EST NOMMÉ SECRÉTAIRE DU CHAPITRE DE SAINT-PIERRE. — SA VIE MORTIFIÉE.

Au ministère de la direction des âmes, plus consolant et aussi plus en rapport avec son attrait pour la vie intérieure, M. Agut dut joindre bientôt les mille soucis de la gestion des affaires temporelles. Nous ne tarderons pas non plus de le voir se livrer avec zèle aux travaux apostoliques et donner des missions.

Le lecteur n'a pas oublié que dès sa sortie du séminaire M. Agut avait été attaché à la collégiale de Saint-Pierre en qualité de *distributaire*, puis qu'au bout de quelques années son mérite l'avait fait nommer *chevalier* du chapitre noble. Les chanoines, frappés de son esprit d'ordre et de son aptitude merveilleuse aux affaires, le désignèrent, à la mort de leur secrétaire, pour remplir ces importantes et délicates fonctions. Dumonet nous apprend que sa nomination à un poste aussi éminent « lui suscita bien des jaloux, mais qu'il en triompha par son silence ». Du reste Messieurs les comtes avaient été unanimes dans leur vote et tous d'une commune voix voulurent confier au pieux chapelain le soin de leurs intérêts, persuadés qu'ils ne pourraient être placés en des mains plus sûres ni plus habiles.

M. Agut débuta dans ses nouvelles fonctions vers les premiers mois de l'année 1733. Elles consistaient à rédiger les procès-verbaux des délibérations prises par Messieurs du chapitre et à leur fournir les pièces et documents juridiques dont ils avaient besoin aux assemblées capitulaires. Il fallait encore administrer les biens, meubles et immeubles de la collégiale, surveiller les fondations, signer les baux, faire les rentrées, en un mot, gérer tout le temporel de la Compagnie. La charge de secrétaire comprenait donc, outre les attributions ordinaires d'un économe, celles qui incombent à un archiviste ou à un agent général; ce ne fut que grâce à son activité et à une rigoureuse distribution de son temps que M. Agut put mener de front, à la grande satisfaction des chanoines, des travaux si absorbants, et cela durant près de quarante années.

Il commença par la visite des cures et des domaines dépendant du chapitre et la renouvela tous les ans, afin de se rendre un compte exact de chaque bénéfice. Cette visite avait pour objet à la fois de dresser un état complet des ressources du chapitre noble et surtout de constater si les bénéficiers s'acquittaient avec régularité de leurs diverses obligations. Comme à cette époque les droits de la juridiction ecclésiastique et ceux de la prérogative royale s'enchevêtraient presque sur toutes les questions relatives au temporel des églises, nous ne saurions nous imaginer les travaux et les démarches que M. Agut dut s'imposer. Aussi ne compte-t-on pas les voyages qu'il fit tantôt à Bourg-en-Bresse, tantôt à Trévoux, à Lyon, partout où le chapitre possédait des biens et des redevances. Il fut obligé de se rendre à plusieurs reprises à Dijon et même à Paris, afin de soutenir des procès intentés injustement aux chanoines de Saint-Pierre, ou qu'ils étaient obligés d'entreprendre pour le maintien et la défense des droits de leur Compagnie.

Ces voyages lointains ne se faisaient point alors aussi facilement qu'aujourd'hui. M. Agut y courut souvent des dangers extrêmes. Ecoutons encore Dumonet : « Tantôt c'étoient des voleurs, dit-il, qui le surprenoient au milieu d'un bois ; tantôt c'étoient des rivières profondes qu'il falloit passer à la nage ; tantôt d'affreux précipices à travers lesquels il devoit marcher ; tantôt des tonnerres effroyables, qui ne cessoient de gronder sur sa tête et qui quelquefois tomboient autour de lui. Mais, quoique les éléments parussent conspirer à sa perte, il ne se déconcerta jamais ; plein de confiance en Dieu il espéra souvent contre toute espérance, et sa foi vive fut toujours exaucée. Voyageant, un jour, dans la Bresse où la collégiale possède des terres considérables, il trouva des chemins ruinés par de longues inondations ; à peine son cheval pouvait-il se soutenir sur un terrain sablonneux et glissant ; il chanceloit à chaque pas et l'inquiétoit beaucoup. Il arrive auprès d'un long et large pont, qui était presque entièrement dégradé ; car il ne restait que quelques petites solives assez éloignées les unes des autres, et il se voit dans la cruelle alternative ou de retarder beaucoup sa marche, s'il retourne en arrière, ou de s'exposer à un péril imminent, s'il ose s'avancer. Que fera-t-il ? Quel parti prendra-t-il ? celui de s'adresser au ciel. Il invoque les saints anges, abandonne ses jours à leur protection, pique en même temps son cheval, qui place adroitement ses pieds sur les solives du pont, et le porte sain et sauf jusque dans l'endroit vers lequel il tendoit. »

Un autre jour, « se trouvant dans une route divisée en trois ou quatre, sans savoir laquelle il devoit prendre, il aperçut tout à coup auprès d'une croix un jeune homme d'une belle figure, sous l'habit d'un berger, qui le tira aussitôt d'embarras, en lui indiquant avec la plus grande politesse le chemin qu'il falloit suivre. S'étant tourné après quelques pas pour le voir (1) ». M. Agut n'aperçut plus ni croix, ni berger. Il resta intimement persuadé que ce jeune homme n'était autre que son ange gardien.

Nous verrons d'autres faits non moins surprenants se produire durant les voyages que M. Agut sera obligé d'entreprendre pour les diverses fondations de son Institut. La dévotion vive et affectueuse qu'il eut toute sa vie à l'égard des saints Anges est un des biens spirituels qu'il légua aux Sœurs du Saint-Sacrement. Ses *Instructions* renferment sur ce sujet des aperçus fort remarquables; on y admire l'ardeur de sa foi et la vivacité de sa reconnaissance pour les grâces extraordinaires, dont il était redevable à ces fidèles messagers de la bonté divine (2).

Parcourir chaque année les paroisses du diocèse réservées à la collation de MM. les comtes de Saint-Pierre et inspecter avec soin leurs bénéfices exempts de la juridiction épiscopale, ce n'était là encore que le côté le moins pénible de l'emploi confié à l'intendant du chapitre. Journellement il avait à étudier et à résoudre les cas les plus compliqués, les questions les plus embrouillées de la jurisprudence civile et ecclésiastique. Que de fois n'eut-il pas à lutter contre des débiteurs sans conscience! Cependant il n'avait recours aux tribunaux que lorsque les moyens de persuasion avaient

---

(1) Dumonet. *Vie de M. Agut*, pages 43, 44.
(2) V. plus loin, 3ᵉ partie, chap. xxi.

échoué ou que l'arbitrage d'hommes éclairés et intègres était refusé. Son cœur naturellement généreux et charitable endurait alors les plus cruelles angoisses, et l'on jugera de la douleur qu'il ressentait de se voir condamné à remplir un rôle si peu en harmonie avec les aspirations de son âme par les plaintes qui lui échappent dans quelques lettres écrites à ses filles spirituelles. Il s'était vu forcé en 1767 d'actionner une veuve Tabard, qui cultivait à Ecully un domaine appartenant à la collégiale. Cette malheureuse suivait les conseils d'un avocat de la plus insigne mauvaise foi, maître retors dans la chicane et qui ne cherchait qu'à éterniser le débat. Malgré le calme habituel de son âme, M. Agut revient, dans six lettres consécutives, sur cette triste affaire, « laquelle, dit-il, a déjà engendré dans toutes ses circonstances 22 ou 23 procès (il faut lire sans doute 22 ou 23 actions différentes du même procès), que je n'ai point recherchés et dont j'ai une horreur infinie ».

Cet exemple choisi entre cent prouve d'une part que le secrétaire de MM. les comtes sut gérer les affaires du chapitre avec ce tact, cette délicatesse qui n'excluent pas la fermeté et d'un autre côté que durant tous ces débats, il ne se départit jamais de la modération, ni de la dignité sacerdotale, auxquelles il tenait mille fois plus qu'aux avantages de sa charge. En effet, M. Agut n'avait accepté un emploi si contraire à ses goûts de solitude et à son attrait pour la vie intérieure, que parce qu'il y voyait un moyen de subvenir plus efficacement aux besoins de ses chers incurables, l'objet constant de ses sollicitudes. Il songeait déjà à leur procurer un asile; afin d'y arriver, il réservait pour sa charitable entreprise tous les gages qu'il recevait du chapitre et ses honoraires d'agent général. Il devait consacrer plus tard à cette même œuvre la pension qui lui fut allouée lorsqu'il eut quitté le secrétariat. Mais il aurait sans l'ombre d'hésitation cherché une autre manière d'être utile aux pauvres, si le moindre discrédit avait pu rejaillir de son emploi sur sa réputation d'équité inflexible. Aussi son biographe a-t-il pu affirmer que « sa fidélité, sa droiture, son désintéressement, son activité, en un mot, son attachement sincère à la société dont il avait, pour ainsi dire, les secrets en dépôt, ne se démentirent jamais un seul instant dans l'espace de quarante années » (1).

Mû par de si nobles sentiments et avide de soulager tant d'infortunés, il soutint durant ce laps de temps le rude labeur qui lui était demandé, travaillant le jour et la nuit à élucider toutes les questions de droit et de jurisprudence qu'il avait à traiter. Il composa ainsi deux énormes volumes où se trouvaient résumés et classés méthodiquement les titres, droits et privilèges du chapitre

---

(1) Dumonet. *Vie de M. Agut*, pages 21, 22.

noble et rédigea de nombreux mémoires sur les affaires litigieuses s'y référant. Ce que de telles fonctions lui ont coûté d'études, de veilles, de démarches, de consultations, il est difficile de le concevoir. Néanmoins, M. Agut aurait tout supporté sans se plaindre, si la paix et l'union avaient continué à régner parmi les chanoines. Le jansénisme s'était-il introduit dans la collégiale ou la division venait-elle du relâchement et de l'oubli des règles, nous l'ignorons. Toujours est-il que le pieux et bon secrétaire, témoin journalier des dissensions intestines qui éclataient au sein du chapitre, en était désolé et que, malgré son extrême réserve, il ne pouvait s'empêcher d'en faire la douloureuse confidence à ses amis. Il écrit de Condrieu, le 21 septembre 1767 : « Je souffrirais davantage, si j'étais à Mâcon, où toutes les calamités fondent sur moi ; elles me viennent surtout d'un corps livré à un trouble et à une mésintelligence dont je ne suis que trop témoin. Eh quoi ! ne sortirai-je jamais de cette funeste servitude qui me fait gémir en secret et dont je pense rompre les chaînes le plus tôt possible ? »

Lorsque M. Agut, devenu infirme, prit sa retraite, MM. les chanoines comtes de Saint-Pierre furent désolés de sa détermination, et, quoique profondément divisés sur toutes les autres questions, ils n'eurent qu'une voix pour louer le zèle, l'activité et le noble désintéressement dont leur secrétaire n'avait cessé de donner des preuves si éclatantes durant tant d'années.

Nous résumons cette période de la vie de M. Agut par ces lignes d'un de ses historiens : « On peut dire qu'il réussit à merveille dans sa tâche ardue et qu'il réunit dans un degré éminent les qualités les plus diverses et en apparence les plus difficiles à concilier, puisque, comme le remarque Dumonet, il conserva jusqu'à la fin de sa gestion l'estime universelle et que peu d'années après il mourut avec la réputation d'un saint. (1) »

Quelques détails sur l'emploi de sa journée nous donneront le secret de l'édification profonde que M. Agut laissa parmi tous ceux qui le fréquentèrent à Mâcon et ailleurs. Modèle parfait de vie régulière et mortifiée, il n'accordait à la nature que ce qu'il ne pouvait pas lui refuser. Entre son coucher et son lever, il n'y avait souvent que de courts instants ; il ne se mettait au lit que lorsqu'il ne pouvait plus résister à l'assoupissement, et il en sortait de très bonne heure ; après avoir récité avec une tendre piété ses prières du matin, toujours fort longues, il « commençoit son oraison, qui duroit ordinairement une heure ; il en prenoit le sujet dans les répons de l'office du jour ; il n'est personne qui puisse imaginer les heureuses communications qui en furent le fruit, ni comprendre tout ce qui se passa entre cette sainte âme et son divin Époux. »

(1) M. Boussin, *Notes manuscrites*.

Sa méditation achevée, il se rendait à la chapelle des Carmélites afin d'y entendre les confessions, puis il revenait dans sa chambre où il s'occupait jusqu'à l'heure de sa messe à lire l'Ecriture sainte et les Pères ; il « méditoit sur ses lectures, dit Dumonet, en faisoit des extraits et préparoit des instructions. » La dévotion particulière qu'il eut dès ses tendres années à l'égard de la très sainte Eucharistie nous dit assez avec quel recueillement il montait au saint autel et avec quelle ferveur angélique il offrait la divine Victime.

Son action de grâces correspondait à la longueur et au soin de sa préparation ; c'est alors surtout qu'il recevait les inspirations qui lui ont fait entreprendre tant d'œuvres excellentes. Il y puisa en même temps la grâce de les mener à bon terme et ce courage invincible que nous le verrons déployer au milieu des persécutions déchaînées contre lui.

Rentré à sa maison, il « aimoit à parcourir sa bibliothèque, assez considérable, il étudioit les langues anciennes, il s'exerçoit dans les mathématiques ou il tiroit des comptes et rédigeoit des mémoires pour le chapitre de Saint-Pierre ». La liste complète des écrits de M. Agut serait de nature à nous étonner, si nous ne savions qu'un règlement fidèlement observé décuple les forces et le temps. Malgré ses nombreuses occupations, le secrétaire du chapitre trouva le moyen de composer des traités importants sur presque toutes les branches de la science ecclésiastique (1). Il cultiva aussi la poésie dans des cantiques spirituels et dans de pieuses tragédies, s'adonna même à la peinture et au dessin, mais c'était plutôt pour satisfaire sa piété durant ses heures de délassement que dans le but de produire des œuvres d'art (2).

Il ne prenoit qu'un repas en Avent et en Carême; mais quelle que fût l'époque de l'année, il ne faisait que passer à table; il récitait ensuite Vêpres et Complies. Lorsqu'il eut fondé l'hospice de la Providence, il s'y rendit exactement chaque jour, après son déjeuner. « Là, tantôt il visitoit ses chers incurables, les confessoit, les exhortoit, les consoloit; tantôt il instruisoit une troupe d'enfants à qui il inspiroit le goût des choses saintes; tantôt il établissoit la plus exacte

---

(1) De son vivant, M. Agut a publié une *Histoire des Révolutions de Mâcon*, devenue fort rare et que l'on consulte avec fruit. Sans compter les deux volumes relatifs à la collégiale de Saint-Pierre, que nous avons fait connaître, il a laissé l'*Histoire du diocèse de Mâcon* qui n'a pas été imprimée, des *traités de piété* à l'usage des Carmélites, des manuels de botanique et même de médecine usuelle qui furent d'un grand secours aux sœurs hospitalières de la *Providence*. Ses manuscrits les plus considérables sont les *Instructions* aux Sœurs du Très-Saint-Sacrement, en sept forts volumes in-4°. Un abrégé de ces instructions — le dialogue était la méthode préférée de M. Agut — a été donné au public en 1826 (2 vol. in-12), mais on le trouve généralement très incomplet et fait avec plus ou moins de discernement.

(2) L'ingénieux tableau à l'aide duquel il aplanissait les voies de l'oraison nous semble être le fruit de ses études de peinture.

discipline parmi ses hospitalières ; tantôt il herborisoit ou composoit des remèdes. Dès les cinq heures, il partoit, rentroit chez lui, disoit ses matines pour le lendemain et soupoit. A ce repas, qui étoit frugal, succédoit une récréation pleine d'honnêteté et de décence et qui étoit plus ou moins longue selon les besoins de l'esprit et du corps (1). »

Nous avons déjà vu avec quelle parcimonie le saint prêtre réglait le temps destiné au sommeil ; « il ne dormoit presque point, dit son biographe, tenant toujours sa lampe allumée ». Encore les courts instants de repos qu'il prenait, les passait-il « sur quelques planches ou sur une mauvaise paillasse, ou quelquefois dans une bière ». Il dut, à la fin de sa vie, devant les instances de ses amis et de ses filles spirituelles, modérer son ardeur pour la mortification. Mais si son lit devint meilleur, il n'en usa pas davantage. « A peine l'y avoit-on mis, dit Dumonet, qu'il recueilloit ses forces pour en sortir ; il n'y rentroit point ou n'y rentroit qu'avec peine. Comme on l'invitoit à ménager un corps faible, caduc et languissant : les saints, répondoit-il, ont été si pénitents, ils ont fait tant de violence à la nature ! Et moi le plus grand des pécheurs, je serois assez lâche pour m'épargner !

« Tout étoit simple chez lui, son visage, ses manières, son style, ses démarches, ses pensées, ses

---

(1) Dumonet, *Vie de M. Agut, passim.*

projets, ses ouvrages, non pas qu'il ne conçût et n'exécutât de grandes choses..... mais toujours vide de lui-même, il ne s'occupoit que de Dieu, ne cherchoit que Lui, n'estimoit que Lui, ne s'appuyoit que sur Lui, ne travailloit que pour Lui.....

— Si j'avois à recommencer ma carrière, disoit-il dans ses dernières années, je voudrois être bien plus simple que je n'ai jamais été, c'est-à-dire n'avoir point d'esprit particulier, être sourd à l'amour-propre et me laisser en toutes choses doucement conduire comme un enfant par Dieu même. Il ne savoit pas que telle avoit toujours été sa conduite (1). »

(1) Dumonet. *Vie de M. Agut, passim.*

CHAPITRE V

M. AGUT EST ASSOCIÉ AU P. BRIDAINE ET DONNE DES MISSIONS.

C'est dans le cours des années 1731 et 1732 que M. Agut fut promu aux divers postes qu'il devait occuper jusqu'à la fin de sa vie. Son mérite, il est vrai, l'avait fait nommer dès 1725 chevalier de Saint-Pierre; mais il ne put, nous savons pourquoi, se livrer au ministère des âmes qu'après son retour de Rome; il devint alors rapidement chapelain, puis aumônier des Carmélites et enfin secrétaire du Chapitre. Comment lui fut-il possible de satisfaire à des emplois en apparence si opposés et à des obligations si diverses? C'est le secret des saints et de tous ceux qui, à leur exemple, s'appliquent à donner à leur journée la meilleure distribution et visent sans cesse au plus parfait.

Tout était réglé dans la vie de M. Agut. Avare de

son temps, il n'en perdait pas la moindre partie. Nous l'avons vu réduire de plus en plus les heures qu'il accordait au sommeil, afin de pouvoir prolonger ses veilles consacrées à la prière et à l'étude. Cette activité infatigable nous fait comprendre comment M. Agut put, tout en vaquant à ses travaux ordinaires, suivre l'impulsion de son zèle et s'adonner aux travaux apostoliques soit à la ville soit à la campagne.

La plus célèbre des missions qu'il a prêchées est celle de Matour, au diocèse d'Autun, mais il nous est impossible d'en déterminer la date d'une manière précise. Nous savons seulement qu'il y travailla avec zèle à la conversion des pécheurs, sous la direction du fameux P. Bridaine. Dumonet se trompe évidemment lorsqu'il place cette mission de M. Agut en l'année 1720, « presqu'aussitôt, dit-il, qu'on lui eût imposé les mains ». A cette époque, le P. Bridaine n'était encore que diacre, et on ne peut admettre qu'il ait quitté son diocèse d'Avignon avant son élévation à la prêtrise (1).

(1) Jacques Bridaine naquit à Chusclan, près d'Uzès, en 1701, et mourut en 1767. Une statue vient d'être élevée au célèbre prédicateur au lieu même de sa naissance. M. Stéphen Truchot, mort chanoine de la cathédrale d'Autun, fit donner en 1856, étant curé de Matour, une mission à ses paroissiens par feu M. Juillet, vicaire général. Les succès qu'obtint ce saint et zélé prédicateur rappelèrent aux vieillards du pays les fruits merveilleux de rénovation spirituelle qui avaient marqué le passage à Matour du P. Bridaine et dont ils avaient été les témoins durant leur enfance. Une croix élevée au XVIIIe siècle

Nous allons essayer, à la suite de M. Boussin, un parallèle entre le P. Bridaine et M. Agut. Ils eurent effectivement plusieurs traits de ressemblance : tous les deux avaient été élevés par les Jésuites et vouèrent à ces saints religieux un attachement inébranlable. Tandis que Bridaine étudiait au séminaire d'Avignon, la peste éclata dans cette ville, mais rien ne put déterminer le futur missionnaire à fuir la contagion ; il prodigua ses soins aux pestiférés et commença ainsi son ministère, qui devait être si fructueux, par un acte d'héroïque charité. M. Agut, de son côté, témoigna, dès qu'il fut prêtre, une prédilection marquée pour les incurables et les infirmes les plus rebutants. Plus tard, celui qui a été si justement surnommé l'apôtre de la France au XVIIIe siècle eut, comme l'aumônier des Carmélites de Mâcon, à lutter contre l'hérésie janséniste ; il ramena à la vérité catholique un grand nombre de sectaires, et en 1744 il les éloigna de Chaillot, paroisse voisine de Paris, qui passait pour être la citadelle du parti depuis la destruction de Port-Royal.

et connue dans le pays sous le nom de *croix du P. Bridaine*, en perpétuait le souvenir ; mais elle tombait de vétusté. M. Truchot la fit relever ; malheureusement, comme elle ne portait pas de millésime, il ne put lui-même inscrire sur le socle qu'une date approximative de la mission du P. Bridaine ; il indiqua à la suite le nom de M. Juillet et l'année de sa prédication.

La signature du P. Bridaine se trouve dans les registres paroissiaux de Matour à la date du 14 septembre 1741. Serait-ce l'année de sa mission dans cette paroisse ?

Enfin, nouveau rapprochement, Bridaine se rendit à Rome, auprès du Souverain Pontife, non pas, il est vrai, en pèlerin solitaire et en quelque sorte proscrit par son évêque, mais à la tête de nombreux collaborateurs, afin de gagner le Jubilé universel de 1750. Ajoutons, comme dernier trait de cette double esquisse, que le P. Bridaine et M. Agut avaient reçu tous les deux en partage une rare vigueur de tempérament et une énergie surnaturelle plus rare encore ; l'un plus ardent, l'autre plus calme, ils étaient également généreux, prodigues d'eux-mêmes, dévorés de zèle, ne respirant que l'amour de Dieu et des âmes. Plus on les étudie, plus on les voit dignes l'un de l'autre, faits pour se comprendre et s'estimer mutuellement. On dirait Ignace Loyola et François-Xavier ; mais dans la circonstance qui les réunit ce fut l'apôtre qui entraîna le fondateur. Nous devons la faire connaître.

Le P. Bridaine avait déjà évangélisé plusieurs diocèses du midi ; l'éclat de ses vertus, la force de ses prédications attiraient les foules ; chacun était avide de l'entendre ; aussi les pasteurs des âmes s'empressèrent-ils de réclamer son concours. C'est ainsi que le curé de Matour fut assez heureux vers 1738 pour faire donner à sa paroisse par le célèbre missionnaire les exercices d'une retraite générale. Le P. Bridaine passa à Mâcon avant de se rendre à Matour, et, comme le nombre de ses collaborateurs était encore peu considérable, il demanda à Mgr de Valras, successeur de Mgr de Tilladet sur le siège épiscopal de cette ville, un prêtre intelligent et pieux, qui voulût bien partager les labeurs de son apostolat. Le nom de M. Agut fut prononcé ; son zèle, ses luttes contre le jansénisme, la fondation récente de l'hospice des *Incurables* le désignaient naturellement au choix de son évêque pour des travaux aussi pénibles qu'honorables.

Dumonet, parlant de cette mission, dit avec une teinte d'exagération, qui était bien dans le goût de son temps, que M. Agut s'associa au P. Bridaine pour « défricher avec lui des terres que le démon avait rendues ingrates, annoncer l'évangile à des hommes agrestes et grossiers, éclairer, émouvoir ces âmes que le séjour des champs a coutume de rendre presque aveugles et insensibles pour les choses du ciel ». Rapprochée du tableau de l'*Homme des champs* que La Bruyère a esquissé dans ses *Caractères,* cette peinture des campagnes du Mâconnais appartient à la même école fantaisiste. Il n'en est pas moins vrai cependant qu'à cette époque l'ignorance et l'attachement excessif aux biens de la terre étaient la plaie des paroisses rurales. Bridaine fut l'homme envoyé par la Providence pour aider les âmes à secouer cette torpeur et à sortir de leur apathie ; afin d'y parvenir, il n'épargnait ni sa peine ni celle de ses collaborateurs, n'accordant au sommeil et aux repas que le temps strictement nécessaire ; dans ses luttes contre Satan et le péché, on le voyait sans cesse sur la brèche, comme un vrai soldat de Jésus-Christ.

Il ne sera pas hors de propos d'exposer brièvement ici ce qu'il nommait ses *méthodes* pour les missions. M. Agut ayant suivi lui-même ces règles, non seulement à Matour, mais dans tous les autres pays où il annonça la parole de Dieu, les faire connaître, c'est étudier sa propre manière de s'adresser aux âmes.

La mission durait trois semaines ; durant ce temps, le zélé prédicateur s'appliquait à tenir sans cesse en haleine l'esprit de ses auditeurs, et pour cela, il ménageait avec un art admirable tout ce qui lui paraissait capable de captiver l'attention, d'exciter la curiosité, de charmer les yeux et de toucher les cœurs. La veille de l'ouverture les missionnaires devaient jeûner et passaient en oraison la plus grande partie de ce jour, afin d'attirer les bénédictions de Dieu sur leurs travaux. Durant la mission ou retraite, ils prenaient ensemble leurs repas qui étaient d'une grande frugalité et n'acceptaient ni cadeaux ni invitations. Un ordre parfait présidait à tous les exercices. Le P. Bridaine observait et exigeait de ses collaborateurs une ponctualité exemplaire. M. Agut, l'homme de la règle et de l'ordre, se plaisait dans cet ensemble si méthodique et si complet d'une mission. A Matour, il prit une large part aux travaux du P. Bridaine ; malheureusement nous manquons de détails sur le séjour qu'il fit dans cette paroisse et nous ne pouvons rapporter ici aucune des particularités de sa prédication qui eussent offert un si grand intérêt à ses enfants.

M. Boussin assure que le contact du P. Bridaine exerça sur sa vie une influence des plus considérables. C'est à l'école de ce grand missionnaire qu'il s'affranchit de la funeste habitude, si commune au xviiie siècle, à délaisser les fortes instructions sur le dogme et sur les mystères pour s'arrêter aux amplifications morales et aux développements philosophiques. Il apprit au contraire à enseigner aux peuples la parole de Dieu, en la dégageant de ces vaines afféteries dont les prédicateurs les plus en renom ne donnaient que trop l'exemple. Lisez ses sermons, vous n'en trouverez aucun qui ne soit édifiant et instructif. M. Agut ne perdait point son temps en chaire, comme tant d'autres, à disserter sur l'honneur, sur l'égoïsme, sur l'amitié, sur les vertus sociales et domestiques. Ses discours, aussi bien que ses instructions familières, ont pour objet les mystères de notre foi, les fins dernières et les devoirs essentiels du christianisme (1).

(1) Voici les titres des sermons de M. Agut qui nous ont été conservés. Ils sont classés, selon l'ordre chronologique qu'il indique lui-même sur chacun d'eux :
1742. Avantages et obligations de la vie religieuse.
1743. Sur la résurrection générale.
1744. Panégyrique de saint Joseph.
1745. Présentation de la sainte Vierge.
1746. L'Immaculée Conception — la Circoncision — saint Vincent.

A la façon des grands maîtres du siècle précédent, il divise son sujet dans un ordre parfait; chaque partie se subdivise ensuite en plusieurs points, qui sont autant de preuves à l'appui de la vérité qu'il veut démontrer ; les diverses parties de sa démonstration s'enchaînent ainsi et se fortifient mutuellement. Il est donc impossible d'admettre cette critique qu'a laissée Dumonet des sermons de M. Agut, lesquels n'auraient été d'après lui « qu'un tissu informe de passages de l'Ecriture Sainte et des Pères ». Rien de moins vrai. Sans doute il n'appartient pas à cette catégorie « d'orateurs brillants, qui, d'après notre auteur, plaisent

1747. Jeûne du Carême — Sacrement de la Pénitence. — Rogations — l'Eglise — l'Incarnation.

1748. Le saint nom de Jésus — le Mélange des méchants parmi les bons — Devoirs des pasteurs et des brebis — la Messe — l'Excommunication.

1749. La vertu de Pénitence.
La Tentation — fête du Saint Sacrement — Pardon des injures — l'Avarice.
La Vocation.

1750. La rechute — le bon Pasteur — l'Orgueil et l'humilité — le Salut — l'Amour du prochain.

1751. Le péché mortel — la parole de Dieu.

1753. L'envie — le mystère de la Sainte Trinité.

1754. Les Repas.

1756. La Sépulture ecclésiastique — panégyrique de saint Etienne.

1759. Saint Joseph.

1760. Pâques.

1761. L'Adoration.

1765. La fausse ou la vraie paix — les Bonnes œuvres.

toujours et ne persuadent jamais » ; mais, quand il devait annoncer la parole de Dieu, loin de se laisser aller à l'improvisation, il se recueillait, et étudiait mûrement son sujet. « Sa langue (alors) était pour ainsi dire enflammée par l'esprit de Dieu, il communiquait aux cœurs les plus froids, l'enthousiasme vraiment céleste qui le transportait ».

Quelques lignes plus haut Dumonet avait dit que « M. Agut, persuadé qu'en recevant la prêtrise, il s'étoit engagé d'une manière spéciale à marcher sur les traces du souverain Pasteur des âmes, tourna surtout de ce côté-là son application, ses soins et ses travaux. Les embarras et les affaires dont toute sa vie fut agitée ne l'empêchèrent point de travailler au salut d'une infinité de personnes de tout rang, de tout âge et de tout sexe. »

Lorsqu'il eut fondé son hospice des Incurables, il y donna des instructions familières, qui produisirent dans le quartier de la Barre les plus heureux fruits de sanctification. Obligé ensuite de se restreindre, il organisa ses catéchismes à la chapelle des Carmélites, où la foule des fidèles vint l'entendre avec un empressement qui ne se ralentit point.

Mais le zèle qui le dévorait pour le salut des âmes se trouvait trop à l'étroit dans l'enceinte d'une seule cité. Quelques années après la mission de Matour — la date ne nous est pas donnée d'une façon plus précise — il prêcha seul, ou du moins comme directeur de la station, une retraite générale dans la ville de Tournus, puis une autre à Bagé-en-Bresse. Cette dernière eut lieu, d'après une supputation assez vraisemblable, en l'année 1739.

En 1743 M. Agut, dont la réputation allait chaque jour grandissant, fut appelé à Lyon pour adresser une pieuse exhortation aux élèves du séminaire, le jour de la translation solennelle des reliques de saint Irénée. Toutefois c'est à Mâcon principalement qu'il donna libre carrière à son ardeur tout apostolique. Les notes dont il a surchargé ses sermons nous le montrent prêchant tantôt dans les communautés, tantôt dans les diverses paroisses de la ville. Lorsque son neveu, M. Plassard, eut été nommé curé de la cathédrale, M. Agut le remplaça maintes fois dans ses augustes fonctions de pasteur des âmes. Aussi l'entendit-on souvent à l'église de Saint-Vincent, où même nous le voyons signer aux registres de baptême à titre de *curé commis*. Dumonet résume ainsi les fruits des prédications du saint prêtre : « Il ramena dans le sein de l'Eglise plusieurs protestants, dont il reçut l'abjuration publique et solennelle. Il établit dans la chapelle des Carmélites des conférences pour tous les dimanches et quelques fêtes principales, dans lesquelles son neveu (M. Plassard) et lui traitèrent à fond les grandes vérités de la morale chrétienne et donnèrent à tous les états les leçons les plus utiles et les plus importantes. Dans la suite ces saintes conférences se convertirent en prédications simples et pathétiques, dont il s'acquitta avec autant d'exactitude et d'ardeur que s'il eût eu un titre qui l'y obligeât. Il fallut que la vieillesse et des infirmités sans nombre vinssent l'accabler pour mettre fin à cet objet de son zèle (1). »

Un missionnaire vraiment digne de ce nom ne se montre pas seulement apôtre dans ses discours, il l'est surtout au saint tribunal. « Ce qu'il (M. Agut) avoit commencé dans la chaire de vérité, il l'achevoit dans le tribunal de la pénitence : combien de riches et de pauvres n'a-t-il pas dirigés! que d'ignorants n'a-t-il pas instruits! que de pécheurs n'a-t-il pas changés! que de tièdes n'a-t-il pas ranimés! que de chancelants n'a-t-il pas soutenus! que de scrupuleux n'a-t-il pas guéris! Comme un autre François de Sales, il semble distiller le miel de l'onction divine sur ceux qu'il conduit, pour les soumettre tous au doux empire de la grâce. Toujours tout à tous, il n'a cessé d'administrer le sacrement de la réconciliation qu'en perdant le reste de ses forces. » (2)

Un des caractères particuliers de sa direction, nous l'avons déjà dit plusieurs fois, était un tendre amour pour le saint Sacrement; il en était embrasé et ne désirait rien tant que de le communiquer aux âmes. Cette

(1) Dumonet. *Vie de M. Agut*, p. 24.
(2) *Ibid.*, p. 25.

dévotion, on ne l'a pas oublié, se manifestait en lui par un grand zèle pour la décoration des autels, où Jésus-Hostie se plaît à résider jour et nuit, et par son empressement à élever de splendides reposoirs dans les processions de la Fête-Dieu. M. Boussin se demande à cette occasion si cette pratique de piété en particulier ne lui aurait pas été inspirée par le P. Bridaine lui-même. Le célèbre missionnaire, en effet, mettait tout son savoir-faire à rendre aussi belle que possible la procession qu'il avait coutume d'organiser, en l'honneur du très saint Sacrement, vers le milieu de ses retraites et de ses missions.

M. Agut entretint-il avec le célèbre missionnaire des relations fréquentes, nous ne saurions le dire; sa correspondance (1) ayant été malheureusement détruite, il ne nous est resté aucun document qui puisse nous fixer à cet égard; mais il y avait trop de sympathie entre ces deux âmes sacerdotales, pour qu'elles ne fussent pas heureuses de s'entr'aider par la prière et jalouses de se communiquer réciproquement leurs pensées de zèle. L'année même où M. Agut jeta les premiers fondements de sa congrégation, le P. Bridaine établit à La Côte-Saint-André une communauté de religieuses, qui reçurent le nom de

(1) De son vivant, les lettres de M. Agut étaient déjà regardées « comme les restes précieux d'un saint et comme les monuments respectables de son esprit et de sa sagesse. Les princes mêmes de l'Eglise, avec qui il fut étroitement lié, se firent toujours un plaisir de les lire. » (Dumonet.)

sœurs de la Providence et qui se consacrèrent, comme les sœurs du Saint-Sacrement, à servir les pauvres, principalement les soldats infirmes de la garnison. Elles donnaient également l'instruction gratuite aux enfants de la ville.

Les deux fondateurs échangèrent plus d'une fois, nous ne pouvons en douter, leurs lumières sur la meilleure méthode de former les âmes religieuses appelées à pratiquer les conseils évangéliques au milieu des malades d'un hospice ou des élèves d'une école chrétienne. Cette hypothèse est d'autant plus vraisemblable que Bridaine revint souvent à Mâcon durant ses courses apostoliques à travers la Bourgogne et le Lyonnais, notamment lorsque en 1743 il se rendit à Chalon-sur-Saône pour y prêcher une mission qui eut un si prodigieux succès (1). Nous ne croyons pas être téméraire en affirmant que M. Agut s'associa de nouveau alors aux collaborateurs de l'intrépide apôtre, soit par ses prières ferventes, soit par une coopération effective. On doit en dire autant des retraites ou missions prêchées dans le diocèse de Mâcon, à Beaujeu, et dans la chapelle d'un

---

(1) Les restitutions obtenues durant cette mission montèrent, d'après des documents authentiques, à plus de 20,000 livres, la plupart faites à la sortie d'une conférence sur ces matières importantes, plusieurs même effectuées à l'instant, dans l'église ou dans les rues, sans qu'aucune considération humaine pût arrêter le zèle. La mission donnée à Chagny ne fut pas moins abondante en fruits de salut.

seigneur du Beaujolais, où tous les habitants des alentours accoururent avec tant d'empressement. En vérité M. Agut ne pouvait manquer de profiter de circonstances aussi favorables pour revoir son saint ami, son maître dans l'art de toucher les cœurs et de les amener à Dieu et son émule pour les œuvres de charité. M. Agut rapporte dans ses *Entretiens spirituels* une parole qu'il attribue à un « fameux prédicateur de ce temps », sans aucun doute le P. Bridaine. Il se servait, dit-il, de cette maxime si rebattue : *Cela ne durera pas toujours!* et l'employait à chaque peine que pouvait endurer un chrétien. « Vous persécute-t-on, s'écriait-il avec un accent inspiré, eh bien, dites : cela prendra fin, cela ne durera pas toujours. Avez-vous des peines d'esprit, des chagrins, des embarras, des inquiétudes, dites : cela ne durera pas toujours, et ainsi de suite. Il en fit lui-même usage, et parmi les croix qu'il eut à porter avant que de mourir, il s'en servit très utilement. »

La doctrine spirituelle de M. Agut était de tous points conforme à celle du célèbre missionnaire. Comme lui, il accueillait avec bonté les pécheurs, quels qu'ils fussent ; toutefois sa bienveillance « n'alloit pas jusqu'à entretenir leurs désordres et leurs défauts, mais, en ménageant leur faiblesse, elle venoit à bout de les guérir et de les sanctifier. Il avoit sur le salut des maximes pleines de douceur; quelque mortifié qu'il fût, il n'imposait point aux autres le pénible fardeau des austérités et des macérations ; il ne le permettoit qu'aux âmes qu'il trouvait assez fortes pour n'y pas succomber. C'était la mortification intérieure qu'il exigeoit absolument de tous et sur laquelle il ne varia jamais. Profondément versé dans la science des saints, il savoit que cette pénitence est la plus excellente et la plus méritoire, et qu'elle seule renferme toute la perfection chrétienne (1). »

« —On se trompe, disait-il ordinairement, quand
« on s'imagine que pour être saint il faut ou s'ense-
« velir dans une solitude impénétrable ou ensan-
« glanter sa chair ou s'élever jusqu'à la plus sublime
« oraison ; il suffit pour être saint de remplir fidèle-
« ment les devoirs de son état, de porter avec patience
« les croix qui y sont attachées et de soumettre en
« tout sa volonté à celle de Dieu. »

« — Je veux faire de vous une grande sainte, disait-
« il une autre fois à une de ses filles spirituelles. —
« Vous aurez bien de la peine, répondit-elle. Je me
« connais trop faible pour espérer que vos efforts
« auront un si beau succès. — Vous avez donc,
« répliqua-t-il, une idée bien exagérée de la sainteté ?
« Je n'exige de vous qu'une chose que la grâce de
« Jésus-Christ vous rendra facile ; c'est un parfait
« renoncement à vous-même. » « C'est ainsi, ajoute

(1) Dumonet, *Vie de M. Agut.* P. 58.

son biographe, qu'il ramenait tout à l'humilité évangélique, cette vertu si précieuse que saint Augustin appelle l'abrégé de toutes les vertus chrétiennes (1). »

(1) *Ibid.*, p. 39.

CHAPITRE VI

MISSION PROVIDENTIELLE DE M. AGUT. — IL RECUEILLE LES INCURABLES

Avant de raconter le fondation de l'hospice des Incurables, autrement dit de la *Providence*, qui a été l'œuvre capitale de M. Agut, puisque la congrégation du Saint-Sacrement en est sortie, comme la fleur naît de la tige, il est nécessaire de remonter plus haut dans l'histoire de la Charité à Mâcon. On verra mieux quel a été le rôle bienfaisant de ce saint prêtre au milieu du siècle dernier, et quelle mission providentielle lui était réservée pour les temps à venir.

Les guerres civiles que la prétendue Réforme a excitées en France, au XVIe siècle, ne firent pas seulement couler dans toutes les provinces des torrents de sang ; elles y déchaînèrent d'épouvantables calamités :

la famine, la peste et d'autres contagions (1). « Après le passage des huguenots, disent les chroniqueurs, la terre sembla frappée de stérilité ; tout commerce cessa.» Les habitants des campagnes, voyant leurs champs dévastés, leurs maisons brûlées et pillées, se réfugièrent dans les villes pour y trouver la sécurité et solliciter des riches citadins le pain de chaque jour qu'ils ne pouvaient plus donner à leurs enfants. Les annales de Bourgogne nous montrent en particulier Dijon, Beaune, Chalon, Tournus, Mâcon regorgeant de ces malheureux. Il en était de même sur tous les points du royaume. Les bourgeois et les artisans des villes, effrayés non sans raison d'une telle immigration et craignant de ne pouvoir suffire à de si grands besoins, interdirent aux mendiants l'entrée de leurs cités. On ferma les portes et le gué se fit du haut des remparts, comme si l'ennemi tenait encore la campagne. Les magistrats instituèrent même une nouvelle milice, spécialement chargée de la surveillance des rues et des faubourgs :

(1) La terreur et la désolation que les Huguenots semèrent partout sur leur passage étaient telles que, pour témoigner à Dieu leur reconnaissance d'en avoir été délivrés, les habitants du Mâconnais firent vœu de célébrer annuellement, en l'honneur de saint Abdon, le 30 juillet, jour de la retraite précipitée des bandes protestantes (1572), une messe solennelle, suivie d'une procession à laquelle tout le monde devait assister.

Cette pieuse coutume fut fidèlement pratiquée jusqu'en 1789. Un certain nombre de paroisses des anciens diocèses de Chalon et de Mâcon l'observent encore, non sans profit spirituel et temporel.

c'est l'origine des « sergents de ville », qui portèrent tout d'abord le nom significatif de *chasse-coquins*. Mais comment contenir un torrent une fois sorti de son lit ?

En 1544 plus de cinq cents faméliques pénétrèrent de force dans Chalon et y semèrent la terreur. Ce fut bien pis au fort de la guerre, en 1578 et en 1579; la peste se joignit à la disette et les deux fléaux exercèrent les plus épouvantables ravages parmi la population flottante de la cité (1). Les anciennes fondations charitables ayant été ruinées par les calvinistes, les échevins durent créer un *impôt des pauvres*, et, comme cette ressource devint en peu de temps insuffisante, ils se virent forcés de contracter de lourds emprunts, afin de ne pas laisser tant d'infortunés succomber à leur misère.

La ville de Mâcon se trouvait dans une situation plus triste encore. Elle avait subi deux sièges désastreux et on y comptait moins de familles opulentes. Il fut donc impossible aux magistrats d'imiter leurs collègues de Chalon et une foule d'indigents restèrent sans secours. C'est alors que les habitants, pour se soustraire aux importunités des vagabonds, résolurent de créer un hospice, dans lequel tous les mendiants seraient enfermés. Mais lorsque l'on essaya de les réunir, plus de la moitié s'y refusèrent, « pour n'être point cloîtrés ». Ne dirait-on pas l'essai anticipé

(1) Voir notre *Histoire populaire de Chalon-sur-Saône*.

du *workhouse* anglais, avec ses déceptions et sa dureté ?

Il était réservé au héros moderne de la charité de résoudre le difficile problème que se posaient, à Mâcon comme partout ailleurs, les hommes soucieux de venir en aide aux pauvres sans les molester et sans porter la moindre atteinte à leur liberté. M. Vincent — c'est ainsi qu'on appelait de son vivant notre grand saint Vincent de Paul — M. Vincent venait d'être nommé, sur la recommandation du cardinal de Bérulle, son ami, à la cure de Châtillon-sur-Chalaronne, dans les Dombes. Il regarda comme un des principaux devoirs de sa charge pastorale de donner du pain à tant de malheureux qui en manquaient. Celui qui, petit berger, avait versé tout le contenu de sa bourse entre les mains d'un mendiant, ne pouvait rester insensible à un spectacle aussi lamentable. Il commença par se dépouiller de tout ce qu'il possédait, puis, les besoins augmentant, il organisa deux associations de charité, l'une d'hommes, l'autre de femmes, leur donna un règlement, dont tous les articles, marqués de la plus grande sagesse, furent approuvés par l'Archevêque de Lyon, et adoptés dans les différentes villes de la Bresse et de la Dombe.

En 1621 la Providence conduisit M. Vincent à Mâcon ; il ne devait y passer que quelques heures, mais son amour pour les malheureux l'y retint trois semaines entières.

L'état d'abandon où vivaient les pauvres de cette ville frappa douloureusement son âme compatissante. Au nombre d'environ trois cents, ainsi que nous l'apprend M. Agut, ils assiégeaient les églises, et, sous prétexte de demander l'aumône, ils poussaient durant le Saint Sacrifice, dont ils ne s'inquiétaient guère, des gémissements et des cris capables de troubler l'assistance et même d'interrompre le prêtre dans ses plus augustes fonctions ; chez eux, ignorance presque absolue de la religion, nul souci d'entendre la parole divine, de recevoir les sacrements; ils étaient en un mot « d'autant plus éloignés de Dieu que plus rapprochés de son temple (1) ». Un autre historien ajoute que ces malheureux se traînaient à demi nus hors des lieux saints, la menace et le blasphème à la bouche, sillonnant les rues, encombrant les places et inspirant la terreur à tous sur leur passage. Les étrangers qui arrivaient étaient aussitôt assaillis et harcelés par leur multitude. M. Vincent avait à peine mis le pied sur notre sol qu'il se vit entouré de tous les pauvres de la ville; une sorte d'instinct les amenait à lui comme à leur libérateur et les attachait à ses pas partout où il se rendait.

Ému de pitié, le saint, sans s'inquiéter de son itinéraire qui allait en être profondément modifié — il se rendait de Marseille à Paris — résolut de les

---

(1) M. Agut, *Histoire des Révolutions de Mâcon*, p. 297.

secourir et de délivrer Mâcon de leur vagabondage.

Il s'adressa d'abord aux curés des paroisses puis aux échevins, et proposa aux uns et aux autres d'établir la double association d'hommes et de femmes qui avait obtenu un si grand succès à Châtillon et dans toutes les villes du voisinage. Une assemblée nombreuse se réunit à l'hôtel de ville le 16 septembre 1621, afin de mettre en délibération cet important projet, qui fut accueilli avec empressement et aussitôt mis à exécution. Sur-le-champ en effet un comité de dix membres fut constitué « pour l'acheminement d'une si sainte et louable charité ». Dès le lendemain 17, le comité tint sa première séance, reconnut la nécessité de trouver « au moins deux cents écus, en attendant les aumônes des gens de bien », et décida de commencer par la visite générale des pauvres pour en connaître le nombre. L'évêque, Mgr Louis Dinet, prié de bénir la pieuse entreprise, lui prodigua les marques de sa haute bienveillance ; « dès à présent, dit-il, j'autorise tout ce qui a été et sera fait pour une si bonne œuvre, à laquelle je désire contribuer. »

Alors, sous le souffle inspirateur de l'homme de Dieu et grâce au concours simultané des ecclésiastiques et des notables de la ville, les deux associations de messieurs et de dames se constituèrent rapidement. En moins de trois semaines, des secours réguliers et permanents furent assurés aux pauvres ; ceux-ci de leur côté se soumirent sans contrainte à une discipline salutaire. Mâcon se trouva transformé en un instant ; l'ordre et la sécurité régnèrent partout ; la charité fit ce que les mesures de police les plus rigoureuses n'avaient pu obtenir ; elle rendit plus faciles et plus agréables les relations de société et assura la paix au sein de familles jusqu'à ce jour en proie à la discorde.

Le bien que Vincent de Paul avait opéré à Mâcon se maintint longtemps après lui, les deux associations rivalisant de zèle pour le soulagement des pauvres et des malades. Peu à peu cependant les abus que l'on avait eu tant de peine à faire cesser reparurent. « Le plan de saint Vincent de Paul (1), formé à Mâcon, dit M. Agut, pour renfermer tous les mendiants de l'un et de l'autre sexe et pour faire approcher des sacrements ceux à qui l'on donnerait l'aumône, était bien sage et bien prudent ; mais où en est aujourd'hui l'exécution ? On regarde ces pauvres comme la lie et l'excrément de la terre ; on ne fait pas attention à leurs

---

(1) Saint Vincent de Paul, ayant achevé son œuvre, se disposait à reprendre sa route, quand prêtres et séculiers, magistrats et dames de charité joignent leurs instances à celles des pauvres pour le garder quelques jours de plus à Mâcon. Le saint ne se laisse pas fléchir, le bien des âmes l'appelle ailleurs. Du moins les Mâconnais, afin de lui témoigner une fois de plus leur reconnaissance, veulent-ils lui décerner un glorieux triomphe au moment de son départ. M. Vincent, dont l'humilité est encore plus grande que son amour pour les pauvres, devance l'heure convenue et quitte Mâcon avant le lever du soleil. Il était déjà loin lorsque MM. les échevins s'apprêtaient à le haranguer.

besoins spirituels et l'on en voit tous les jours périr sans sacrements et même ne connaissant que très superficiellement leur religion. Cependant les riches vivent dans l'abondance, les ministres de Jésus-Christ dans l'indifférence, et des âmes rachetées par son précieux sang se voient malheureusement hors de la voie du salut. On raconte que saint Grégoire le Grand, ayant appris la mort d'un pauvre au milieu de la rue, s'en attribua la faute, s'imposa une rude pénitence et s'abstint de dire la sainte messe pendant plusieurs jours ; cependant ce saint pape avait un rôle exact des pauvres de Rome, et celui qui venait de mourir avait sans doute échappé à sa vigilance. »

Animé par ces grands motifs de foi, le futur fondateur de la *Providence* résolut, comme il s'exprime lui-même, de *se livrer au ministère des pauvres*, et ce sera sa gloire d'avoir rétabli et couronné par une institution durable l'œuvre que le grand apôtre de la charité au xviie siècle avait créée dans notre cité. Son nom restera inséparablement uni à celui de Vincent de Paul, dont il fut tout à la fois le disciple et l'émule.

Mais si un tendre amour pour les pauvres a été le trait caractéristique commun à l'un et à l'autre, la prédilection spéciale que M. Agut témoigna toujours aux plus délaissés, aux malades incurables, fut la physionomie particulière de sa charité. C'est elle qui lui inspira l'œuvre de la *Providence*, laquelle suffirait à faire bénir éternellement sa mémoire et dont il est temps de raconter la fondation.

Nous avons vu précédemment que les malades incurables, n'étant point admis aux hôpitaux de la ville, erraient çà et là, mais surtout au faubourg de la Barre. M. Agut aimait durant ses promenades à diriger ses pas de ce côté, moins pour respirer l'air pur de la campagne que pour porter des secours aux mendiants qu'il ne manquait jamais d'y rencontrer. Le terrible hiver de 1731 fournit une ample matière à ses distributions quotidiennes.

Un soir qu'il suivait la route de Charnay, il aperçoit tout à coup, étendu sur la neige, un malheureux que le froid a saisi. Le charitable prêtre s'en approche aussitôt, le charge sur ses épaules et le transporte à son domicile, où, à force de soins, il parvient à le rappeler à la vie. M. Agut devait être deux fois le sauveur de cet infortuné. C'était un soldat attaché à la maison de la princesse de Conti(1), arrivé depuis peu à Mâcon et réduit au plus affreux dénuement. Il appartenait à la religion protestante, dans laquelle il était né, et avait passé de longues années à la recherche de la véritable Eglise. A la fin, touché par la grâce et sollicité en même temps par les pieuses exhortations de la princesse, il se disposait à faire abjuration à Paris même entre les mains de M. Lan-

(1) Louise d'Orléans (1717-1776), mariée à Louis-François de Bourbon, prince de Conti.

guet de Gergy, frère aîné de l'historien de la B. Marguerite-Marie et curé de Saint-Sulpice, lorsque des obstacles survenus inopinément entravèrent ce dessein.

Mme la princesse de Conti, pour couper court à de nouvelles difficultés, résolut d'envoyer directement le nouveau converti à Avignon ; le vice-légat du pape Clément XII, qui y résidait, aurait lui-même reçu son abjuration et l'aurait relevé des censures. Mais à peine l'officier fut-il arrivé dans cette ville, que des affaires urgentes l'obligèrent à en sortir, avant qu'il eût le temps de se présenter devant le prélat. Comme il se proposait de rentrer sous peu à Avignon, il y laissa ses hardes et son argent. Durant son absence, la peste éclata dans le pays ; elle y exerça aussitôt de tels ravages que l'entrée de la ville fut interdite à tout arrivant, quel qu'il fût. Notre malheureux soldat sollicita en vain une autorisation spéciale pour y pénétrer ; il dut rebrousser chemin et reprendre la route de Paris, qui longe le Rhône et la Saône. La fatigue, les privations, la maladie le contraignirent de s'arrêter à Mâcon, où il obtint une place à l'Hôtel-Dieu. Sa qualité d'officier, l'état lamentable auquel il était réduit le firent admettre d'urgence. Au bout de quelque temps, sentant ses forces revenir, il songea à continuer son chemin ; le grand nombre des malades avait obligé aussi les administrateurs de l'hôpital à lui donner congé avant que sa convalescence fût complète.

Il errait dans Mâcon sans abri, sans connaissances, sans ressources. Le froid était rigoureux (on était au cœur de l'hiver), la neige épaisse, la nuit approchait ; désespéré, il s'affaissa sur lui-même au milieu de la chaussée ; il y serait mort, si la divine Providence n'avait envoyé à son secours le charitable M. Agut.

Celui-ci, après avoir ranimé l'infortuné soldat et lui avoir donné les premiers soins que réclamait son état, entreprit de le faire rentrer à l'hôpital. Mais quelque pressantes que fussent ses prières, il ne put y réussir. M. Colin de Serres, vicaire général du diocèse, fit lui-même une démarche auprès de MM. les administrateurs. Tout fut inutile ; l'Hôtel-Dieu regorgeait de malades ; loin d'en pouvoir admettre, il aurait fallu plutôt en renvoyer plusieurs dont on ne savait que faire. Cet encombrement des hospices de la ville entrait dans les vues miséricordieuses de la Providence. Dieu permettait que le protégé de M. Agut ne pût trouver place à l'Hôtel-Dieu, afin que le saint prêtre en prît occasion de mettre à exécution le projet qu'il formait depuis si longtemps dans son cœur.

En effet M. Agut n'abandonna pas son malade. Ne pouvant le garder dans sa petite maison sise sur la place des Capucins, il le logea chez un honnête aubergiste du faubourg de la Barre, où il allait chaque jour le voir, « tant pour l'instruire et le consoler, que pour s'assurer par lui-même que tous les soins que réclamait sa position lui étaient prodigués » (1). Une conduite si généreuse augmenta encore dans le cœur du brave officier son estime pour la religion catholique et, avec cette estime, le désir d'entrer dans le sein de la véritable Eglise. Il pria donc le saint prêtre de recevoir son abjuration ; mais celui-ci ne se rendit pas de suite à ses ardents désirs. M. Agut, toujours sage et prudent, crut devoir en référer auparavant à ses supérieurs ; il écrivit aussi à la princesse de Conti, qui chargea une de ses dames d'honneur, Mme de Digoine, de témoigner au pieux aumônier des carmélites de Mâcon quelle large part elle prenait aux infortunes de son officier, et en même temps combien elle bénissait Dieu des excellentes dispositions dont elle le savait animé.

Le mal s'aggravait ; M. Agut, pleinement autorisé, disposa alors son néophyte pour la touchante cérémonie de sa réconciliation avec l'Eglise. Elle n'eut à la vérité aucun éclat extérieur, mais elle remplit le cœur du saint prêtre d'une joie toute céleste. M. Agut administra ensuite à son protégé les sacrements qui facilitent aux fidèles le passage du temps à l'éternité ; peu après, il reçut son dernier soupir.

Informée de la mort si chrétienne de son officier, Mme la princesse de Conti députa à M. Agut un exprès pour lui dire toute sa satisfaction et le combler des

---

(1) *Mémoire* de la M. Récy. Voir aux *pièces justificatives*.

marques de sa reconnaissance. Nous devons en signaler une qui prouve en quelle vénération la princesse eut dès lors le charitable ami des pauvres délaissés.

Il est resté de tradition parmi les sœurs du Saint-Sacrement que l'envoyé de Son Altesse était un peintre et qu'il avait la mission secrète de rapporter de Mâcon le portrait de M. Agut. Quand celui-ci apprit ce que l'on voulait lui demander, son humilité s'en alarma au point qu'il résista à toutes les instances qui lui furent adressées. Pour en triompher, l'artiste lui représenta qu'il était lui-même père de famille et qu'il comptait sur ce travail pour donner du pain à ses enfants. A ces mots, M. Agut consentit à tout et se laissa faire ; mais la violence qu'il dut s'imposer contracta les traits de son visage, habituellement calme et paisible. C'est, dit-on, à cette circonstance particulière que nous devons le portrait de M. Agut ; c'est aussi ce qui a imprimé sur sa physionomie, si douce et si bienveillante, cet air austère que l'on remarque sur la plupart des reproductions de ce premier tableau. Son front, dans de belles proportions de hauteur et de largeur, a la placidité de l'homme au tempérament calme et modéré ; son regard ferme et expressif reflète la paix de son âme ; ses lèvres régulières, sa bouche médiocre, son menton droit indiquent la rectitude de son esprit et l'énergie de sa volonté. Mais ce que le pinceau d'aucun artiste ne pourra jamais rendre, c'est la générosité de son cœur ouvert à toutes les infortunes, c'est la tendresse de son âme compatissante, qui firent de M. Agut le père des pauvres et le bienfaiteur de ses concitoyens malheureux.

SECONDE PARTIE

DEPUIS LA FONDATION DE L'HOSPICE DE
LA PROVIDENCE OU DES INCURABLES A MACON
JUSQU'A LA MORT DE M. AGUT

(1731-1778)

CHAPITRE VII

FONDATION DE L'HOSPICE DE LA PROVIDENCE
OU DES INCURABLES.

L'HEURE marquée par la divine Providence avait sonné. Depuis longtemps M. Agut s'occupait activement des pauvres, surtout de ceux qui étaient atteints de maladies répugnantes et réputées incurables. Leur multitude et l'impossibilité de les faire admettre aux hôpitaux de la ville lui avait inspiré le dessein de leur ouvrir un asile spécial. D'ailleurs, récompensé si largement de ses premiers efforts par l'abjuration et la sainte mort du soldat de Conti, il n'hésita plus à mettre à exécution le plan qu'il avait conçu et sur lequel Dieu répandait déjà ses grâces les plus précieuses.

M. Agut garda donc le modeste abri qu'il avait offert à son moribond au faubourg de la Barre. Il était du reste puissamment encouragé dans son entreprise par un digne prêtre de ses amis, M. Picquet, aumônier de la Visitation, qui restera jusqu'à la fin son auxiliaire dévoué. Mais devant le nombre croissant des demandes et l'étendue des besoins, il fallut bientôt songer à un autre asile que celui que la complaisance d'un logeur avait mis à la disposition de M. Agut. Après en avoir mûrement conféré ensemble, les deux amis résolurent de louer dans le même quartier une petite maison pour abriter au moins cinq ou six incurables, en attendant que la Providence daignât leur ménager les ressources qui seraient nécessaires, si l'on voulait recueillir tous les malheureux.

Les annalistes de la congrégation du Saint-Sacrement ont noté les dates de cette première fondation, et avec raison, car elles marquent la véritable origine de la communauté. C'est le *huit mars* 1732, jour où l'Eglise honore la mémoire de saint Jean de Dieu, un des héros de la charité chrétienne, que MM. Agut et Picquet prirent leur généreuse détermination ; et douze jours après, le 20 mars, qu'ils entrèrent en possession, sur la *levée ou pavé de la Barre*, de l' « humble maison destinée à devenir le noyau d'un vaste hospice et le berceau d'une congrégation religieuse » (1).

L'installation, on le devine sans peine, fut des plus modestes. Ni M. Agut ni M. Picquet ne possédaient

(1) M. Boussin, *Annuaire de la congrégation du Saint-Sacrement*, p. 102.

les biens de ce monde, mais, par une heureuse compensation, ils étaient riches en œuvres et puissants par leur confiance inébranlable en la bonté de Dieu. Ils offrirent donc l'hospitalité à plusieurs incurables choisis parmi les plus nécessiteux. La même salle servait à la fois d'infirmerie, de réfectoire et de chapelle; mais comment peindre la joie du saint prêtre, lorsque, le rêve de son cœur charitable commençant à se réaliser, il lui fut donné, dit M. Boussin, de voir à sa disposition cette maisonnette de louage, et surtout d'y contempler, réunis et désormais à l'abri du besoin et du danger, quelques-uns de ces malheureux atteints d'inguérissables et repoussantes infirmités, qui depuis bientôt douze ans excitaient à un si haut degré les sentiments de sa compassion ! (1) »

Le grain de sénevé était jeté en terre ; pour le faire germer et lever, il ne lui faut plus que la rosée des bénédictions célestes, dont l'Eglise de Dieu est la sage et bienfaisante dispensatrice; puis, quand l'humble plante sera devenue un arbre, les vents et la tempête se déchaîneront, afin de donner à ses racines plus

---

(1) Cette modeste chambre, située au nord des bâtiments de la *Providence*, est contiguë à la pharmacie actuelle. Après avoir servi longtemps de salle de classe pour l'école gratuite fondée par M. Agut, elle a été abandonnée pour cause d'insalubrité. La R. M. Récy dit qu' « il serait bien à souhaiter qu'on pût la transformer en oratoire. Ce serait, ajoute-t-elle, un monument qui nous rappellerait constamment et le souvenir de notre père et les vertus héroïques de nos premières mères. »

de vigueur, et de les faire pénétrer plus avant dans le sol.

Dès le commencement de son entreprise, M. Agut, en fils soumis et respectueux de la sainte Eglise, implora pour l'œuvre nouvelle l'approbation de l'évêque de Mâcon. Nous l'avons déjà dit, à Mgr de Tilladet avait succédé sur le siège épiscopal de cette ville, Mgr Henri-Constance de Valras, prélat distingué par son aménité, ses manières nobles et simples, autant que par l'illustration de sa famille. A peine eut-il pris possession de son siège, qu'il fut obligé de retourner à Paris, où l'appelaient et le retinrent longtemps des affaires d'une haute importance pour le bien de son diocèse et de la religion. M. Colin de Serres, vicaire général et official, resta dépositaire de toute son autorité soit au spirituel soit au temporel. Ce fut donc à lui que s'adressèrent M. Agut et son pieux confrère, M. Picquet, à l'effet d'obtenir les autorisations requises ; ils le firent avec d'autant plus de confiance, que M. Colin sentait mieux que personne combien la création d'un hospice d'incurables était urgente à Mâcon. Le 15 mars 1733 ils signèrent une requête dont le texte ne nous a pas été conservé, mais que nous connaissons dans ses dispositions essentielles. Les suppliants, disaient-ils, prenaient la liberté de représenter à M. le vicaire général « le déplorable abandon où se trouvaient un grand nombre d'incurables que le danger de la contagion ne permettait pas de recevoir à l'Hôtel-Dieu, et même de très honnêtes gens qui se trouvaient momentanément sans secours, et que l'on voyait journellement à Mâcon, et surtout au faubourg de la Barre, mourir privés de tout soin religieux et corporel (1) ». Ils rappelaient qu'on avait si bien compris autrefois la nécessité d'un hospice destiné aux incurables, que depuis plusieurs siècles on en avait élevé un entre Mâcon et Saint-Clément, lequel avait été malheureusement détruit par les calvinistes en 1562 et en 1565. En conséquence, ils demandaient moins à créer une œuvre nouvelle, qu'à rétablir l'hospice spécial dont le besoin se faisait sentir si vivement, et priaient M. Colin de Serres « de les autoriser, au nom de Mgr l'évêque de Mâcon, à bâtir, sur la levée de la Barre, dépendante de la paroisse de Charnay, un petit hôpital avec une modeste chapelle, pour recueillir ces malheureux. »

Le vicaire général de Mgr de Valras agréa avec bienveillance la supplique qui lui était adressée, et l'homologua le jour même. Non content de donner aux deux fondateurs tous les pouvoirs dont ils avaient besoin, il leur permit de faire dans le diocèse des quêtes pour subvenir aux frais de la maison, et, comme

---

(1) M. Boussin. Cet hospice existait vers 1482. Il ne faut pas le confondre avec la *maladrerie*, construite en 1610, dans les prairies de Varennes, près de Saint-Clément, par les soins et la générosité de Mgr Gaspard Dinet, évêque de Mâcon.

gage de l'intérêt particulier qu'il portait lui-même à l'œuvre, il offrit un ornement complet pour la chapelle.

Le lieu où les bâtiments du futur hospice allaient s'élever, ressortissait au château de Lévigny, dont MM. les chanoines de Saint-Pierre étaient hauts justiciers. M. Agut et M. Piquet sollicitèrent donc du chapitre noble la permission qui leur était indispensable ; elle leur fut accordée aussitôt. Les chanoines chargèrent M. Agut lui-même d'écrire leur délibération et de l'expédier en bonne et due forme aux signataires. C'était une délicatesse qui relevait encore le prix de leur bienveillante autorisation.

Il ne restait plus qu'à obtenir le consentement de M. Chamonard, curé de Charnay, sur la paroisse duquel l'hospice et sa chapelle allaient se trouver situés. M. Agut présenta lui-même sa demande avec la modestie d'un saint. L'exposé des motifs est le même que précédemment : après avoir rappelé que S. G. Mgr l'évêque de Mâcon, a daigné autoriser l'érection du susdit hôpital pour les incurables, il prie M. le curé de vouloir bien à son tour approuver, confirmer et protéger, autant que cela le concerne, la construction de cet hôpital sur sa paroisse. Le bon M. Chamonard, qui fut constamment pour M. Agut et ses œuvres un zélé coopérateur, consentit sans difficulté à ce que la requête obtînt « son plein et entier effet ».

Quelque précieuses et indispensables qu'elles fussent, ces diverses autorisations laissaient tout à créer. Plus une œuvre dont Dieu est l'inspirateur secret se trouve dépourvue de moyens humains, plus même elle rencontre de contradicteurs, plus aussi le succès final lui est assuré. La toute-puissance du souverain Maître nous apparaît d'autant plus merveilleuse que les instruments dont il se sert sont moins capables par eux-mêmes de remplir ses desseins. D'ailleurs une entreprise suscitée par sa miséricordieuse providence doit porter l'empreinte sacrée de la croix ; c'est le sceau divin qui en prouvera à tous l'excellence et l'authenticité (1).

Pénétré de ces principes et soutenu par l'exemple de tous les saints fondateurs, M. Agut, lorsqu'il posa les bases de son hospice des Incurables, ne se confia ni en son expérience, ni dans le secours des hommess. Il s'en remit avec une simplicité d'enfant et avec une confiance absolue à la très aimable volonté de Dieu, lui abandonna tout, l'avenir comme le présent de son œuvre. Les obstacles se multiplièrent sous ses pas ; la persécution fut acharnée ; jamais il ne s'en laissa ébranler, il paraît même ne point en être surpris. Sa maxime favorite, au milieu des contradictions de toutes sortes dont il fut l'objet, était celle de Gamaliel : « Si cette entreprise est des hommes, elle tombera ; mais si elle est

(1) Voir aux *pièces justificatives*.

de Dieu, vous ne pourrez la détruire, sans vous exposer à combattre Dieu. » (Act., v, 38, 39.)

Une autre règle de conduite, qu'il avait sans doute apprise à l'école de saint Vincent de Paul, était de *ne pas enjamber sur la Providence*, mais d'attendre en paix son intervention. Il y fut fidèle toute sa vie : avait-il en main l'argent nécessaire, il faisait les acquisitions ou constructions désirées ; quand les fonds étaient épuisés, ce qui arrivait souvent, il congédiait les ouvriers ; il ne les rappelait que sur un nouveau signe de la volonté de Dieu, à laquelle il se plaisait tant à s'abandonner. Nous savons en effet que depuis son enfance M. Agut n'eut jamais d'autres ressources que les secours, parfois fort extraordinaires, dont le Seigneur récompensait son esprit de foi. Aucune œuvre n'a mieux mérité que la sienne le nom béni et aimé de *Providence*. Chaque fois qu'il parlait de son hospice il aimait à dire que c'était la Providence de Dieu qui en avait fait tous les frais. Nous allons nous en convaincre nous-mêmes, en suivant pas à pas les progrès lents mais sûrs de cette fondation.

Le premier soin de M. Agut, quand il eut réuni ses chers incurables, fut de s'assurer la possession des bâtiments qu'il occupait à titre de locataire. Il n'y parvint pas sans peine. Cependant nous le voyons, dès l'année 1733, accepter un petit legs qui le suppose déjà propriétaire de l'immeuble. Les époux Pochon et Alamy lui donnent par un acte entre vifs du 27 septembre un petit fonds de terre, à la condition qu'il fera construire « une chapelle sous le vocable de Notre-Dame de Pitié et de Saint-Jean, et autres bâtiments qu'il jugera convenables et où s'établirait un chapelain ». Mais le 15 février 1735 un nouvel acte intervenait entre les contractants à l'effet d'échanger le premier terrain pour un autre qui était plus à la convenance du fondateur. Il a servi depuis à l'emplacement de l'infirmerie actuelle des femmes et de la chapelle elle-même, dont les travaux ne tardèrent pas à commencer. Les donateurs rappelèrent et maintinrent dans ce nouvel acte les conditions du premier ; elles prouvent avec quelle faveur l'entreprise de M. Agut était accueillie par les habitants du faubourg, et bien qu'elles ne fussent pas entièrement désintéressées, elles révèlent néanmoins une foi vive chez les donateurs, et furent acceptées sans hésitation (1).

Dès qu'il se vit possesseur de l'humble asile où il

---

(1) Notons de suite que, dans tous les actes d'achat ou d'échange passés depuis 1733, le nom de M. Agut figure seul et qu'il n'est jamais question de M. Picquet. Cela prouve que la part prise par ce dernier à la fondation de la Providence resta dans les bornes d'un concours moral, d'ailleurs infiniment précieux. *Annuaire*, p. 112.

M. Boussin ajoute « que la famille Pochon ne cessa de se montrer obligeante et dévouée à l'endroit du vénérable M. Agut, et que c'est d'elle qu'il acquit successivement, et à des conditions favorables, la plus grande partie du terrain qui constitue l'emplacement et les jardins de la Providence. »

avait réuni ses chers incurables et d'un peu de terrain pour l'agrandir et y construire un oratoire, M. Agut s'empressa d'écrire à Mgr de Valras, qui confirma hautement l'approbation donnée en son nom par son vicaire général. « On ne peut, répondit l'évêque de Mâcon, que louer les marques que vous donnez, dans cette occasion, de votre zèle pour le soulagement des pauvres incurables de cette ville, et je prendrai volontiers connaissance de cet établissement, lorsque je serai dans mon diocèse. »

Effectivement, en 1734, Mgr de Valras, à son retour de Paris, se transporta à la maison du faubourg de la Barre et fut très satisfait de la régularité qui y régnait et du dévouement avec lequel on soignait les malades; il félicita et bénit le pieux fondateur qui parle lui-même en ces termes de la visite de Mgr de Valras : « Monseigneur l'évêque, dit-il, charmé du succès, plaça des pauvres dans cette maison, qui prit dès lors et à juste titre le nom de Maison de la Providence. »

Non content de donner à M. Agut ce premier gage de sa faveur, le prélat se rendit successivement aux deux bureaux où se réunissaient les administrateurs de l'Hôtel-Dieu et ceux de la Charité, et les détermina à prendre, le 10 janvier 1737, une délibération qui allait être la reconnaissance officielle du nouvel hospice. Quelques années auparavant, Mme Chénard, femme du lieutenant général, avait fait à l'Hôtel-Dieu un legs de 100.000 livres, à la condition spéciale qu'on y entretiendrait quatre lits pour des incurables. Cette clause n'avait pu jusqu'alors être exécutée, parce qu'on craignait, nous l'avons dit, d'exposer les autres malades à la contagion. D'autre part, M. Agut était lui-même en pourparlers avec le bureau de la Charité à l'effet transférer dans sa maison les pauvres scrofuleux qui se trouvaient à l'hôpital général. Mgr de Valras eut la joie de faire aboutir ces diverses négociations pour le plus grand avantage des pauvres.

Mais, disons-le de suite, les arrangements qui furent pris occasionnèrent plus de charges à M. Agut qu'ils ne lui procurèrent de ressources; ils lui assurèrent cependant l'avantage considérable de mettre sa maison « sur le même pied que les deux hôpitaux de la ville dûment autorisés », et obligèrent les administrateurs à « entretenir avec le saint prêtre des relations qui devaient, dit M. Boussin, faire apprécier l'utilité de son œuvre, même par rapport aux autres hospices, et tomber les préventions, la jalousie qui ne pouvaient manquer de se produire ».

Tranquille enfin sur l'avenir de sa fondation, M. Agut put commencer la construction des bâtiments destinés à abriter le plus grand nombre possible de malheureux incurables. Il vendit son patrimoine, réunit ses petites économies, le produit de ses ouvrages, et les quelques dons en argent qu'il avait reçus ; puis, afin d'accroître ce premier fonds, qui eût été trop insuffisant, il usa de l'autorisation de l'ordinaire pour faire sa quête dans le diocèse (1). Les travaux commencèrent aussitôt. Une délibération du chapitre de Saint-Pierre en date du 27 août de cette même année 1737, et par laquelle M. Agut était autorisé à couper dans le bois de Vairres les arbres dont il aurait besoin, permit de les pousser avec activité. C'était une nouvelle preuve de l'intérêt croissant que les chanoines-comtes portaient à l'œuvre de M. Agut. Une autre faveur dont l'évêque de Mâcon voulut faire bénéficier les malades recueillis par M. Agut, fut de leur assurer les remèdes que Louis XV était dans l'habitude de distribuer gratis chaque année, par les mains du clergé, aux hôpitaux et aux pauvres du royaume. Mgr de Valras profita de son premier voyage à Versailles pour obtenir ce précieux avantage à l'hospice de la Providence, quoiqu'il ne fût pas encore légalement reconnu.

Mais tant que le Dieu du tabernacle n'eut pas à l'hospice naissant un sanctuaire où il pût résider jour et nuit, le pieux fondateur ne goûta aucune tran-

---

(1) Mgr de Valras donna à M. Agut l'autorisation de quêter dans son diocèse. Mgr de Rochebonne, archevêque de Lyon, et ses deux successeurs immédiats lui accordèrent la même permission ; il en usa principalement en Bresse, d'où il tirait un grand nombre de ses incurables et qui faisait partie du diocèse de Lyon. (Voir *aux pièces justificatives*.)

Dumonet assure que le produit de ces quêtes contribua pour beaucoup à la fondation de l'hospice.

FONDATION DE L'HOSPICE

quillité. Ne fallait-il pas tout d'abord donner une place d'honneur au Maître de la maison, à Celui qui est le véritable ami des pauvres et des malheureux ? Une première chapelle (1) fut donc aménagée dans les nouvelles constructions, et le successeur de M. Chamonard à la cure de Charnay invité à en faire la bénédiction solennelle. C'était M. Buard, lequel n'eut pas pour l'entreprise de M. Agut les mêmes sympathies que son vénéré prédécesseur. Il accorda néanmoins la permission de faire à la petite chapelle les funérailles des malades qui mourraient à la *Providence*.

A partir de ce jour, le zèle de M. Agut ne négligea rien pour procurer à ses chers incurables « les grâces et les consolations qui coulent, comme d'une source intarissable, de l'assistance au divin sacrifice, et surtout pour leur fournir le moyen de l'entendre et de remplir le précepte des dimanches et des fêtes » (2).

Les habitants du faubourg, il est facile de le comprendre, voulurent avoir leur part dans les secours spirituels distribués si libéralement à l'hospice de la *Providence*. Dumonet raconte que « M. Agut prêchait, dans l'humble chapelle, assis sur un fauteuil ; qu'on accourait en foule à ses instructions, et qu'ensuite, pour ne pas être accablé par la multitude, il se vit obligé de construire une chaire ». C'est alors que la

---

(1) Cette chapelle était orientée de l'est à l'ouest ; elle occupait la place où se trouve aujourd'hui l'autel de la Sainte-Vierge.
(2) M. Boussin. *Annuaire*, p. 117.

persécution commença contre le serviteur de Dieu; sourde et contenue d'abord, elle ne tardera pas à se déchaîner. « Que de clameurs, dit son biographe, que de plaintes, que de murmures, que de reproches! Tantôt on l'accusa de détourner les fidèles de leur paroisse, tantôt de soulever les brebis contre le pasteur, tantôt d'usurper l'autorité pastorale et d'en faire les fonctions, tantôt d'employer à ses propres avantages les aumônes qu'il recevoit pour les pauvres : il détruisit toutes ces accusations par de solides réponses. On n'oublia rien pour le noircir auprès de ses protecteurs, afin de miner par là, s'il étoit possible, le chef-d'œuvre de sa bienfaisance.

« Au milieu de ces tempêtes, il jouissait d'une tranquillité inaltérable ; ayant pour lui le témoignage d'une bonne conscience et d'une intention pure et droite, il ne doutoit pas que la sagesse de ses procédés n'éclatât un jour et ne confondît enfin ses adversaires. — Si cet ouvrage, disait-il, doit contribuer à la gloire de Dieu, les hommes les plus puissants et les plus mal intentionnés ne pourront le détruire : que sa volonté s'accomplisse ! (1) »

(1) Dumonet. *Vie de M. Agut*, p. 35, 36, *passim*.

CHAPITRE VIII

M. AGUT ET LES SERVANTES DES PAUVRES. IL FONDE
LA CHAPELLE DE N.-D. DE PITIÉ

IL ne suffisoit pas, dit avec raison Dumonet, d'avoir ouvert un asyle aux pauvres accablés de langueurs ; ils avoient besoin de quelques personnes courageuses qui secondassent envers eux la charité de M. Agut, qui exécutassent tous les jours ses intentions, qui, en un mot, les servissent. » Le vénérable fondateur n'était point sans y avoir pensé ; mais songea-t-il, en créant l'hospice des Incurables, à établir en même temps une congrégation nouvelle ? Nous ne le croyons pas.

« La maison des Incurables, lisons-nous dans ses *Mémoires,* paraît plutôt l'effet de la divine Providence que d'un projet arrêté ; elle ne doit son érection qu'aux divers événements qui y ont donné lieu. Celui qui l'a commencée n'avait d'abord aucun plan suivi et ne savoit où alloient aboutir toutes ses démarches. Il y auroit eu une témérité bien présomptueuse à vouloir fonder cet hôpital et établir une congrégation de filles dévouées aux bonnes œuvres, qui en sont devenues comme une conséquence naturelle et comme le soutien. » Ailleurs il dit encore : « Lorsqu'il s'agit de soigner les pauvres incurables, plusieurs personnes dévotes se consacrèrent à cette œuvre : filles, femmes, veuves; on en vit un grand nombre empressées de secourir ces malheureux ; alors elles se répartirent les emplois. »

Telle est, en quelques mots, l'origine toute providentielle des sœurs du Saint-Sacrement. M. Agut, qui devait, sans nul doute, assurer des soins permanents à ses pauvres infirmes, ne songe pas à appeler pour les servir une congrégation déjà existante, comme par exemple, les filles de la Charité, les sœurs de Sainte-Marthe, et surtout les religieuses Augustines, qui dirigeaient l'Hôtel-Dieu depuis 1663. Ayant trouvé sous sa main, si l'on peut parler ainsi, des personnes dévouées pour panser les plaies de ses enfants d'adoption, il les emploie avec un profond sentiment de reconnaissance à leur égard. « Il les contemplait à l'œuvre, scrutant leurs dispositions, dit M. Boussin, et épiant les indications et la marche de la Providence, *rem tacitus considerabat* (Gen., XXXVII, 11), la conjurant, dans le silence et la ferveur de l'oraison, de lui indiquer ses voies (1). »

(1) *Annuaire*, p. 158.

Durant les premières années de la fondation (1733-1737), le nombre des infirmes étant peu élevé, il suffisait de quelques personnes de bonne volonté pour leur donner les soins que réclamait leur état. Mais qui n'aimerait à voir ces sentinelles dévouées de la charité se relever à tour de rôle et à des heures déterminées du jour et de la nuit, au poste de l'honneur, près des membres souffrants du divin Maître ? Ces changements fréquents pouvaient nuire au bon ordre de la communauté naissante ; M. Agut y pourvut, en choisissant « parmi les pauvres une fille plus entendue pour veiller sur la maison, lui rendre compte des aumônes qu'on y apportait et de leur emploi, ainsi que de la conduite des incurables » (1). Quant aux autres personnes employées au service des malades, elles continuèrent de rester au sein de leur famille, « ne dérogeant en rien à leurs devoirs ordinaires ».

A partir de 1737, lorsque M. Agut eut recueilli à la Providence les pensionnaires incurables de l'Hôtel-Dieu et ceux de la Charité, ses aides volontaires durent nécessairement accroître leur nombre ou du moins consacrer un temps plus considérable à leurs fonctions de charité. Il y eut effectivement comme une sainte émulation parmi ces âmes généreuses, habi-

---

(1) Cette précaution était d'autant plus nécessaire que M. Agut demeurait loin de l'hospice de la *Providence*, sur la place des Capucins, et que ses coopératrices étaient disséminées dans les divers quartiers de la ville.

tuées depuis quelques années déjà aux œuvres de miséricorde. L'exemple des saints est une prédication à laquelle personne ne résiste ; le bien a lui aussi sa contagion. Ce fut en effet un véritable bonheur pour « les servantes des pauvres » — tel était leur nom —, de voir s'élever puis s'agrandir les bâtiments du nouvel hospice. A mesure que le nombre des malades qui y étaient admis augmentait, elles sentaient naître en elles un désir plus ardent de seconder de toutes leurs forces l'admirable dévouement du saint prêtre. Avec quelle édification ne le voyaient-elles pas s'arracher chaque jour à ses nombreuses occupations pour visiter ses chers malades ! Mais M. Agut ne connaissait pas de plus douces jouissances. « Dans des conversations paternelles, dans des catéchismes simples et familiers, il leur remémorait, leur épelait, pour ainsi dire, les vérités fondamentales de la religion, que plusieurs avaient à peu près complètement oubliées ou même n'avaient presque jamais connues (1). » Il organisa aussi, nous l'avons déjà dit, de concert avec son ami M. Picquet, des instructions en faveur des habitants du faubourg, qui accouraient nombreux à la petite chapelle de la *Providence*; à la fin, il fit des conférences spirituelles spéciales aux personnes pieuses qui se consacraient au soin des infirmes. « Or, parmi les jeunes filles

---

(1) M. Boussin. *Annuaire*, p. 116.

que sa parole sacerdotale avait éclairées des vives lumières de la foi, et enflammées, en les conviant à la table sainte, de l'ardente dévotion dont il était lui-même pénétré envers la divine Eucharistie, plusieurs, frappées, émues au spectacle de sa commisération pour les incurables, avaient éprouvé une secrète aspiration à se dévouer aux membres souffrants de Notre-Seigneur. Cet attrait grandissant avec l'âge, elles s'offrirent à leur saint directeur, prêtes à s'enrôler sous la bannière de la charité (1). »

Avant d'accéder à leur désir, M. Agut eut recours à la prière, sa ressource ordinaire lorsqu'il avait à prendre des décisions importantes. Il réunit ensuite toutes les personnes qui s'intéressaient à son œuvre, et « entreprit, dit-il lui-même, de leur donner les exercices d'une retraite ». Mais il n'avait pas compté avec l'ennemi. Le concours empressé des fidèles à la chapelle des Incurables froissa la susceptibilité jalouse de ses contradicteurs, qui jetèrent les hauts cris et suscitèrent mille difficultés au saint prêtre. M. Agut, voulant à tout prix éviter des discussions aussi pénibles que peu édifiantes, crut devoir cesser ses sermons au faubourg de la Barre, et convoqua « à son propre domicile », place des Capucins, l'auditoire si pieusement avide de l'entendre. Ce parti ayant encore, paraît-il, excité des clameurs, « il discontinua

(1) M. Boussin. *Annuaire*, p. 160.

ses entretiens spirituels, ou plutôt les transféra chez les religieuses carmélites, et les changea en conférences spirituelles, qu'il organisa régulièrement les dimanches et fêtes (1) ».

Le but que s'était proposé le pieux directeur n'en fut pas moins atteint; ses dévouées coopératrices « se portèrent à l'envi au service des pauvres; et alors, sans dessein prémédité, presque insensiblement, dans l'exercice de la charité, les bras et les cœurs s'associèrent, s'unirent sous l'impulsion de l'amour divin et l'influence du dévouement du saint prêtre (2) ». « Quelques-unes, en effet, lisons-nous dans les *Mémoires* qu'il a laissés, ayant obtenu le consentement de leurs parents, demandèrent à entrer dans cette maison (de la *Providence*). Le sieur Agut les y admit et leur donna un règlement de vie, pour allier la prière intérieure avec les devoirs extérieurs, leur recommanda des habits simples et modestes; elles les prirent de leurs bourses et uniformes. Celles de leurs compagnes qui, brûlant du même zèle, ne purent entrer dans cette maison, se dévouèrent au soulagement des pauvres de la ville, chacune dans son quartier, et embrassèrent le même règlement de vie, autant que leur situation pouvait le permettre; elles se visitaient de temps en temps et résolurent de for-

---

(1) Dumonet. *Ibid*.
(2) M. Boussin. *Annuaire*, p. 162.

mer entre elles une société pour exercer les bonnes œuvres en tout genre, particulièrement le soin des pauvres et l'instruction des petites filles (1). »

C'est alors qu'une distinction peu sensible au début, mais qui ira en s'accentuant chaque jour davantage, s'établit parmi les auxiliaires du pieux fondateur. Les unes furent *pensionnaires* ou *résidentes* à la Providence ; les autres, retenues au sein de leurs familles pour d'impérieux motifs, reçurent le nom d'*agrégées*, mais elles ne se soumirent pas avec moins de fidélité aux usages de la communauté naissante.

Les pensionnaires « admises à résider, jour et nuit, au milieu des malades et à postuler la faveur de se consacrer perpétuellement à leur service », sollicitèrent bientôt et obtinrent du serviteur de Dieu des règles de vie qui puissent les diriger dans cette voie du sacrifice et de la perfection.

Homme d'ordre par tempérament et par vertu, M. Agut avait, dès le premier jour, établi dans son hospice une régularité parfaite. Rien n'avait été laissé au caprice ni au hasard, et ce n'était pas sans étonnement que l'on avait vu des filles ou femmes du monde, aucune d'elles ne s'étant liée par vœu, observer au milieu des emplois les plus variés une exacte discipline. Il lui fallait aujourd'hui achever son œuvre ; mais, à l'exemple de saint Vincent de

(1) Voir aux *pièces justificatives*.

Paul, son modèle, il apporta à ce nouveau travail une sage lenteur et une réserve admirable. On a pu dire de saint Vincent que, « pénétré de la grandeur et des difficultés de l'entreprise (la fondation des filles de la Charité) dont le Seigneur lui laissait entrevoir la possibilité, il ne s'avança que pas à pas, par voie d'essai et comme en tâtonnant, après avoir souvent imploré le secours de Dieu » (1). M. Agut agit de même ; il donna d'abord à ses garde-malades quelques règles courtes et simples, les compléta ensuite, les modifia peu à peu, prenant pour guides l'expérience, la réflexion et la connaissance qu'il avait des congrégations religieuses. « Plus d'une année, dit-il lui-même, s'était passée quand les règles parurent. »

Plus heureuses mille fois de porter le joug du Seigneur qu'elles ne l'auraien été de ceindre une couronne, nos zélées postulantes, qui depuis longtemps s'essayaient à la vie des religieuses hospitalières, accueillirent avec empressement la publication de leur sainte règle et commencèrent l'année proprement dite du noviciat (1740). Enfin, après une probation des plus sérieuses, le prudent fondateur admit aux vœux perpétuels les trois premières religieuses de la future congrégation du Saint-Sacrement, les sœurs Marie-Suzanne Mathis, Benoîte-Xavier Méziat, et Marie-Françoise Valet.

(1) *Vie de saint Vincent de Paul,* par un membre de la société de Saint-Vincent de Paul, p. 113.

Ce fut le 11 mai 1741 qu'eut lieu cette première profession religieuse, date importante, qui marque la véritable origine du nouvel Institut. Elle se fit vraisemblablement sans solennité extérieure, dans le modeste oratoire, où M. Agut célébra les saints mystères. Mais comment exprimer le bonheur du vénérable prêtre « lorsqu'il contempla ses premières filles spirituelles *prosternées* comme des victimes d'immolation, en *face du saint autel*.... lorsqu'il les entendit, dans un sublime élan de foi et d'amour renoncer à toutes les joies de la terre et prendre pour unique partage le Dieu de l'Eucharistie? Il nous semble que de son cœur débordant des plus vives et des plus tendres émotions, s'échappa d'abord ce cri d'action de grâces : *Confitebor tibi, Pater, Domine cœli et terræ, quia abscondisti hæc a sapientibus et prudentibus, et revelasti ea parvulis:* Je vous glorifie et vous loue, ô Père, Seigneur du ciel et de la terre, de ce que vous avez caché aux sages et aux prudents, pour les révéler à ces humbles filles, les mystérieuses joies de la virginité, de l'obéissance et de la pauvreté, en un mot du sacrifice; et que, se retournant vers ces nouvelles épouses du Christ, il s'écria : Et vous, ô bénies de Dieu ! ne vous effrayez pas de votre petit nombre, *Nolite timere, pusillus grex, quia complacuit Patri vestro dare vobis regnum ;* car il a plu au Père céleste d'accepter le dévouement de tout votre être et de vous donner en échange ici-bas le royaume de la prière, de la pureté et de la paix, l'empire sur vous-mêmes et, au ciel, le trône de votre royal et divin époux (1). »

En admettant, sur leurs instances réitérées, à la profession religieuse, quelques-unes de ses coopératrices *pensionnaires* ou *résidentes* à la Providence, M. Agut ne négligea point celles que la nécessité retenait encore captives au milieu du monde. On leur donnait, nous l'avons vu, le nom de sœurs *agrégées*; leur position au sein de leurs familles réclamait un temps d'épreuves plus long; mais « brûlant du même zèle,.... elles embrassèrent le même règlement de vie, autant que leur situation pouvait le permettre ».

Il y eut donc comme une sainte émulation entre les religieuses de l'intérieur et leurs sœurs du dehors pour la parfaite observation de la règle. Les unes et les autres se portèrent avec une pieuse ardeur à toutes les œuvres propres à l'institut, c'est-à-dire *particulièrement au soin des malades et à l'instruction des jeunes filles*, et « comme cela arrive ordinairement dans la ferveur des débuts, — *initia fervent* — le saint fondateur eut plus souvent à diriger et à retenir ses novices qu'à les stimuler ». Il en fait lui-même la remarque dans une de ses lettres.

Telle est dans toute sa simplicité évangélique la

(1) M. Boussin. *Annuaire*, p. 168, 169.

fondation des sœurs du Saint-Sacrement. Mgr de Valras, évêque de Mâcon, avait béni avec bonheur les projets de M. Agut ; les pauvres de la *Providence* eurent désormais des sœurs ou mieux des mères, dévouées à leur service.

Vers la même époque, Dieu ménagea une faveur non moins précieuse au cœur de son fidèle serviteur. Le manque de ressources seul avait empêché M. Agut de donner à la chapelle de son hospice l'éclat qu'il aimait à rencontrer dans les temples du Seigneur. Ne l'avons-nous pas vu, dès les premières années de son sacerdoce, dévoré d'un saint zèle pour la maison de Dieu ? Mais, fidèle à sa maxime de ne pas enjamber sur la Providence, il avait dû tout d'abord se borner à dédier un modeste oratoire à l'Hôte divin du tabernacle.

Depuis quelque temps les travaux de construction rendus nécessaires par le nombre croissant des malades étaient arrêtés à l'hospice lui-même, lorsque, rentrant un soir chez lui, M. Agut trouve sur sa table une liasse de billets pour une somme importante. Il redescend aussitôt et demande à sa domestique si personne n'est venu lui rendre visite dans l'après-midi. — Personne, répondit celle-ci, qui n'avait pas la mémoire très fidèle. — Ne vous trompez-vous point ? reprend M. Agut, êtes-vous bien sûre que personne ne soit monté dans ma chambre ? — Ah ! dit-elle en s'excusant, j'oubliais de vous dire qu'un jeune homme bien mis et de bonne mine est venu vous demander. Je lui ai répondu que vous n'y étiez pas. — Eh bien, a-t-il ajouté, conduisez-moi dans sa chambre. Et comme j'hésitais : « Ne craignez rien, m'a-t-il dit, car je suis son meilleur ami. » Alors je lui ai ouvert la porte ; un instant après il est redescendu, et s'en est allé sans rien ajouter ; et moi qui ne pensais pas de vous raconter cela !

M. Agut devina que ce jeune homme inconnu, son meilleur ami, n'était autre que son ange gardien. Les preuves nombreuses qu'il reçut dans la suite du pouvoir et de la bienveillance de ce fidèle ami, ne firent que l'affermir dans sa conviction.

Une autre fois, le saint prêtre prenait son frugal repas du soir, quand une personne lui envoie par sa servante un mets recherché qui lui cause une vive surprise. Son étonnement redoubla lorsque, ouvrant le volatile, il y découvrit plusieurs rouleaux de pièces d'or, dont il ne put jamais connaître la provenance.

On devine aisément l'usage que M. Agut faisait des sommes qui lui étaient ainsi remises. Toutefois, selon la remarque de son historien, « sa caisse ne s'ouvrit jamais pour recevoir ces dons de la munificence qui suffisent parfois à doter un établissement. C'est par petites sommes, presque sou à sou, qu'il arriva à se procurer de pauvres appartements ; c'est un lambeau de terrain qui servira de base à son hospice ; le reste sera acheté parcelle par parcelle et à mesure que lui arrivent d'humbles secours. » Les notes caractéristiques de son œuvre furent bien : « la simplicité qui vise au nécessaire, à l'utile quand elle peut, jamais au luxe ; l'humilité confiante qui est toujours à la veille d'être dans le besoin, mais qui toujours aussi se voit assistée à l'heure de la détresse ; l'effort persévérant, qui n'est couronné qu'après des fatigues et des luttes sans nombre (1) ».

Il est facile, dès lors, de comprendre pourquoi le fondateur de la *Providence*, obligé de calculer avec ses faibles moyens et aussi avec les infortunes qui assiégeaient sa porte, ne put songer, en élevant les bâtiments de son hospice, à un plan d'ensemble, encore moins aux exigences de l'art. Les mêmes règles présidèrent à la construction de la chapelle. Le petit oratoire, où nous avons vu le serviteur de Dieu donner ses instructions catéchistiques, était devenu insuffisant devant la foule de jour en jour plus considérable qui s'y pressait. Il fallut donc l'agrandir, ou mieux le rebâtir en entier. M. Agut et son pieux confrère, M. Picquet, supplièrent Mgr de Valras de vouloir bien les autoriser à construire une église plus grande, et dans laquelle « le service religieux serait organisé d'une façon régulière et plus convenable, afin que les pauvres pussent y recevoir tous les secours spirituels, les enfants et même les adultes du faubourg l'instruc-

---

(1) M. Boussin. *Annuaire*, p. 115.

tion chrétienne, et le jeune clergé s'exercer à la prédication (1) ». La réponse du prélat fut telle que les deux amis pouvaient l'espérer ; ils résolurent de commencer les travaux sans délai.

Vint le jour tant désiré de la pose de la première pierre. Plusieurs personnes, qui s'intéressaient vivement à la maison des Incurables, pressèrent alors M. Agut de réserver cet honneur à quelque personnage haut placé. C'était, disaient-elles, le moyen infaillible d'obtenir les secours dont il avait un si pressant besoin et d'assurer à l'œuvre une protection efficace. Mais le serviteur de Dieu, insensible aux conseils de la sagesse humaine, n'écouta que les inspirations de sa foi. « Il voulut, dit-il lui-même, donner à Notre-Seigneur, dans la personne d'un de ses membres, toute la gloire de l'entreprise. Plaçant donc entre les mains d'une petite fille de quatre à cinq ans, toute couverte d'ulcères, une pierre blanche, sur laquelle il avait gravé le monogramme de la Providence (2), et, prenant cette enfant par le défaut du corps, il la pencha sur l'ouverture de la fondation où elle laissa tomber cette première pierre, en l'année 1748 (3). »

(1) Mémoires de M. Agut,
(2) Dans le 3ᵉ volume de ses *Entretiens spirituels*, M. Agut dit que cette pierre était « quarrée, d'un petit volume, où étoit gravée une croix avec deux lettres qui faisoient la marque de la Providence... Ainsi, ajoute-t-il, la cérémonie ne fut ni authentique, ni lucrative. »
(3) *Annuaire*, p. 119.

« Trait sublime ! s'écrie avec raison le fidèle annaliste, qu'on ne peut lire sans attendrissement et qui serait digne de figurer dans la vie des plus illustres saints, tant il nous révèle d'héroïsme dans la foi et la confiance du serviteur de Dieu. » Ni sa foi ni son espérance ne furent confondues. Avant la fin de cette même année 1748, tous les travaux étaient terminés et la nouvelle chapelle s'ouvrait au culte, sous le vocable si touchant de Notre-Dame des Sept-Douleurs ou de Notre-Dame de Pitié (1). Saint Jean de Dieu fut déclaré patron de l'hospice, parce que c'était en sa fête, le 8 mars 1732, que MM. Agut et Piquet en avaient décidé la fondation, et l'archange Raphaël le protecteur, parce qu'il est le refuge de tous les infirmes.

M. Agut s'occupa ensuite d'assurer, au moyen de fondations pieuses, un service régulier de messes dans la nouvelle chapelle. Ne pouvant venir lui-même, à cause de son ministère chez les Carmélites, célébrer le saint sacrifice près de ses chers malades aussi souvent

---

(1) La dévotion à Notre-Dame de Pitié était jadis fort répandue dans les états des ducs de Bourgogne, dans les Flandres, le duché et la comté de Bourgogne. Au xviiie siècle, l'église cathédrale de Saint-Vincent de Chalon était encore le centre d'un pèlerinage très important en l'honneur de Notre-Dame de Pitié, consolatrice des affligés et santé des infirmes. M. Agut et son ami, M. Piquet, avaient, ainsi que tous les pieux fidèles, une absolue confiance en la protection de cette bonne Mère. La chapelle de la *Providence* ne pouvait donc être placée sous un vocable plus heureux ni plus expressif.

qu'il l'aurait désiré, il s'assura d'abord le concours dévoué de ses confrères, les chevaliers de Saint-Pierre, et celui des prêtres habitués de la collégiale. Il parvint en 1750 à constituer la rente nécessaire pour faire dire, chaque année, à l'église de la Providence, 122 messes, les jours de dimanche et de fêtes obligatoires. MM. de Saint-Pierre voulurent bien continuer leurs bons offices aux malades jusqu'en 1761. A partir de cette date, ce furent les RR. PP. Cordeliers qui vinrent célébrer la sainte messe à la *Providence*. En 1771, comme nous le verrons, l'hospice des Incurables ayant été reconnu par lettres patentes du roi, M. Agut adressa à Mgr l'évêque de Mâcon une supplique, à l'effet d'obtenir un aumônier en titre chargé spécialement de la *Providence*, ce qui lui fut accordé l'année suivante, 1772 (1). Le saint prêtre crut avoir mis ainsi la dernière main à son œuvre ; en réalité, elle ne faisait que commencer.

(1) M. Boussin s'est plu à dresser la liste des aumôniers de la *Providence*. Voici le résultat de ses recherches. *Avant la Révolution* : MM. Ratau, Juillet, Robert, Lanier, Baillyat. *Sous la Terreur*, plusieurs prêtres fidèles prêtèrent le secours de leur ministère aux sœurs et aux malades ; citons entre autres : MM. Tripier, Clavin, Volletat, Lanier. *Après la Révolution* : MM. Jacquin, de Brosse, Jean Boussin, Larue, Bellot, Bignier, Monnier, Gacon, François Boussin, qui se retira, comme nous l'avons dit, en 1873.

CHAPITRE IX

FONDATION DE L'INSTITUT DES SŒURS
DU SAINT-SACREMENT — ÉPREUVES ET PERSÉCUTIONS

Si au jour mémorable où M. Agut reçut les vœux de ses premières filles, Dieu avait fait entendre sa voix au pieux fondateur de la congrégation du Saint-Sacrement, il aurait pu lui dire, comme autrefois à Abraham : « Je vais te rendre le père d'une nombreuse postérité. » Rien cependant n'était plus éloigné de la pensée de M. Agut que la fondation d'une nouvelle famille religieuse. En réunissant quelques personnes dévouées pour leur confier la direction de la *Providence*, son but avait été d'assurer des soins permanents à ses chers incurables. Son appel ayant été entendu, il bénissait Dieu d'avoir secondé ses efforts et il se tenait pour amplement récompensé de tous ses sacrifices. Sans doute, se disait-il, l'admirable exemple donné à la ville de Mâcon par ces servantes volontaires des pauvres aurait sa sainte contagion ; il susciterait d'autres dévouements et ainsi l'œuvre se perpétuerait.

Au début de son œuvre, M. Agut ne portait point ses vues au delà de l'étroite enceinte de l'asile des Incurables ; s'il avait permis à quelques sœurs de s'adonner à l'instruction des jeunes filles pauvres, c'était dans l'intérieur de la maison et sans les autoriser à se répandre au dehors. Les premières élèves de la future congrégation ont été les enfants admises au nombre des infirmes.

Mais l'Esprit-Saint *souffle où il veut*. Après avoir été l'instrument de la divine Providence dans la fondation de l'hospice des Incurables, M. Agut le sera encore pour le développement de son Institut. Il dit dans ses *Mémoires* : « l'empressement que les jeunes personnes de la ville apportèrent à se faire admettre parmi elles (les servantes des infirmes) fut si grand, que l'on s'est déterminé à en recevoir au delà des besoins de la maison, dans l'intention de les rendre utiles ailleurs ». L'enceinte de la Providence fut donc franchie et les sœurs du Saint-Sacrement se consacrèrent dès le lendemain de leur fondation à l'œuvre de l'éducation chrétienne de la jeunesse.

Nous l'avons vu plus haut, une sainte émulation régnait entre les professes de la *Providence* et leurs sœurs agrégées restées dans leurs familles. « Toutefois, bien que les cœurs des unes et des autres battissent à l'unisson et qu'elles se *visitassent de temps en temps* pour s'entretenir dans l'unité du même esprit, les vœux des sœurs agrégées restaient tout à fait privés, en dehors de la connaissance officielle et de l'approbation des supérieurs ecclésiastiques, comme ceux des personnes qui s'engagent isolément sur la seule décision du directeur de leurs consciences, et ces sœurs elles-mêmes se trouvaient sans lien sérieux de cohésion (1). »

Une telle situation ne laissait pas que de présenter de graves inconvénients ; il fallait y remédier au plus tôt. Internes et externes « résolurent enfin de former entre elles une société, pour exercer les bonnes œuvres en tout genre ». L'union des religieuses *pensionnaires* et des sœurs *agrégées*, qui s'accomplit en 1750, a véritablement donné naissance à la congrégation du Saint-Sacrement.

Or voici comment M. Agut expose la raison de ce qualificatif : « C'est afin, dit-il, que les personnes
« qui la composent, à l'imitation du divin Sauveur,
« qui est leur véritable modèle et qui est tout amour
« dans cet adorable mystère, servent le prochain
« avec zèle et charité. » Il indique ensuite l'esprit et le but de la nouvelle famille religieuse :
« Elle est consacrée à la très sainte Trinité,
« sous la protection de la sainte Vierge, de saint

---

(1) M. Boussin. *Annuaire*, p. 174.

« Joseph et de saint Michel, afin que les sœurs s'appli-
« quent à glorifier la sainte Trinité par la pratique
« de tout ce qu'elles connaîtront de plus parfait, ainsi
« que le faisaient Marie et Joseph pendant qu'ils
« étaient sur la terre, et à l'imitation de saint Michel
« qui combattit pour les intérêts de Dieu, contre les
« maximes du monde qui sont si opposées à l'esprit
« du christianisme. On l'a établie pour y unir en corps
« des personnes qui, n'étant pas appelées dans les
« cloîtres, ou qui, n'étant pas en état de fournir aux
« dépenses nécessaires pour y entrer, désirent cepen-
« dant vivre dans un état de perfection, où elles puis-
« sent pratiquer les conseils évangéliques et se rendre
« utiles au public (1). »

En même temps que le saint fondateur traçait d'une manière si nette la fin particulière de son Institut, il lui donnait les règles les plus propres à l'atteindre. Ce ne fut, il est vrai, que cinq ans après qu'il en fit imprimer les constitutions (1755); mais elles avaient été promulguées et mises à exécution depuis 1740.

Il y eut donc, dès cette époque, à la tête de la congrégation naissante une supérieure dont l'élection devait avoir lieu « toutes les six années ». D'après les traditions constantes de la *Providence*, confirmées du reste par des documents positifs, le choix des religieuses se porta sur sœur BENOITE-XAVIER MÉZIAT,

---

(1) Préface des *Règles et constitutions...* Avignon, 1755.

laquelle avait été une des premières coopératrices de M. Agut.

L'élection de cette première supérieure générale se fit-elle selon les formes prescrites ou bien les nouvelles professes ne prièrent-elles pas plutôt leur fondateur, ainsi qu'on le voit souvent à l'origine des communautés, de désigner lui-même celle qu'il jugerait la plus capable de diriger ses sœurs et de le seconder pour tout ce qui intéressait le bien de l'institut ? M. Boussin, qui a fouillé tous les mémoires, recueilli toutes les traditions, hésite à se prononcer. « Quoi qu'il en soit, dit-il, il fallait que sœur Méziat joignît à une rare piété beaucoup d'intelligence et une maturité bien précoce, pour obtenir à vingt-cinq ans une telle marque de confiance de la part de ses compagnes et du serviteur de Dieu (1). »

Ce choix était une nouvelle preuve de la tendresse que Jésus-Hostie ne cessa de témoigner à la nouvelle Congrégation, vouée d'une façon si expresse à son grand mystère d'amour. C'était une grâce d'autant plus précieuse, que l'Institut naissant allait être assailli par une tempête d'une violence inouïe. Le divin nautonier n'avait pas voulu que l'on mît à la voile ni qu'on levât l'ancre, avant que le navire eût tous ses agrès. Mais, dès qu'il en fut muni, les vents

(1) Du vivant de M. Agut, et après la Révolution, jusqu'en 1822, les sœurs portaient leurs noms de famille. Voir *Annuaire de la Congrégation*, p. 181.

soufflèrent sur la frêle embarcation ; sans une assistance visible du Ciel elle eût sombré mille fois, malgré le calme intrépide de son pilote et la pieuse docilité de l'équipage.

M. Agut voulut alors mettre la dernière main à sa double fondation et en assurer l'avenir. Il sollicita à la fois pour l'hospice de la *Providence* et pour la congrégation du Saint-Sacrement, des lettres-patentes du roi qui, entre autres avantages, devaient leur assurer les privilèges de la reconnaissance légale. Il s'y employa de tout son pouvoir ; mais ce ne fut qu'après *trente ans* d'incessantes démarches qu'il obtint ce qu'il avait tant souhaité (1740-1770).

A l'époque où nous sommes arrivés, c'est-à-dire en 1750, les adversaires du saint prêtre, loin de rendre justice à ses vertus, s'apprêtaient à porter à son œuvre un coup d'autant mieux dirigé qu'il semblait inspiré par le désir toujours louable de prévenir des abus. Ils lui firent un crime d'avoir admis à la profession religieuse, sans une épreuve suffisante, des personnes vivant au milieu du monde et s'acharnèrent contre les sœurs agrégées, dont la position avait effectivement quelque chose d'insolite, à une époque où l'on était peu habitué à voir des religieuses non cloîtrées (1). Ils allèrent jusqu'à contester la validité de leurs vœux.

(1) M. Agut ne donna pas de suite à ses dévouées coopératrices un costume qui révélât nettement la profession reli-

On voulait bien faire grâce aux sœurs domiciliées à la *Providence ;* le soin des pauvres incurables, leur dévouement à instruire des petites filles ignorantes plaidaient en leur faveur ; la vie de communauté, des exercices réguliers, une séparation assez grande du monde les distinguaient des personnes séculières ;

gieuse : il avait de graves motifs de ne pas trop afficher son projet d'établir une communauté régulière à la tête du nouvel hospice des Incurables.

Mais il est à remarquer que, dès le début de leur association les sœurs se proposèrent, selon le texte que nous avons rapporté, le soin des malades et l'éducation des jeunes filles, et que, dans le plus ancien règlement, tout ce qui regarde la tenue des classes et la vie des *pensionnaires* est prévu, aussi bien que ce qui concerne la direction des hôpitaux et des maisons de charité.

Quelle fut la durée de l'épreuve toujours exigée par l'Eglise, et au bout de laquelle M. Agut avait permis à ses filles spirituelles de se lier par vœux à leur sainte vocation ? Il ne l'a pas consigné dans ses *Mémoires ;* mais nous connaissons le règlement primitif, lequel exigeait tout d'abord trois mois de postulat des jeunes personnes qui demandaient à entrer à la *Providence.* On ne leur donnait l'habit de communauté qu'après ce temps, et lorsqu'on remarquait en elles les signes d'une vocation sérieuse. Elles devaient faire ensuite une année entière de noviciat ; ce dernier terme expiré, si toutes les autres conditions étaient remplies et si les novices persévéraient dans leurs résolutions, elles étaient enfin admises à la profession.

La 1re édition des *Règles et constitutions des sœurs du Très Saint-Sacrement* imprimée en 1755, porte que les « sœurs seront vêtues comme d'honnêtes veuves, d'une étoffe de laine noire, que leurs coëffures seront de toile ou mousseline unie, bandées à deux rangs, sans autre plis que celui du milieu, et qu'elles porteront toujours un capot noir en soie pardessus leurs coëffes ».

mais comment supporter de prétendues professes, vivant au sein de leurs familles, sans le moindre signe extérieur de leur état ? C'est ce que répétaient sur tous les tons des hommes notoirement sceptiques et irréligieux. Se parant du spécieux prétexte de la prudence et de la piété, ils ameutèrent l'opinion publique contre le nouvel Institut, ravivèrent les ressentiments que les jansénistes gardaient contre son fondateur et taxèrent de nouveautés insupportables les vœux des sœurs agrégées, « au point, s'écriait M. Agut, qu'à les entendre déclamer, on dirait que vouer la chasteté dans le monde est un crime plus grand que d'y porter atteinte par les plus grands excès ».

La malignité et le mensonge produisirent à la longue leur effet ordinaire ; les opposants ne se bornèrent plus à attaquer les sœurs agrégées ; ils en vinrent à contester l'opportunité de l'hospice lui-même et à censurer avec la plus insigne mauvaise foi la vie et les travaux de ces saintes filles, qui consacraient au service des malades les plus répugnants leur jeunesse, leur santé, leur repos et leur fortune. Ce qui acheva de perdre les sœurs de la *Providence* fut précisément leur acte d'union avec les externes ou sœurs agrégées.

M. Agut avait recommandé le silence à ses filles sur ce pacte si ardemment désiré par les unes et par les autres ; mais trop de personnes étaient dans le secret pour qu'il fût gardé longtemps. Les ennemis du vénérable fondateur le divulguèrent et la tempête se déchaîna. On joignit aux sobriquets, aux injures et aux plus fades plaisanteries la menace de le citer en justice; on ameuta l'opinion publique et tout ce que l'esprit d'*erreur, de mensonge*, de *libertinage* et d'*envie* put inventer fut mis en œuvre contre lui. Pourquoi toute cette fureur? M. Agut nous l'apprend en nous montrant à la tête de la cabale des hommes riches, puissants, d'ordinaire fort indifférents aux questions religieuses, mais auxquels il avait enlevé les objets de leurs criminelles passions et qui saisirent avec empressement l'occasion de se venger. Des injures ils passèrent aux menaces et des menaces aux voies de fait.

Dumonet rapporte un incident de cette lutte qui en montre bien tout l'acharnement. M. Agut « avoit reçu chez lui, dit-il, une jeune fille de douze ans, que sa mère réduite au désespoir avait chassée. Touché de sa situation déplorable, il la prit à titre de domestique, pour aider sa sœur, qui de concert avec lui en eut un soin particulier. Ils n'oublièrent rien l'un et l'autre pour lui donner l'éducation la plus chrétienne et la plus sainte. Mais comme à un excellent caractère elle joignoit une santé vigoureuse et une rare beauté, à peine eut-elle atteint l'adolescence qu'elle fut sur le point de faire le plus triste naufrage. Eblouis des charmes innocents qu'elle avoit reçus de la nature, quelques libertins lui firent les plus vives et les plus pressantes sollicitations, lui promettant un sort heureux. La grâce la soutint au milieu de ces violents combats ; elle courut tout éplorée vers son bienfaiteur et son maître, lui raconte ingénument quel était le sujet de ses larmes. Extrêmement surpris qu'elle eût essuyé de semblables attaques, il n'admira pas moins le courage avec lequel elle y avoit résisté ; il profita de cette occasion si délicate pour l'engager à chercher dans le cloître un heureux asile qui mît pour toujours sa vertu à l'abri de la séduction du crime. Accoutumée dès l'enfance aux exercices de la plus solide piété et tous les jours formée par les leçons et les exemples les plus saluaires et les plus respectables, elle souscrivit sans peine à cette proposition et embrassa volontiers un si sage parti. Mais il lui falloit une dot ; M. Agut porta la générosité jusqu'à lui en faire une sur son revenu modique et la conduisit lui-même dans un monastère de la Visitation....

« Mais dès que ces hommes infâmes qui s'étoient efforcés de la corrompre eurent appris qu'elle n'avoit plus à craindre leurs poursuites, semblables à des lions qui ont perdu leur proie, ils tournèrent toute leur fureur contre M. Agut ; ils vomirent contre lui les injures les plus atroces, le peignirent avec les plus odieuses couleurs, l'accusèrent d'avoir été le corrupteur de cette jeune personne et de l'avoir adroitement enlevée à ses parents ; ils essayèrent de trouver des âmes assez noires pour déposer contre lui, et peu s'en fallut qu'il ne se vît forcé de comparoître comme un criminel devant ses juges. Mais son innocence triompha de toutes leurs impostures. Désespérés de n'avoir pu le perdre par la calomnie, ils formèrent entre eux le barbare complot de l'attendre, le soir, à son retour de l'hôpital des Incurables, pour l'assassiner. Heureusement quelqu'un fort attaché à M. Agut entendit leurs affreux discours et l'avertit de se tenir sur ses gardes, en l'invitant à se retirer avant la nuit. Il profita avec reconnaissance d'un conseil qui lui sauva la vie (1). »

Les ennemis du saint prêtre, trompés dans leur criminelle attente, eurent recours pour le perdre à une action judiciaire dont le prétexte fut aussitôt trouvé. Ils citèrent M. Agut devant le directeur général de la police, l'accusant d'avoir établi une société religieuse sans autorisation. Déjà ils se flattaient de le voir condamné à une forte amende, d'autant plus que « le gouvernement ne paraissait pas favorable aux nouveaux établissements ». Le sieur Viard, substitut du procureur général, reçut donc l'ordre de prendre des informations et de poursuivre M. Agut. Mais ce magistrat était un homme droit et intègre, il ne demandait qu'à connaître la vérité. L'enquête eut pour unique résultat de lui révéler dans toute son étendue le dévouement du fondateur et de ses zélées

(1) *Vie de M. Agut*, p. 45, 46, 47.

auxiliaires. En conséquence il rédigea son rapport de manière à ne donner aucun « ombrage à la cour, parce qu'il n'avait rien dit que de vrai » et il termina en reconnaissant, à tous les points de vue, « la parfaite innocuité, pour ne pas dire la réelle utilité de la congrégation nouvelle (1) ».

La fondation d'un hospice pour les incurables ne pouvait en effet qu'exciter la reconnaissance et l'admiration des gens de bien. Quant à la règle donnée aux religieuses et acceptée par elles avec tant de bonheur, elle était irréprochable, puisqu'elle alliait aux pratiques de la piété chrétienne l'exercice des œuvres de miséricorde. « Veiller à tous les besoins des infirmes reçus à la *Providence*, leur rendre les services les plus humbles, les plus répugnants, panser des plaies souvent hideuses, passer une grande partie de ses heures dans une atmosphère viciée, solliciter et recueillir des aumônes, et, plus d'une fois, pour prix des soins les plus dévoués, les plus tendres, n'obtenir des injures » ; telle était la vie des sœurs du Saint-Sacrement. Il eût fallu étouffer la voix de la conscience pour ne pas leur rendre justice pleine et entière. Aussi M. Viard n'hésita-t-il pas à couper court à toute autre information et les pieuses coopératrices du saint fondateur purent continuer en paix à l'égard des malheureux leur mission de dévouement et de sacrifice.

(1) Voir *Annuaire de la Congrégation*, p. 179.

La plupart des pauvres qu'elles recueillaient, habitués à une vie de vagabondage, avaient presque totalement oublié les plus essentielles vérités de la religion et nos généreuses Marthes avaient dû, à l'exemple de leur père, faire un cours suivi de catéchisme en faveur de ces victimes de l'ignorance et de la misère.

Parmi les infirmes se rencontraient aussi de jeunes enfants, comme la petite fille qui déposa dans les fondations de la chapelle en 1738 la petite pierre sur laquelle le saint prêtre avait fait graver le monogramme de la Providence. Or, outre les soins particuliers que leur état maladif réclamait, il fallait encore leur donner quelques notions de lecture et d'écriture. Peu à peu, les sœurs admirent à leurs leçons les filles pauvres du quartier, et c'est ainsi que s'ouvrit l'école gratuite de la Providence, « laquelle n'a cessé de rendre de signalés services à la classe indigente et à la classe ouvrière du faubourg de la Barre » (1).

Les auxiliaires de M. Agut devinrent donc en même temps sœurs hospitalières, catéchistes et institutrices, et « comme plusieurs d'entre elles avaient des connaissances et de l'aptitude pour cet emploi, elles y réussirent heureusement et firent concevoir à leur fonda-

---

(1) La laïcisation de l'enseignement, édictée par les sectes antichrétiennes, a fait fermer l'école gratuite de la *Providence*, une des fondations les plus vénérables de la charité à Mâcon, puisqu'elle était l'œuvre de M. Agut lui-même.

teur la pensée de les consacrer à l'enseignement de la jeunesse dans les écoles et même dans les pensionnats » (1). Mais nous devons insister davantage sur ce qui allait être désormais une des fins principales du nouvel institut.

(1) Voir *Annuaire de la Congrégation*, p. 160 à 180, *passim*.

CHAPITRE X

L'ÉDUCATION CHRÉTIENNE ET LES SŒURS
DU SAINT-SACREMENT

En même temps qu'il fondait l'hospice de la *Providence*, M. Agut avait ouvert pour les filles coupables qui voudraient briser leurs chaînes, un asile où les larmes du repentir pourraient effacer toutes les souillures : Jésus-Christ n'a-t-il pas pardonné à la femme adultère qui lui fit l'aveu de sa faute ? n'est-ce pas lui aussi qui a pardonné à Madeleine ? Doué d'une tendre compassion pour les infirmités corporelles, le charitable instituteur des sœurs du Saint-Sacrement ne pouvait demeurer insensible devant les misères morales ; il aurait tout sacrifié, il se serait sacrifié lui-même afin de donner du pain aux malheureux : ainsi voulut-il apaiser la faim et la soif de tant d'âmes brûlées par les passions et avides de retrouver Dieu. Mais non content de ramener au bercail du bon Pasteur les brebis égarées et de leur rendre la joie de l'innocence recouvrée, il résolut de préserver de tout écart les brebis fidèles. Ce but si digne de son zèle, il s'efforça de l'atteindre par la création des écoles chrétiennes, à Mâcon et dans les diocèses voisins.

L'Eglise a été et est encore la grande institutrice des peuples ; et pour être complète l'histoire de l'enseignement doit remonter aux origines du christianisme. Nos écoles sont aussi anciennes que l'Église catholique elle-même. Dépositaire de la vérité, elle l'a toujours répandue abondamment sur la terre et distribuée avec zèle aux ignorants et aux savants, aux petits et aux grands, aux faibles et aux puissants, aux pauvres et aux riches. N'est-ce pas à l'Eglise qu'il a été dit « d'enseigner toutes les nations » ?

L'éducation de l'enfance, voilà le moyen qu'elle n'a cessé d'employer et qu'elle emploiera jusqu'à la fin « pour faire pénétrer chez les peuples, la belle lumière de la doctrine et de la morale chrétienne (1) ».

Attribuer à l'hérésie ou à la révolution l'honneur de la diffusion des lumières au sein des masses populaires, c'est soutenir un paradoxe et heurter violemment l'histoire. Quelle a été l'arme dont se sont toujours servis les propagateurs de l'Evangile, sinon l'enseignement oral et écrit ? Aussi les voyons-nous

(1) Armand Ravelet. *Le B. de la Salle.*

partout bâtir et fonder des écoles, soit qu'ils aient, comme au IXe et au Xe siècle, à combattre la barbarie des Saxons et des Normands, soit qu'ils se proposent, comme au XVIIe siècle et de nos jours, de civiliser les sauvages de l'Amérique et les noirs de l'Afrique centrale, soit enfin qu'ils se trouvent aux prises avec la fausse science ou avec une civilisation mensongère, en Chine, au Japon et même en France. De par notre Seigneur Jésus-Christ, le droit d'enseigner appartient non à César mais aux apôtres et à leurs successeurs. L'hérésiarque Luther, dans un but facile à pénétrer, prétendit le premier en investir les princes, et c'est au moine apostat que la Révolution a emprunté la monstrueuse doctrine de l'Etat enseignant, qui consacrerait, si les pasteurs des âmes n'y prenaient garde, la pire de toutes les tyrannies.

L'Eglise n'a pas attendu 1789 pour prendre en main l'instruction des peuples, des pauvres surtout ; n'est-ce pas là une des marques de sa mission divine : *Pauperes evangelizantur?* Elle l'a fait avec un dévouement qui a forcé l'admiration de ses ennemis. C'est elle qui a créé la véritable gratuité de l'enseignement, celle qui résulte des fondations charitables et derrière laquelle ne se cachent pas de nouveaux impôts. En même temps, elle obligeait sous les peines les plus sévères les parents à envoyer leurs enfants en classe. Enfin, pour tenir les écoles de la ville et de la campagne, elle a suscité dans tous les siècles de véritables légions de maîtres et de maîtresses. Les uns et les autres se sont consacrés à l'éducation de l'enfance, non à la façon de mercenaires rétribués sur le trésor public, mais à l'exemple des apôtres et des saints, dont l'unique ambition est d'étendre le règne de Dieu sur la terre. Et voilà pourquoi l'Église, en dépit de toutes les entraves, revendique avec tant d'autorité le droit d'initier tous les hommes, dès leur jeunesse, à la connaissance de Jésus-Christ, base et première condition de la vraie science.

Au xviie et au xviiie siècle, il y eut une magnifique floraison d'âmes généreuses qui se vouèrent au service de l'enfance chrétienne. En combien de diocèses se sont formées des communautés analogues à l'Institut des sœurs du Saint-Sacrement, que l'histoire n'a pas même aperçues, mais dont les noms sont inscrits sur ce livre éternel « où Dieu enregistre les actes de la sainteté, si mystérieux que la main gauche elle-même les ignore quand la droite les accomplit » (1) ! Les philosophes et les beaux esprits luttèrent sans doute de générosité avec ceux qu'ils appelaient dédaigneusement les *Ignorantins !* S'il n'avait tenu qu'à M. de Voltaire (né Arouet), jamais le fils de l'artisan n'aurait appris autre chose qu' « à manier le rabot ou la lime ». L'ami de Frédéric II remercie La Chalotais,

(1) Armand Ravelet. *Le B. de la Salle.*

le farouche adversaire des Jésuites, « de proscrire l'étude chez les laboureurs ».

Heureusement les évêques et les prêtres continuèrent, comme par le passé, à soutenir les écoles existantes et à en créer de nouvelles. C'était grâce à eux que, dès les temps les plus reculés, l'immense majorité, pour ne pas dire la totalité des paroisses, avaient été dotées de ces utiles fondations, à l'entretien desquelles chacun s'intéressait, sans qu'il fût nécessaire de solliciter l'appui toujours onéreux de l'État.

Pour ne parler que de la ville de Mâcon, elle possédait très anciennement des écoles, dont il est facile de suivre la trace depuis le XIIIe siècle. En 1615 Mgr Gaspard Dinet, évêque de Mâcon, appela les Ursulines dans sa ville épiscopale, et leur confia l'école qu'il avait fondée et qu'il destinait spécialement aux jeunes filles pauvres. A la fin du XVIIe siècle, les maisons d'instruction primaire étaient florissantes à Mâcon; mais leur plus grande prospérité date de 1751, lorsque M. Agut eut confié à ses filles ce pénible et fécond apostolat. Le pieux fondateur établit sur divers points de la ville plusieurs écoles gratuites; nous ne tarderons pas de le voir en créer aussi dans les paroisses de la campagne, telles que Replonges, Manzia et Bagé.

La règle qu'il donna à ses religieuses renferme trois chapitres fort détaillés (1) pour la tenue

---

(1) Ce sont les XIe, XIIe et XIIIe de la règle primitive (1755).

des classes ; le premier regarde les écoles, où les jeunes filles de la ville devaient être reçues « avec cordialité, affection et bonté, sans aucun émolument ». Il n'y avait parmi les élèves « aucune distinction des pauvres et des riches », et les sœurs ne faisaient « paraître aucune marque extérieure de choix, discernement et prédilection, que celle de leur diligence et vertu ». Le second chapitre contient un règlement particulier pour les pensionnaires : les matières qu'on leur enseignait indiquent un rang social plus élevé, le même que l'on trouve aujourd'hui dans les classes payantes, ouvertes aux enfants des familles aisées. M. Agut avait voulu suivre sur ce terrain les jansénistes et les philosophes. Les uns et les autres afin de mieux ruiner la foi dans les âmes, s'étaient emparés de l'enseignement dans les maisons d'éducation autres que les *petites écoles*, ces apôtres d'un nouveau genre ne s'abaissant point jusqu'au niveau du bas peuple, « sot et barbare ».

Le troisième et dernier chapitre parle des sœurs de la campagne, que le vénérable instituteur se proposa d'envoyer dans les paroisses rurales, « pour enseigner la jeunesse (et) faire des lectures de piété, avec l'agrément et la permission de Messieurs les Curés ». Nous les verrons bientôt à l'œuvre dans la banlieue de Mâcon, puis dans les divers diocèses où les sœurs du Saint-Sacrement seront appelées dans la suite.

La science, même aux yeux des sages de l'antiquité

païenne, n'est qu'un moyen pour devenir meilleur et être utile à ses semblables. Ce que l'on a dit des belles-lettres, qui doivent rendre l'homme plus humain et qui pour ce motif portent le nom d'*humanités*, s'applique en une certaine mesure à l'enseignement rudimentaire. Avec les enfants du peuple surtout, on ne peut faire de la science pour la science ; ce serait manquer le but, et sans doute c'est ce qui fait que les nouvelles méthodes de pédagogie, systématiquement étrangères à toute pensée de foi, ne donnent pas des résultats moraux aussi satisfaisants que les anciennes. Les statistiques judiciaires ne le prouvent que trop. Il ne sera donc pas hors de propos d'exposer ici les règlements scolaires en usage du temps de M. Agut, et qu'il reproduit dans ses constitutions.

« Le côté par lequel les anciennes écoles l'emportent absolument sur les nôtres, même les meilleures, c'était l'esprit profondément chrétien dont maîtres et écoliers étaient animés. Le but que se proposaient alors les instituteurs de la jeunesse était, avant tout, l'instruction religieuse et l'*éducation* dans le vrai sens du mot. Les images de Notre-Seigneur, de Notre-Dame, celles des saints patrons des écoles ornaient les murs de la classe ; tous les exercices commençaient et finissaient par la prière (1). » Dans les écoles de

---

(1) Allain. *L'Instruction avant la Révolution.*

M. Agut, la prière était faite par « l'une des filles la plus avancée en âge ou en science, en présence des sœurs qui y assisteront également à genoux. »

Il groupe les enfants selon leur degré d'instruction : « Celles, dit-il, qui apprendront à écrire, auront les tables ; celles qui seront avancées dans la lecture occuperont le second rang, et enfin les plus jeunes, qui commencent à apprendre à écrire, dans le dernier rang. » Comme modèles à transcrire, il ne veut que « des sentences de l'Ecriture, de l'Evangile ou de morale » ; de même, à celles qui apprennent à lire « on ne permettra, dit-il, aucuns livres profanes, romans, mais seulement des livres d'histoire sainte et de dévotion ». « Chaque jour de classe, elles (les sœurs) feront, après les leçons données, celle du catéchisme courant du diocèse où elles seront... Elles inséreront dans chaque classe quelques histoires abrégées de l'Ancien ou Nouveau Testament, quelques traits des vies de Saints, pour chasser de temps en temps le dégoût et l'ennui des enfants. »

« Les dites sœurs n'useront point de trop de rigueur au sujet des punitions, mais se contenteront de faire mettre à genoux au milieu de la classe celles qui, ayant fait quelques fautes, auront été admonestées deux ou trois fois, sans les frapper. »

Les programmes de l'enseignement, moins chargés que ceux d'aujourd'hui, comprenaient quatre branches : « l'enseignement religieux avec l'histoire sainte, la lecture, l'écriture avec l'orthographe et le calcul élémentaire (1) ». M. Agut y ajouta, dans ses pensionnats, l'histoire de France, la géographie et l'étude du blason ; il recommanda d'apprendre en outre aux pensionnaires « à broder, coudre et autres ouvrages convenables à leur sexe ». Mais il insiste et revient à chaque page sur la nécessité de donner aux enfants une connaissance approfondie de la religion ; « il faut se souvenir, dit-il, de ne jamais passer un seul jour sans leur parler de Dieu, ou au commencement, ou au milieu, ou sur la fin de la classe. »

« Pour ce qui regarde le temps de la classe, ajoute-t-il, on doit la faire matin et soir, tous les jours de la semaine, à la réserve du jeudi, qui sera le jour de leur récréation, à moins qu'on n'en fixe un autre pour de de sages raisons. » Aux jours de congé, les sœurs emploieront leurs pensionnaires « à quelque chose d'utile et leur donneront quelques récréations extraordinaires. Elles les conduiront au service divin de la paroisse, sermons et bénédictions avec modestie. »

M. Agut n'oublie pas, pour exciter l'émulation parmi les enfants, de leur promettre des prix et, afin d'en rehausser la valeur, il conseille de les publier à

(1) « Les parents désirent, dit M. Agut dans ses *Entretiens familiers*, qu'on apprenne aux enfants les sciences humaines et convenables à leur conditions, telles que l'histoire de France, le blason, la géographie, la politesse, la grammaire, la manière de bien parler et de bien s'expliquer, et enfin l'orthographe dans l'écriture et *la* chiffre. »

l'avance, puis de les montrer et enfin de les distribuer. Ces récompenses scolaires nous paraîtront bien modestes ; mais alors elles étaient vivement désirées et recherchées avec ardeur ; elles consistaient « en images, croix, chapelets, *Agnus,* livres de piété et rien autre qui ne contribue à la dévotion et non pas à la vanité ou à la sensualité ».

La préoccupation constante du saint prêtre est que les élèves de ses religieuses deviennent de parfaites chrétiennes. Aussi leur recommande-t-il le fréquent usage de la confession et de la communion. Que s'il se rencontre parmi les grandes quelques-unes qui aient de l'attrait pour l'oraison, il veut qu'on leur en apprenne la méthode, « en leur insinuant les avantages d'un si saint exercice ». Enfin, lorsque ces chères enfants, élevées avec tant de sollicitude, tomberont malades, les sœurs s'empresseront d'aller les visiter, surtout si elles sont pauvres, « de les soulager en tout ce qui pourra dépendre de leurs facultés et de leur faire recevoir les sacrements ».

On le voit, le vénérable fondateur ne passe sous silence aucune des règles qui peuvent contribuer au succès de ses religieuses dans leur apostolat à l'égard des enfants. C'est moins, en effet, comme institutrices, que comme les auxiliaires dévouées des pasteurs des âmes, que M. Agut place les sœurs du Saint-Sacrement à la tête des écoles et des pensionnats.

A ses yeux, le soin des malades, la visite des pauvres sont les effets d'une seule et même vertu : la charité ! Puisque, par choix et par vocation, les filles spirituelles du saint fondateur se consacrent aux œuvres de miséricorde, elles n'en excepteront aucune. Voilà pourquoi, aux débuts de la congrégation, nous voyons les sœurs de classe, aussi bien que les hospitalières, vaquer à leurs fonctions dans cette même maison de la *Providence*, qui avait été le berceau de toute la famille. Ce n'est que plus tard, devant les exigences de leur ministère et aussi à la suite de la persécution qui dispersa ses religieuses, que M. Agut songea à les installer séparément dans les différents quartiers de la ville.

Comment parvint-il avec ses ressources si restreintes à entretenir ses institutrices, qui lui aida à construire les salles de classe devenues indispensables ? Le saint prêtre ne nous l'a point fait connaître ; mais on devine aisément, en lisant ses *Lettres* et ses *Entretiens spirituels*, que la divine Providence, son recours habituel, ne lui fit pas défaut. Toutefois, pas plus que pour l'hospice des Incurables, il ne reçut pour ses écoles de la ville et de la campagne ces secours abondants qui eussent mis tout de suite les sœurs à l'abri du besoin. Ici encore, c'est par petites sommes que lui arrivent les offrandes de la charité chrétienne. La gratuité de l'enseignement était, sinon absolue, du moins aussi grande que possible dans les écoles ouvertes à Mâcon par les filles spirituelles de M. Agut. Ce fut une nouvelle charge pour son budget déjà si modeste. Loin de s'en plaindre, le serviteur de Dieu en remercie le divin Maître, qui daigne marquer cette œuvre naissante du sceau authentique de la sainte pauvreté.

Les sœurs institutrices, ne prélevant que des rétributions scolaires fort modestes, durent afin de subvenir à leurs frais personnels s'adresser à la maison des Incurables comme les hospitalières elles-mêmes. Elles y prirent pendant longtemps leur nourriture ; plus leur nombre augmentait, plus aussi les dépenses générales de la *Providence* s'accroissaient.

La fondation de ces écoles fut donc, il est facile de le conjecturer, extrêmement pénible. Mais M. Agut était trop versé dans la connaissance des voies de Dieu pour se laisser abattre par les difficultés de l'entreprise, quelque nombreuses qu'elles fussent. Il les a énumérées lui-même dans ses *Entretiens* aux sœurs : c'était tantôt la mort qui lui enlevait ses meilleurs protecteurs, tantôt la cherté des vivres, tantôt des contradictions « de la part des personnes qui par état auraient dû, dit-il, nous soutenir et nous aider à cette bonne œuvre ».

A la fin, le Seigneur vint à son secours, d'une manière admirable ; le saint prêtre se plaît à le raconter à ses filles spirituelles. Il voit partout et il bénit la miséricordieuse intervention de la Providence qui agit en sa faveur. Si Dieu le laisse seul, s'il lui ravit les bienfaiteurs de sa maison naissante, c'est afin de nous faire « connaître, dit-il, qu'il ne falloit pas nous appuyer sur les créatures ; c'est pourquoi il nous les enlève de ce monde pour les récompenser ». Il ajoute : « (Dieu) nous a donné les moyens de payer peu à peu nos dettes, ayant trouvé des personnes assez charitables qui nous ont prêté de l'argent sans aucun intérêt et qui ont bien voulu se contenter de très petits payements à la fois... Quant au manque de provisions, nous avons remarqué que dans le temps de cherté où la récolte avait manqué, l'argent ne nous a jamais manqué pour acheter du blé, quoique fort cher, et nous avions moins d'argent quand il était à fort bon marché. »

M. Agut, nous l'avons vu plus haut, avait résisté aux conseils de ses amis, en ne réservant pas à un certain personnage haut placé de Mâcon, l'honneur de poser la première pierre de sa maison. L'événement prouva bientôt après que les conseils de la sagesse divine l'emportent sur les vains calculs de la prudence humaine. Ce riche seigneur mourut peu de temps après et légua à la maison de la *Providence* « deux cents livres de rentes perpétuelles, somme bien plus considérable que celle qu'il aurait donnée, s'il eût placé lui-même la première pierre (1) ».

Citons ces deux autres traits, qui se rapportent aux

(1) *Entretiens spirituels*, tome III.

premiers temps de la fondation et qui prouvent combien Dieu avait pour agréable l'absolue confiance que M. Agut mettait en sa bonté. « Comme il était à court d'argent et qu'il n'en avait pas sur lui pour en donner au valet de la maison qui en demandoit, afin d'acheter du blé, une dame étrangère lui remit, au sortir du confessional, la somme nécessaire. Il la donna aussitôt au domestique qui ne s'était point retiré. — Je connus, dit-il, que c'était la divine providence qui venoit de m'envoyer cette dame pour payer mon blé. J'en fus dans une admiration particulière. »

Une autre fois, le valet étant venu demander de l'argent pour renouveler la provision de sel qui était épuisée, M. Agut lui répondit par la fenêtre qu'il n'en avait pas ; mais au même moment il aperçoit un homme à cheval qui, dit-il, « galopant jusqu'à ma porte, me fit signe qu'il m'apportoit une coupe de sel. Je le fis remettre sur le champ au valet qui attendait à ma porte et qui fut extrêmement surpris de ce coup heureux de la divine Providence ». C'est ainsi que le Seigneur se plaît à récompenser ceux qui l'aiment et le servent avec fidélité.

Ces témoignages éclatants de la bonté de Dieu et les succès que les sœurs du Saint-Sacrement obtenaient soit au refuge des filles repenties (1), soit à l'hospice

(1) « Vous ne vous contentez pas, leur écrira plus tard le saint fondateur, de recevoir souvent des Madeleines qui gémissent sur leurs péchés ; vous courez souvent aussi après des Sama-

des Incurables, soit auprès des enfants des écoles, apportaient une heureuse diversion aux sollicitudes journalières de M. Agut.

Son œuvre était plus discutée que jamais et il s'en fallait que ses ennemis eussent désarmé. N'ayant pu obtenir des juges séculiers la dispersion de sa communauté, ils intriguèrent auprès des supérieurs ecclésiastiques pour arriver à ce résultat tant désiré et d'où dépendaient à les entendre, le bien et l'honneur de la religion elle-même.

Tandis que leur trame s'ourdissait dans l'ombre, le saint prêtre et ses filles spirituelles redoublaient de générosité au service des pauvres. Cette maison de la *Providence* était vraiment une ruche mystique sans cesse en activité et où chacun se portait avec amour et en paix aux emplois que l'obéissance avait désignés. M. Agut compare lui-même ses religieuses à des abeilles dont les fonctions différentes concourent à former le miel. « Vous contribuez toutes à l'envi, leur dit-il, à grossir le précieux trésor des mérites de l'Eglise, que vous augmentez par vos bonnes œuvres. »

« Souvent, ajoute-t-il encore, vous oubliez vos ritaines pour leur indiquer la source des eaux vives qui jaillissent jusqu'à la vie éternelle. Nous avons eu la consolation de voir entre vos mains ces pauvres victimes échappées à la rage du démon, souvent la cause innocente ou plutôt l'occasion de vos persécutions, faire un progrès sensible dans les voies de la pénitence jusqu'à vous faire espérer qu'elles reposent déjà dans le sein d'Abraham. »

propres besoins pour ne pas manquer à ceux d'autrui. L'on dirait que la piété a pris naissance dans votre association et, en voyant la manière dont vous vous acquittez de vos devoirs envers le prochain, on penserait que le Seigneur veut en faire un jour un corps formidable à l'ennemi du salut (1). »

Cette prévision du vénérable fondateur s'est réalisée de tous points. L'Institut des Sœurs du Saint-Sacrement, sans abandonner le soin des malades, rend aujourd'hui pour l'éducation de la jeunesse les plus signalés services aux familles chrétiennes qui se voient menacées dans tout ce qu'elles ont de plus cher au monde, leurs enfants, espoir de l'Eglise et de la société.

(1) *Lettres spirituelles*, 1re *lettre*.

CHAPITRE XI

DISPERSION DES RELIGIEUSES DU SAINT-SACREMENT
LEURS PREMIÈRES FONDATIONS

L'ODIEUSE machination ourdie contre M. Agut et les Sœurs du Saint-Sacrement produisit, chose étonnante, plus d'effet auprès des supérieurs ecclésiastiques que sur les hommes du monde. Ceux-ci n'avaient pas tardé à rendre au serviteur de Dieu toute l'estime et toute la vénération qu'il méritait. Mgr de Valras, au contraire, se laissa circonvenir par les ennemis de la nouvelle congrégation et, quoique sincère admirateur des vertus et des œuvres de son fondateur, il ne le soutint que faiblement dans la lutte. L'évêque de Mâcon était un prélat d'une bonté un peu timide; subissant facilement l'influence de son entourage, il n'osait prendre l'initiative qui lui appartenait, et encore moins imposer ses volontés. Non seulement il avait approuvé la création de l'hospice de la *Providence,* mais il lui avait fait une large part dans ses aumônes, comme nous le dirons bientôt. Nous avons vu également qu'il avait accordé l'autorisation nécessaire pour l'établissement et la reconstruction de la chapelle, et cependant il ne sut point, par un acte administratif, couper court aux difficultés que les ennemis de M. Agut soulevèrent peu après sous le futile prétexte que l'on sait. Aussi le fondateur des Sœurs du Saint-Sacrement crut-il devoir s'entourer de la plus grande réserve vis-à-vis de l'autorité diocésaine et s'appliqua-t-il en particulier à ne causer aucun embarras à Mgr de Valras.

Lorsqu'il réunit ses filles en communauté, il se contenta d'une permission implicite, « laquelle résultait du silence bienveillant de Sa Grandeur et des encouragements qu'elle donnait à l'œuvre des Incurables et à celles qui en recevaient l'impulsion, aussi bien qu'aux généreuses Marthes qui s'y dévouaient » (1). De plus le saint prêtre connaissait son temps ; il n'ignorait aucun des préjugés accrédités par Voltaire et son école contre les congrégations religieuses. Avant de faire l'assaut de la place, nous l'avons dit plus haut, les soi-disant philosophes voulaient s'emparer des ouvrages avancés qui la défendaient, et voilà pourquoi, dans la guerre acharnée qu'ils avaient déclarée à l'Eglise, ils commencèrent par attaquer les ordres

(1) M. Boussin. *Annuaire*, p. 177.

religieux, corrompant les uns, séduisant les autres, usant de violence avec tous. Les ministres du roi eux-mêmes subissaient leur domination honteuse, loin de la combattre. Imbus de la funeste doctrine des anciens légistes, si souvent mise en pratique par les parlements, de la prépondérance du pouvoir civil sur l'autorité de l'Eglise, ils s'immisçaient dans toutes les questions religieuses, et se montraient hostiles et très exigeants à l'endroit des fondations nouvelles.

Tous ces motifs rendaient M. Agut fort circonspect, « pour ne point créer de difficultés à Mgr de Valras et ne pas augmenter celles qu'il éprouvait lui même ». Il observa donc à l'égard de l'évêque une attitude pleine de respect; mais aussi il se retrancha dans le silence jusqu'à ce que l'hospice des Incurables et l'Institut des Sœurs du Saint-Sacrement eussent rendu des services assez éclatants pour espérer enfin l'autorisation du roi et l'appui avoué de l'ordinaire. A la vérité l'évêque de Mâcon connaissait les règlements de la *Providence*, puisqu'ils lui avaient été soumis dès l'origine de l'œuvre ; il n'ignorait pas non plus les constitutions données aux sœurs *pensionnaires*, que les *agrégées* avaient ensuite adoptées. Seul l'acte d'association entre les unes et les autres « paraît s'être effectué sans son consentement explicite » ; mais il devait le pressentir et le regarder « comme aux trois quarts conclu par suite des réunions fréquentes et de l'unité dans le règlement et la direction ». M. Agut, nous ne saurions trop le répéter pour bien comprendre sa conduite, avait voulu en ménageant le vénérable prélat « éviter un refus qui aurait pu empêcher peut-être à toujours la création de la société des filles du Saint-Sacrement, mais nullement, ainsi que le prétendaient ses ennemis, se soustraire à son autorité légitime » (1).

Mgr de Valras fut-il offensé de la réserve gardée à son égard par le fondateur de la *Providence*, ou fut-il poussé aux mesures de rigueur par des conseillers hostiles à cette œuvre, nous ne pouvons le dire. Quels que soient les motifs qui déterminèrent le prélat à agir, nous n'avons pas le droit de blâmer sa conduite. Il crut prudent sans doute de céder à l'orage ; le déchaînement contre les sœurs agrégées était d'une telle violence qu'il lui sembla qu'elles ne pourraient faire aucun bien ; il proposa donc de les relever de leurs vœux. De leur côté, les parents des religieuses, dont plusieurs n'avaient donné leur consentement qu'à regret, joignirent leurs instances à celles de Mgr de Valras.

---

(1) « D'ailleurs, pour dire toute notre pensée, ajoute avec raison M. Boussin, il est des *circonstances exceptionnelles* où les saints s'écartent dans une certaine mesure de la voie ordinaire pour suivre une inspiration particulière d'en haut ; et en cela leur exemple ne doit pas être suivi par le commun des fidèles qui ne sont pas favorisés des mêmes lumières. Tel nous paraît avoir été le cas du pieux fondateur : la suite prouve qu'en cette occasion l'esprit de Dieu l'avait dirigé. » *Annuaire*, p. 180, 181.

Qu'on juge de la situation critique de l'Institut naissant ! Du plus ou du moins de fermeté chez les sœurs dépendait non seulement son avenir, mais son existence elle-même. La grâce divine soutint les filles de M. Agut et leur inspira l'inébranlable résolution de suivre l'appel qu'elles avaient entendu ; car toutes répondirent par un généreux refus aux offres de l'autorité aussi bien qu'à la voix du sang (1).

L'évêque ne put sans doute s'empêcher d'admirer une si noble fermeté. Néanmoins il maintint la défense déjà intimée à M. Agut « de réunir désormais les religieuses pour leur donner ses instructions ». Le saint prêtre connaissait trop les voies de Dieu pour essayer une justification qu'il eût été facile de présen-

(1) La R. M. Récy rapporte une tradition qu'elle dit tenir des premières mères de l'Institut, et d'après laquelle Mgr de Valras aurait exigé que M. Agut engageât lui-même les sœurs à rentrer dans le monde, « lui donnant tous les pouvoirs nécessaires pour les relever de leurs vœux qu'on faisait dès lors perpétuels. M. Agut obéit à son évêque, mais avec quel serrement de cœur ! Il se présente de nouveau dans son cher hôpital, dont l'entrée lui avait été pendant assez longtemps interdite, et déclare à ses filles les ordres qu'il a reçus de Sa Grandeur : « Ce n'est hélas ! que pour vous délier de vos engagements et vous relever de vos vœux, leur dit-il, que Monseigneur m'envoie aujourd'hui au milieu de vous ! »
Quelle n'est pas la joie de ce bon père quand il vit toutes ses filles sans exception se lever comme aurait pu le faire une seule et lui répondre : « Monseigneur vous envoie ici pour nous relever de nos vœux ; mais nous nous refusons de nous en laisser relever, et personne ne pourra forcer notre volonté, ni

ter ; il se soumit humblement et s'abstint de voir sa famille spirituelle. Mais comment peindre la désolation de ces malheureuses religieuses, abandonnées à leur triste sort et privées désormais de leur guide ? Dieu vint à leur secours et leur communiqua à toutes la force qui les rendit capables de traverser sans faiblir une si rude épreuve. Le prélat leur enjoignit ensuite de « se disperser et de bigarrer leurs vêtement pour ne pas irriter les délateurs. » A l'exemple de leur vénéré père, elles obéirent et quittèrent l'hospice de la *Providence* ; les unes rentrèrent dans leurs familles, les autres continuèrent de se livrer isolément aux œuvres de miséricorde qui rentraient dans leur vocation ; toutes attendirent avec patience et humilité

---

nous délier des engagements que nous avons contractés librement, avec pleine et entière connaissance de cause. »

Autant pour conserver le souvenir de cette courageuse fermeté que pour prévenir le retour de pareilles épreuves, le saint fondateur inséra dans les règles de sa communauté, qui n'étaient pas encore imprimées, la condition formelle et expresse de la volonté des sœurs, en cas de dispense de leurs vœux de religion : « Les sœurs, dit-il, feront trois vœux, savoir, de *chasteté, pauvreté* et *obéissance perpétuelle,* dépendamment du Seigneur évêque, qui pourra en relever, avec cette clause du consentement des dites sœurs... »

La formule des vœux perpétuels, telle que nous la trouvons dans l'édition de la règle donnée par Mgr Moreau, en 1774, renferme cette même clause « Je sœur N. fais vœu de chasteté, pauvreté et obéissance... à condition que Monseigneur l'évêque de Mâcon, ou tel autre ayant pouvoir de lui, pourra m'en relever, si le cas échet, mais non contre ma volonté que je veux être ferme et stable... »

que les portes du cher asile des Incurables leur fussent de nouveau ouvertes.

La sentence de l'évêque parut être aux ennemis de la congrégation, qui s'en réjouirent, une sorte de condamnation à mort. Mais les œuvres de Dieu ne sont jamais plus chères à son cœur que lorsqu'il les voit destituées de tout secours humain. C'est alors qu'il se plaît à déployer en leur faveur la puissance de son bras. L'arrêt qui semblait devoir ruiner de fond en comble l'Institut naissant, fut au contraire la cause de sa diffusion providentielle dans un grand nombre de diocèses. Quand le soleil d'été a fait mûrir les plantes, il n'est pas rare qu'un coup de vent vienne enlever et semer au loin leur duvet et la graine qui y est attachée. Ainsi, la congrégation des sœurs du Saint-Sacrement, mûrie sous les feux de la tribulation, vit ses membres dispersés par l'orage porter dans toutes les directions le germe de plusieurs communautés ferventes, qui bientôt devaient embaumer le parterre de l'Eglise du parfum de leurs vertus.

Nous allons donc assister au merveilleux développement que prit, à partir de 1751, l'œuvre de M. Agut. Le saint prêtre ne s'était point laissé abattre ; au plus fort de la tourmente, il demeura calme, ferme, résigné : son cœur de père était, à n'en pas douter, vivement affligé, à la vue du péril qui menaçait sa chère congrégation ; on le sent à l'émotion qui le gagne malgré lui et qui se fait jour dans les *Lettres* (1) qu'il adresse aux sœurs dispersées ; les odieuses machinations de ses ennemis lui arrachent de temps en temps des accents indignés : mais aussitôt sa foi ardente relève son courage ; un regard sur la croix ramène la paix en son cœur et lui dicte des paroles de pardon ou d'excuse. Il a remis son œuvre entre les mains de la Providence et, persuadé que l'appui du Tout-Puissant ne saurait lui manquer, il goûte un calme que rien ne peut troubler. Que peuvent les hommes contre Dieu ? vérité consolante, dont les saints aiment à faire leur profit. Elle reçut une nouvelle confirmation dans la lutte que M. Agut soutenait alors contre ses ennemis. La congrégation était dispersée ; lui-même ne correspondait avec les religieuses que par lettres. Or, en dépit de la persécution, jamais le nombre des postulantes n'avait été aussi considérable. « Le vent des tentations, écrit le saint fondateur à ses filles spirituelles, fait aller à pleines voiles votre vaisseau ; la matière des contradictions formées contre vous devient la pépinière des sujets. Quelle marque

---

(1) Ces *lettres*, réunies par M. Agut lui-même en un volume (le 5ᵉ de ses œuvres manuscrites), constituent un excellent traité sur la vie religieuse et sur ses obligations. L'auteur parle des vœux en général, puis il étudie chacun d'eux en particulier. Il donne ensuite aux sœurs les conseils que lui dicte son expérience, sur l'oraison, la pratique des sacrements, et termine par des avis très précis sur leur ministère à l'égard des malades, des enfants et des pauvres.

plus certaine de l'approbation divine ? N'est-ce pas son doigt tout-puissant qui opère sur vous ? »

Sous l'ancienne loi les Juifs, obligés par la haine de leurs ennemis de s'exiler et de se répandre au milieu des Gentils, leur portèrent en retour la connaissance du vrai Dieu et préparèrent l'avènement de Notre-Seigneur Jésus-Christ et de son Eglise. Pareille chose résulta de la dispersion des religieuses du Saint-Sacrement, forcées de quitter Mâcon. L'évêque, qui n'avait pu, nous l'avons dit, leur refuser son admiration pour leur constance à garder, malgré tout, le joug de Jésus-Christ, fut le premier à témoigner en leur faveur et à aider à leur établissement hors de son diocèse. « S'il s'était montré réservé et même sévère à l'endroit de la congrégation naissante, c'était donc uniquement parce que l'opposition qu'elle rencontrait à Mâcon de la part de personnes influentes et ennemies personnelles de M. Agut, lui persuadait qu'elle ne pourrait triompher de l'opinion soulevée contre elles et opérer le bien dans sa ville épiscopale (1). »

Mgr de Madot, évêque de Chalon-sur-Saône, fit le plus bienveillant accueil aux malheureuses fugitives ; cependant, avant de les employer dans son diocèse il voulut consulter Mgr de Valras, qui donna les meilleures attestations « tant des religieuses que du

---

(1) *Annuaire*, p. 220.

fondateur, en présence de M. le lieutenant-général, de M. le Maire et de M. le procureur du roi à Chalon. »

Il eût été vraiment impossible d'obtenir en faveur des sœurs, si le besoin s'en était fait sentir, une réhabilitation plus solennelle. M. Agut et ses chères filles bénissaient à l'envi le Seigneur, « qui frappe et relève, abaisse et exalte, accomplit toujours la volonté de ceux qui le craignent ».

La maison de *la Charité*, que l'évêque de Chalon confia aux religieuses du Saint-Sacrement, allait servir de second berceau à leur congrégation naissante. Elle fut en effet, autant peut-être que l'hospice de la *Providence*, la ruche mère d'où ces abeilles mystiques essaimèrent ensuite dans toutes les directions. Construit en 1683, grâce aux libéralités de Louis XIV qui lui a donné son nom, l'*hospice Saint-Louis* (1), à Chalon, fut d'abord desservi par de pieuses filles « auxquelles on donnait le nom de *Maîtresses*, et qui

(1) « Afin de se procurer les sommes nécessaires, Mgr Henri-Félix de Tassy fit personnellement la quête par toute la ville. Son zèle et sa bonté gagnèrent tous les cœurs à la cause des pauvres. L'entreprise d'abord tant méprisée et si violemment combattue, devint une des principales œuvres chalonnaises; ce fut à qui rivaliserait de générosité. Les grands donnèrent l'exemple, disent les anciens mémoires, et toutes les classes de la société le suivaient. Une pauvre servante ne mourait pas sans laisser par testament son offrande à l'hospice Saint-Louis... Vieillards, hommes et femmes infirmes, incurables, enfants délaissés, orphelins, pauvres filles (y) trouvent un asile. »

Vers 1780, la maison entretenait plus de cent enfants et quarante vieillards.

après une espèce de probation, s'engageaient, mais sans prononcer de vœux, pour un temps déreminé, à soigner les pauvres et menaient la vie commune » (1). Quelques abus se glissèrent avec le temps dans cette organisation un peu trop rudimentaire et décidèrent l'évêque et les magistrats de la ville à remplacer les infirmières laïques par des religieuses. Or, l'objet particulier de l'hospice Saint-Louis ou de *la Charité*, analogue à celui de la *Providence* à Mâcon, était et est encore de fournir aux vieillards infirmes, aux pauvres incurables les secours que réclame leur triste état. C'était donc pour les sœurs du Saint-Sacrement suivre l'esprit de leur Institut que d'en accepter la direction, et nous allons voir bientôt avec quelle abondance de grâces Dieu récompensa leur généreux dévouement.

M. Agut avait envoyé, dès l'année 1751, sœur Marguerite Violette pour se mettre au courant des usages de la maison et pour préparer les voies à l'établissement projeté entre l'évêque de Chalon et lui. Le 10 avril 1752, MM. les membres du bureau d'administration agréèrent sœur Violette comme « maîtresse » ; enfin, le 14 août suivant, ils « firent un règlement pour les sœurs qui devaient *être reçues* pour le service dudit hôpital général » (2).

Tous les préparatifs étant achevés et les conventions

(1) V. *Annuaire*, p. 220.
(2) « Ce règlement adopté par les recteurs de la Charité, dont Mgr l'évêque de Chalon était de droit président, reproduisait

prises, sœur Violette et la supérieure générale de l'Institut prirent possession de la maison de la Charité, le 1ᵉʳ septembre 1752, et « renouvelèrent entre les mains de Mgr l'évêque, en présence et du consentement de MM. les directeurs, leurs vœux d'obéissance, de pauvreté et de chasteté, pendant le temps qu'elles seront dans cette maison ».

Cette première fondation — et c'est ce qui en montre l'importance — présente cette particularité singulière et peut-être unique dans les institutions religieuses, dit M. Boussin : « Sœur Violette devenait supérieure locale de sa supérieure générale, et la supérieure générale devenait l'assistante de l'une de ses inférieures. » L'anomalie, selon nous, est plus apparente que réelle. Pour en avoir l'explication, il suffit de se rappeler ce que nous avons déjà dit, à savoir que la maison de *la Charité*, à Chalon, fut autant le berceau de la nouvelle congrégation que l'hospice de la *Providence*, à Mâcon, qui l'avait vu naître.

textuellement la partie des règles donnée par M. Agut à celles des religieuses du Saint-Sacrement qui seraient appelées à servir les malades et les pauvres. L'administration du grand hôpital faisait ces règles siennes, aussi bien que celles qui regardent le postulat, le noviciat et la profession ; car elle avait obtenu du fondateur la faculté de recevoir des postulantes et de former des novices pour les besoins de l'hospice, de sorte que la communauté, tout en reconnaissant les supérieurs généraux de la congrégation, devait dépendre d'une manière assez étroite de l'évêque diocésain et des recteurs de la Charité. » *M. Boussin.* Voir *Annuaire*, p. 221, 222 et suiv.

Mgr de Madot allait être, ou peu s'en faut, pour les sœurs du Saint-Sacrement, ce qu'avait été l'archevêque de Lyon pour les religieuses de la Visitation. Il leur avait ouvert libéralement les portes de son diocèse, lorsqu'elles étaient en butte à la persécution et dans la cruelle nécessité de se disperser. Une si grande bienveillance décida M. Agut à transférer, momentanément du moins, le siège de sa congrégation à Chalon. Nous voyons en effet la révérende mère Méziat se fixer dans cette ville, dès les premiers mois de l'année 1751, avec quelques religieuses et des novices. De Chalon elle correspondait avec M. Agut et pouvait se transporter sur les divers points où l'appelait l'intérêt de la congrégation. L'année suivante, 1752, elle installa, de concert avec Mgr de Madot et les administrateurs, dans l'hospice Saint-Louis, un noviciat régulier dont elle prit la direction et où, le 1er septembre, six postulantes vinrent s'offrir à elles. Sœur Violette garda la supériorité de l'hôpital lui-même ; quant à la R. M. Méziat, elle se réserva la tâche de former à la vie religieuse les jeunes novices qui se rangèrent autour d'elle, et voilà comment la supérieure locale parut avoir autorité sur la supérieure générale. Mais, au fond, chacune garda ses attributions respectives. M. Boussin pense comme nous, et il le prouve, quand il dit que « deux sœurs du Saint-Sacrement, prises en dehors de la Charité, furent envoyées de *Chalon*

l'année suivante (1753) à Saint-Amour-en-Comté. »
La R. M. Méziat agissait donc à Chalon dans toute
la plénitude de son autorité, aussi bien qu'elle l'aurait
fait à Mâcon. Mgr de Madot lui prêtait son concours
le plus bienveillant, car ce fut sur le rapport flatteur de
ce prélat que Mgr de Saint-Claude appela les filles de
M. Agut à Saint-Amour, pour y prendre la direction
de l'hôpital.

Mais déjà l'évêque de Chalon avait donné un témoignage encore plus éclatant de l'intérêt tout particulier qu'il portait à la congrégation du Saint-Sacrement. M. Agut, à l'exemple de saint François de Sales,
lui laissa prendre une initiative qui semblerait n'ap-
partenir qu'au fondateur lui-même. Voici comme il
en rend compte dans ses *Mémoires :* « Le prélat, du
consentement de la ville et de MM. les recteurs et
administrateurs de l'hôpital général, pour distinguer
les sœurs des autres personnes de leur sexe, leur proposa de porter une croix dont il leur donna le modèle (1). Quelques-unes de ces sœurs ayant été rappelées à Mâcon ou envoyées pour former d'autres établissements, y ont porté cette croix qui est devenue
ainsi propre à toutes les maisons desservies par les
religieuses de l'Institut, mais n'a pas été donnée aux
sœurs qui demeuraient dans leurs familles. »

D'après ces lignes, les sœurs du Saint-Sacrement,

(1) Selon Courtépée, cette croix pectorale aurait été en ver-
meil.

chargées de la direction de l'hospice Saint-Louis, n'avaient pas encore repris le costume religieux qu'elles avaient été obligées de quitter à l'époque de leur dispersion. Il est à croire cependant qu'elles ne furent pas longtemps privées de ce bonheur et nous inclinerions volontiers à penser que ce fut l'évêque de Chalon lui-même qui imposa le voile à la R. M. Méziat et à ses sœurs, en même temps qu'il leur donnait à porter leur croix pectorale. Elle est en cuivre doré : « on y voit l'image d'un soleil qui retrace la figure sous laquelle on expose à nos yeux Jésus-Christ dans l'Eucharistie et qui annonce qu'elles (les Sœurs) sont particulièrement dévouées à cet auguste sacrement. Elles se font gloire d'en porter le nom et d'en réciter tous les jours le petit office (1). »

Malheureusement Mgr de Madot fut trop tôt ravi à la reconnaissance de M. Agut et de ses filles ; il mourut le 6 octobre 1753, laissant une mémoire vénérée dans tout son diocèse. Il avait par une touchante inspiration de sa charité institué les pauvres et les infirmes héritiers de tous ses biens. La mort de ce pieux évêque fut une nouvelle épreuve pour l'Institut naissant.

Mais l'élan était donné, et les filles de M. Agut, désormais avantageusement connues dans le diocèse de Chalon, allaient y multiplier leurs établissements.

---

(1) Dumonet. *Vie de M. Agut*, p. 40.

Pendant la vacance du siège, le vénéré fondateur achetait à Cuisery une maison de modeste apparence et y envoyait deux religieuses, qui furent chargées d'instruire les jeunes filles et de visiter les pauvres à domicile.

Le successeur de Mgr de Madot sur le siège épiscopal de Chalon, Mgr de Rochefort d'Ailly, hérita de toute sa bienveillance à l'égard des filles spirituelles de M. Agut. « Content de leur administration, il en demanda pour *Tournus, Saint-Gengoux-le-Royal* et *Sassenay* (1) » où elles fondèrent des établissements florissants.

(1) Le lecteur n'a pas oublié que M. Agut donna une mission à *Tournus* où il laissa les meilleurs souvenirs. Désireux de donner à leur hospice de la Charité une meilleure organisation, MM. les administrateurs s'adressèrent au saint prêtre qui leur envoya des religieuses pour prendre soin des malades et tenir une école.

La fondation de *St-Gengoux-le-Royal* est due en partie à la bienveillance infatigable de Mgr l'évêque de Chalon. En vertu de son autorisation, les sœurs du Saint-Sacrement furent appelées à succéder aux Ursulines, anciennement établies dans cette petite ville. Elles prirent, dès 1756, la direction des écoles de jeunes filles et plus tard celle de l'hôpital.

M. le marquis de Sassenay donna également en 1756 aux filles de M. Agut un éclatant témoignage de son estime en créant à ses frais, dans cette paroisse, le bel établissement qui n'a cessé de répondre à la confiance des familles non moins qu'aux intentions du généreux bienfaiteur. La maison de Sassenay nous apparaît encore comme une création directe de la Charité de Chalon ; les religieuses en souvenir de leur origine chalonnaise portèrent longtemps dans le pays le nom de sœurs de la Charité ; l'une d'elles morte en 1775 fut pleurée « comme une autre Tabithe ».

« Ainsi, dans le laps de quelques années, le nouvel Institut se trouvait implanté dans trois diocèses, Mâcon, Saint-Claude et Chalon, et comptait déjà cinq maisons dans ce dernier. Les racines du chêne s'enfoncent plus profondément dans le sol, lorsqu'il est en butte aux fureurs de l'Aquilon, de même la congrégation battue par l'orage, s'enracinait dans la terre ferme et allait de plus se répandre au loin (1). »

(1) M. Boussin. *Annuaire*, p. 228.

CHAPITRE XII

RÉORGANISATION DE L'INSTITUT — SES DÉVELOPPEMENTS

L'ORAGE qui avait éclaté sur la congrégation du Saint-Sacrement perdait de jour en jour de sa violence. M. Agut, après avoir eu la douleur de voir ses filles spirituelles dispersées de côté et d'autre, put enfin en réunir quelques-unes autour de lui, à la maison de la *Providence*, à Mâcon, et reprendre le cours de leur formation religieuse. « On peut remarquer, dit-il, dans un de ses *Mémoires*, qu'on rend à cette bonne œuvre et aux sœurs bien plus de justice qu'auparavant et que plusieurs personnes prévenues sont revenues de leurs anciens préjugés, reconnaissant combien le tout contribue à la gloire du Seigneur et au salut du prochain. »

La sévérité dont Mgr de Valras avait usé à l'égard de l'Institut naissant, était, dans les desseins de Dieu, une épreuve toute miséricordieuse, destinée à hâter son développement et sa diffusion. Un des résultats providentiels de la dispersion des sœurs fut la création des *Ecoles de campagne*. Outre le soin des pauvres soit à domicile, soit dans les hôpitaux, M. Agut avait confié, on ne l'a pas oublié, au dévouement de ses filles l'œuvre si importante de l'éducation chrétienne des enfants ; et presque dans chacun des établissements qu'il avait fondés, il avait ouvert des classes pour les jeunes filles du pays.

Son zèle, — tant il était ardent, industrieux et en quelque sorte universel, — le porta encore à former des institutrices pour les enfants de la campagne. Il en plaçait une seule par village. Certes cette initiative ne manquait pas de hardiesse, à une époque où ce genre d'apostolat était rare partout et peut-être inconnu dans nos contrées. La première idée vint-elle du vénéré fondateur ou lui fut-elle inspirée par la situation particulière de certaines sœurs agrégées qui pouvaient se consacrer à l'éducation des jeunes filles en restant dans leurs familles ? Nous ne saurions le dire. Quoi qu'il en soit, cette forme du dévouement religieux semble être née avec l'Institut lui-même. « Vous parcourez les villes et les campagnes, écrivait le 1er août 1715 M. Agut à ses filles dispersées, et la règle primitive de la congrégation avait un chapitre spécial pour les *sœurs de la campagne*.

Cependant ces écoles de campagne paraissent n'avoir été établies que dans quelques paroisses de la Bresse, situées dans la banlieue de Mâcon, notamment à Feillens, Replonges, Bagé-la-Ville, Manziat, Saint-Jean-sur-Veyle. Les sœurs isolées pouvaient ainsi se visiter facilement et venir les jours de congé se retremper à la maison de la *Providence*, dont elles dépendaient. L'œuvre avait reçu une organisation telle que les dangers inhérents à cette vie de solitude et d'isolement étaient autant que possible prévenus et atténués. Elle cessa de subsister lorsque les sœurs purent reprendre ensemble leurs exercices de communauté, ce qui nous paraît être arrivé avant l'année 1758. Mais l'ordre chronologique nous ramène aux établissements qui furent fondés durant l'intervalle. Bientôt en effet la ruche laborieuse avait envoyé ses essaims par delà les plaines de la Saône, jusque dans les montagnes du Forez, de l'Auvergne, du Languedoc, du Dauphiné et du Jura.

Allègre, en Languedoc (1), a été la première fondation lointaine. « Feu Mme la maréchale de Maillebois demanda des sœurs à Monseigneur de Chalon, lequel la renvoya au sieur Agut. » Les religieuses étaient chargées à la fois des malades de l'hôpital, des jeunes filles employées à la manufacture et des enfants de l'école. Leur établissement devint en peu de temps si prospère, que M. Agut autorisa à y créer un noviciat, comme il avait fait précédemment pour la *Charité* de Chalon.

(1) Département du Gard, arrondissement d'Alais.

La *Chaise-Dieu,* au diocèse de Clermont (1), vit vers le même temps le saint prêtre conduire lui-même les religieuses qu'on lui avait demandées pour l'instruction des jeunes filles et les soins à donner aux malades. Rapportons ici un trait fort extraordinaire qui aurait marqué cette fondation et dont le gracieux souvenir s'est perpétué jusqu'à nos jours dans la famille spirituelle de M. Agut. Si ce n'est qu'une légende, on ne saurait imaginer rien qui soit en même temps plus pieux ni plus poétique. Le serviteur de Dieu, nous venons de le dire, accompagnait les trois religieuses qui devaient commencer l'établissement. Or la route que l'on suivait était absolument déserte ; nul village, nul hameau qui permît à nos voyageurs de prendre un peu de repos. M. Agut souffrait cruellement de ne pouvoir monter au saint autel. Un jour, son désir d'offrir la divine Victime était plus ardent que d'ordinaire. Il regarde de tous côtés s'il n'apercevra pas quelque chapelle rustique, quelque ermitage isolé. Soudain ses yeux se fixent sur un petit monument qui domine une faible colline, à proximité de la route. C'est une chapelle ! Descendre de voiture avec les trois sœurs, gravir la colline, entrer dans le modeste sanctuaire fut pour le vénéré fondateur l'affaire de quelques instants. L'autel était prêt ; les cierges allumés ; pour

---

(1) Aujourd'hui diocèse du Puy (Haute-Loire), arrondissement de Brioude.

comble de bonheur trois petites hosties sont à côté de la grande, nécessaire au sacrifice ; un jeune clerc s'offre à servir la messe. M. Agut, qui apportait chaque fois à l'autel la ferveur d'un ange, fut particulièrement inondé en ce jour des consolations divines ; de leur côté les sœurs avouèrent qu'elles n'avaient jamais fait une communion aussi fervente. Quand leur action de grâces fut terminée, nos voyageurs rejoignirent la voiture ; mais quel ne fut pas leur étonnement de ne plus voir la chapelle ! Elle avait disparu et la petite éminence n'en conservait plus la moindre trace.

Les faits de ce genre ne sont pas rares dans la vie des saints ; en parlant des voyages de M. Agut nous avons déjà raconté plusieurs épisodes merveilleux, qui attestent du moins la protection spéciale dont son ange gardien le couvrait. Un loueur de voiture très digne de foi a dit souvent « qu'il aimoit à conduire M. Agut parce qu'il n'avoit rien à craindre avec lui, que la pluie et la grêle même l'épargnoient, que la trace de sa voiture étoit sèche, lorsque le ciel fondoit en eaux » (1). Sans insister davantage, reprenons notre récit à l'endroit où nous l'avons interrompu.

« Dans le diocèse de Vienne, lisons-nous dans les *Mémoires* du serviteur de Dieu, *Condrieu* (2) est un établissement fait depuis quelques années. » Là

---

(1) Dumonet.
(2) Aujourd'hui diocèse de Lyon.

encore, M. Agut présida en personne à l'installation de ses chères filles; mais nous en ignorons les particularités.

Le cardinal de Tencin, « loin de suivre comme archevêque le système de la cour dans la suppression de tant de communautés et surtout dans son diocèse, a loué et approuvé les sœurs du Saint-Sacrement tirées de la ville de Mâcon pour venir s'établir à *Roanne-sur-Loire...* (Il) leur fit toucher par les mains du sieur Agut, leur supérieur, une somme de cinq cents livres pour commencer leur pharmacie, gratification qu'il vouloit continuer. »

« Mgr de Tencin, ajoute le *Mémoire* que nous venons de citer, en aurait sans doute fait autant pour l'établissement de *Nervieux-en-Forez* (1), comme aussi pour Belleville; mais la mort de ce grand cardinal a mis fin à tous ses projets. »

Citons ce trait, qui se rapporte à la fondation de la maison des sœurs du Saint-Sacrement à *Roanne*, et qui prouve qu'elles savaient joindre ensemble le rôle de Marthe et celui de Marie. Une des religieuses, chargée de l'orphelinat, sortit de grand matin, la veille de Noël, pour acheter en ville différents objets nécessaires aux enfants. A peine est-elle dans la rue, qu'entendant sonner le saint sacrifice elle entre à l'église, où elle assiste avec une dévotion admirable,

---

(1) Département de la Loire.

d'abord à une première messe, puis à une seconde, puis à une troisième ; son oraison dura jusqu'au soir. Ce ne fut qu'au moment de fermer les portes de l'église que le sacristain, qui l'avait fort bien remarquée dès le matin, osa l'interrompre et la prier de sortir. — Mais, dit-elle, la sainte messe est-elle déjà finie ? — Il y a beau temps, répond son interlocuteur, voici la nuit qui arrive !

Honteuse et confuse, la digne fille de M. Agut, dont il est rapporté qu'il ne pouvait entendre parler de Dieu sans répandre des larmes, reprend en toute hâte le chemin de sa communauté où l'on commençait à être fort en peine à son sujet. Elle eut le temps cependant de faire ses achats et Dieu, voulant montrer qu'il agréait sa dévotion, permit que toute la besogne qui devait se faire durant le jour pût être terminée avant minuit. Les orphelines se rendirent donc à l'office fort proprement habillées.

La fondation d'*Auxonne* (1), qui à l'époque était du diocèse de Besançon, suivit de près celle de Roanne. Le 8 septembre 1758, l'archevêque, Mgr de Choiseul, déclarait « consentir à l'érection dans cette ville d'un hôpital d'orphelines sous le patronage de sainte Anne, et à l'introduction dans cet hospice des sœurs de l'Institut du Saint-Sacrement ».

Durant le cour de l'année suivante, M. Agut eut

(1) Aujourd'hui diocèse de Dijon.

enfin la consolation qu'il désirait depuis longtemps et qui semblait lui être due à tant de titres : posséder le très saint Sacrement dans la chapelle de la *Providence*. A supposer qu'il ait joui de cette faveur dans les premiers temps de sa fondation, elle avait dû lui être retirée, probablement en 1750, et ce fut Mgr de Valras, revenu à son tour de ses prétentions contre les œuvres du saint prêtre, qui lui rendit ou lui octroya gracieusement ce privilège.

« Le 11 novembre 1759, lisons-nous dans les *Mémoires* de M. Agut, Mgr de Valras donna un ciboire pour reposer le saint Sacrement au tabernacle de la *Providence*, et le lendemain M. Dusson, vicaire général, vint dire la messe et l'y déposa. »

Cette générosité du prélat était une nouvelle preuve de ses sentiments bienveillants ; mais, afin que dans la suite on ne pût revenir sur sa décision, il fit faire la veille de la cérémonie, une descente de lieu dont procès-verbal fut dressé et signé par son vicaire général, attestant qu'il était de tous point convenable et nécessaire de faire reposer le très saint Sacrement dans la chapelle de l'hospice de la Providence. Le curé de Charnay, qui avait le faubourg de la Barre sous sa juridiction, aurait désormais la facilité d'y prendre le saint viatique et de le porter aux malades, « sans être obligé (comme auparavant) (1) de promener le saint Sacrement depuis

---

(1) Voir aux *pièces justificatives*.

Charnay, jusqu'à la ville de Mâcon, au milieu des mauvais chemins ».

C'est ainsi que le Dieu de l'Eucharistie prit possession de cet humble sanctuaire, où il devait recevoir les hommages de tant d'âmes ferventes, avides de s'immoler à sa gloire et de se dépenser au soulagement des malheureux. La divine Providence, qui fait tout servir à ses fins, récompensait largement la foi du saint fondateur.

Celui-ci ne savait comment témoigner à Notre Seigneur sa reconnaissance pour un si grand bienfait, qu'il estimait avec raison au-dessus de tous les trésors de la terre. Il redoubla de zèle, afin d'assurer à l'Hôte divin de sa maison les louanges et les adorations qui lui sont dues. Pressé par son vif désir de rendre à Jésus présent au saint tabernacle amour pour amour, il aurait, dit-on, résolu de donner à sa communauté les règles des religieuses contemplatives, tout au moins à lui prescrire une demi-clôture (1).

Nous savons que dès l'origine il avait voué son Institut à la dévotion particulière du très saint Sacrement. Il revient à chaque instant, dans ses *Instructions* aux

---

(1) Au moment de la revision des règles (vers 1773), M. Agut fit part à Mgr Moreau de son sentiment relatif à une sorte de demi-clôture. Monseigneur ne fut point de cet avis et répondit que ce serait établir des religieuses cloîtrées. M. Agut, d'après les traditions de la *Providence*, dit alors à Monseigneur de régler les choses comme il le jugerait le plus convenable, et abandonna son projet. (Note de M. Boussin.)

sœurs, sur ce sujet qui sous sa plume est vraiment inépuisable. Si la bouche parle de l'abondance du cœur, comment s'étonner que le saint prêtre fasse de l'Eucharistie l'objet de toutes ses pensées ? Il en est tellement pénétré, qu'il ne se lasse pas d'en célébrer les grandeurs et les effets admirables (1). De même, il voulut qu'à la chapelle de la *Providence* ses religieuses eussent des stalles, dans un chœur spécial, derrière l'autel, et il leur donna un costume ample et majestueux pour mieux les pénétrer de la sublimité de leur vocation. A l'église, ce costume se complétait encore par un manteau analogue aux chapes dont les Carmélites et les autres religieuses cloîtrées sont revêtues lorsqu'elles récitent ou chantent le saint office (2).

Quoique pauvre et obligé par la modicité de ses

(1) Le traité que M. Agut a composé sur le Très Saint Sacrement est divisé en trois parties. La *première* est l'exposé de la foi catholique sur ce mystère qu'il corrobore par plusieurs récits de miracles eucharistiques. La *seconde* renferme les dispositions requises pour recevoir la sainte communion avec fruit. De nombreux exemples édifiants viennent également à l'appui des conseils que donne l'auteur. Dans la *troisième* et dernière partie il énumère les effets de la sainte communion, ici encore confirmés par des faits authentiques, puis il parle de la dévotion au Sacré Cœur et des différentes manières dont l'Eglise témoigne à Jésus dans l'Eucharistie son culte et son amour, comme les processions, les visites au saint Sacrement ; il termine par de belles considérations sur le sacerdoce, sur le respect dû aux églises et sur le service divin en général. M. Agut a laissé un autre traité plus spécialement destiné au saint sacrifice de la messe et dont nous parlons plus loin.

(2) Nous lisons dans la règle primitive de 1755 : « Les sœurs

ressources de se nourrir lui-même et de nourrir ses religieuses de pain bis, comme nous le verrons bientôt, M. Agut voulait que rien ne fût épargné de ce qui pouvait rehausser l'éclat du culte divin à la chapelle de Notre-Dame de Pitié. Combien il fut heureux de consacrer à l'entretien de la sacristie la petite rente annuelle que lui payaient les Carmélites de Mâcon par suite d'une avance de fonds dont nous ignorons le motif! Mais nous avons quelques raisons de penser qu'il avait désiré unir ensemble par une mutuelle réprocité de bons offices, les deux communautés auxquelles il avait consacré lui-même toute son existence. De pieux fidèles lui ménagèrent aussi les moyens de faire à sa chère chapelle des réparations qu'il note avec soin, et de l'enrichir de superbes ornements dont il parle avec complaisance. Signalons entre autres la splendide chasuble de damas cramoisi qu'il acheta en 1760, deux dalmatiques de même couleur et un devant d'autel assorti.

En parcourant la liste des legs charitables qui as-

pourront chanter ou réciter les vêpres dans *leur chœur*, surtout les dimanches et fêtes... (p. 33.)

La règle de 1774 porte : « Elles réciteront en commun tous les jours, si elles en ont la commodité, le petit office du Très Saint Sacrement; mais il ne sera de règle que les jeudis, et les jours de fêtes et dimanches, même pour la récitation particulière, lorsqu'on n'aura pu assister à la récitation commune. Il sera aussi de règle pendant tous les jours de l'octave de la fête du Très Saint Sacrement. Matines et laudes se diront la veille. »

surèrent à la Providence un service religieux complet et régulier, nous remarquons plusieurs fondations de messes chantées. Une ordonnance épiscopale, rendue le 12 mars 1772, avait permis en effet, de célébrer à la chapelle des *Incurables* des offices solennels aux grandes fêtes de l'année, et de temps à autre des messes de morts. De plus, les vêpres devaient y être chantées tous les dimanches et la bénédiction du très saint Sacrement donnée solennellement les lundis de Pâques, de la Pentecôte, les jours de l'Assomption, de saint Louis, de la Toussaint et de Noël. L'autorisation de faire la communion pascale à la chapelle fut aussi accordée aux malades et aux sœurs qui les servaient, mais l'une d'elles devait assister tous les ans au nom de la communauté, à la messe paroissiale de Charnay, le jour de Pâques, en reconnaissance du droit perpétuel du curé, et ainsi, porte l'ordonnance, « satisfaire au devoir pascal dans la dite église ».

On a conservé le souvenir des crèches que les religieuses construisaient au temps de Noël dans leur petite chapelle et que les fidèles venaient visiter avec empressement. Le jeudi saint et tous les jours de l'Octave de la fête-Dieu, le très saint Sacrement restait exposé aux adorations des ferventes hospitalières et de leurs malades. Il en était de même le 8 mars de chaque année, fête de saint Jean de Dieu, l'un des patrons titulaires de l'hôpital. Le privilège permettait de donner la bénédiction la veille et le jour même de la solennité (1). Les sœurs employées à l'instruction de la jeunesse à Mâcon et dans la banlieue, accouraient alors, le plus souvent avec leurs élèves, à la maison de la *Providence,* et toutes rivalisaient d'assiduité au pied du saint autel afin d'offrir à Jésus-Hostie le tribut de leur fidélité et de leur amour. C'était comme un essai aux pieds du Saint Sacrement de la vie contemplative à laquelle M. Agut aurait voulu consacrer ses filles. Cependant la tendre compassion qu'il éprouvait pour les membres souffrants de Jésus-Christ lui fit maintenir le but primitif et principal de son Institut. Tout en professant un amour spécial au Dieu de l'Eucharistie, ses religieuses continuèrent donc à se dévouer au soulagement spirituel et corporel des malades et à l'éducation des enfants.

Le saint prêtre fut lui-même leur modèle dans ce double ministère. Il établit à la *Providence* une pharmacie qui rendit d'inappréciables services aux pauvres de la ville et de la campagne; non contentes de fournir gratuitement les remèdes dont ils avaient besoin, les Sœurs du Saint-Sacrement leur donnaient encore de véritables consultations. Le vénéré fondateur

(1) Ordonnance de Mgr Moreau sur les rapports de l'hospice de la Providence avec la paroisse de Charnay. Le même prélat établit dans la chapelle des Sœurs du Saint-Sacrement la cérémonie expiatoire des Quarante Heures, laquelle était encore fort peu répandue. Cette ordonnance fut rendue le 18 février 1784.

forma, dit-on, plusieurs d'entre elles à la connaissance des maladies si nombreuses qui affligent l'humamanité déchue et leur enseigna les traitements propres à chaque cas particulier. Il aimait à herboriser ou à *botaniser* sous leurs yeux, afin de les initier à l'étude des plantes médicinales du pays, qu'il préférait, non sans raison, aux produits exotiques, dont le moindre inconvénient est de coûter fort cher. Les religieuses préposées à la pharmacie profitèrent si bien de ses leçons qu'elles devinrent fort habiles dans la préparation et l'application des médicaments. Leur réputation de science médicale, aussi bien que celle de leur habileté à tenir les classes, les précédait dans tous les pays où elles étaient appelées à créer des établissements. M. Agut, on ne doit pas l'oublier, avait été lui-même un habile professeur et il se plaisait à faire part à ses filles des fruits de sa longue expérience.

En 1758 Mgr de Valras leur confia l'hôpital qu'il avait fondé à *Romenay*, sa baronnie. Ses anciens griefs contre les Sœurs du Saint-Sacrement étaient donc sinon complètement tombés, du moins bien ébranlés. Il en donna une autre preuve en autorisant, à *Cluny*, une école de jeunes filles où nos zélées religieuses furent appelées, l'année suivante « avec l'agrément de M. l'abbé de la ville ».

A cette date 1759 la congrégation, « épuisée en quelque sorte par sa propre fécondité », dut se reposer afin de retrouver de nouvelles forces. Le cours des fondations ne reprit qu'en 1764, à *Grignan* (1) en Dauphiné, où M. Agut se rendit lui-même quelques années après. En 1765, les bénédictins de la *Chaise-Dieu*, entièrement satisfaits des résultats obtenus par les Sœurs du Saint-Sacrement dans cette petite ville, en demandèrent d'autres pour desservir l'hôpital et l'école de *Poussan* (2) en Languedoc, dont ils étaient les prieurs.

L'établissement de *Cuiseaux* remonte à l'année 1767. M. Agut, qui avait sur ses filles spirituelles des desseins si élevés, ambitionna pour elles la gloire de l'apostolat. Les saints ne disent jamais : C'est assez, lorsqu'il s'agit d'étendre le règne de Dieu et de sauver les âmes ! Ce projet nous est révélé par une lettre que le vénéré fondateur écrivit le 25 mars 1766 à Mme la Supérieure générale à Chalon. Il consistait à envoyer au Canada une colonie de sœurs. « Je pensais effectivement, dit M. Agut, à faire cet établissement ; mais les Anglais occupent actuellement Québec, la capitale. » On sait en effet que le funeste traité de Paris, signé en 1763, laissa le Canada aux mains de l'Angleterre. Les nouveaux maîtres de cette terre restée si française de cœur et d'esprit, voulurent un instant lui imposer le protestantisme. Aussi les missionnaires catholiques en étaient-ils impitoyablement écartés. Quand la persécution cessa, M. Agut était mort et

(1) Département de la Drôme.
(2) Département de l'Hérault.

nul n'osa après lui reprendre sa généreuse initiative. Mais, s'il ne put employer ses religieuses aux travaux apostoliques du Nouveau Monde, le vénéré fondateur, comme pour donner une compensation à leurs désirs d'un dévouement plus absolu à Notre-Seigneur, ouvrit au grand large les portes de la *Providence* à tous les malheureux qui vinrent y solliciter un soulagement à leurs souffrances.

L'année même qui vit la suppression des Jésuites, M. Agut offrit un asile dans son hospice à l'un de ces glorieux proscrits, le frère Marchand, resté à Mâcon après le départ des Pères. Il accueillit également plusieurs prêtres infirmes qui trouvèrent à la *Providence*, avec les égards dus à leur caractère sacré, les soins les plus assidus.

Au nombre des pensionnaires admises à cette époque, nous remarquons une demoiselle Chevalier, de Charolles, sœur de lait de Mesdames de France, filles jumelles de Louis XV, Henriette et Elisabeth, et qui pour ce motif occupa la chambre d'honneur de la maison. Les incurables affluaient donc de tous les côtés ; le charitable prêtre ne refusait sa porte à aucun d'eux et ses filles spirituelles prodiguaient à tous indistinctement les marques d'une tendre compassion. Si elles manifestaient quelquefois leurs préférences, c'était toujours pour les malades les plus difficiles et les plus répugnants.

Comment M. Agut parvint-il à faire face aux dépenses de son hospice, où pour être accepté il suffisait d'être malheureux ? C'est le secret de la divine Providence. Dieu ne lui manqua jamais, parce qu'il eut toujours confiance en sa bonté. Du reste, un ordre et une économie admirables régnaient dans la maison.

En même temps que le pieux fondateur exhortait les sœurs du Saint-Sacrement à se dépenser tout entières au service des membres souffrants de Jésus-Christ, il leur donnait l'exemple d'une charité sage et prudente. Les registres des comptes par recettes et dépenses étaient tenus avec une rigoureuse exactitude ; ils indiqueraient assez, s'il en était besoin, avec quelle délicatesse étaient employées les fonds provenant des quêtes et des offrandes des fidèles. Non seulement nous n'y voyons aucune dépense superflue ; mais nos habitudes de bien-être seraient tentées de trouver trop dur le régime simple et frugal des religieuses. M. Agut veut que l'on n'épargne rien pour les malades et les infirmes, auxquels il aimait à procurer quelques douceurs, chaque fois qu'il s'asseyait à leur chevet. Mais sa maison est pauvre ; lui-même est pauvre, il n'en rougit point. Ses filles font profession de la pauvreté évangélique : qu'elles en subissent donc avec joie les saintes rigueurs, afin de se conformer de plus en plus à leur Maître, qui n'eut pas une pierre pour reposer sa tête. Ce sera aussi le moyen de répandre de plus larges aumônes et de recueillir un plus grand nombre de malheureux.

Les sœurs du Saint-Sacrement mangent du pain de seigle ou de blé, selon la cherté des grains ; le pain blanc, fourni aux pensionnaires et aux économes, figure aux registres comme une sorte de médicament, à l'usage exclusif des personnes délicates. Le vin est souvent remplacé par une boisson hygiénique faite de prunelles, sorbes, pommes et baies de genièvre. Le jardin attenant à la *Providence* fournit les légumes ; des quêtes faites à la porte des boucheries et des poissonneries de la ville suppléent aux autres nécessités de la cuisine.

Ces quêtes avaient lieu aussi dans les paroisses rurales du diocèse, avec l'autorisation de Mgr l'évêque. Elles constituaient même une des principales ressources de l'hospice des Incurables. Puisque M. Agut acceptait sans aucune rétribution les pauvres malades qu'on lui envoyait, personne ne s'étonnait de le voir solliciter les offrandes des fidèles. Il choisissait pour ce pénible ministère des personnes sûres et capables, lesquelles s'en allaient, à travers les campagnes du Mâconnais et de la Bresse, distribuant aux âmes pieuses les images, les chapelets, les scapulaires, les *béatilles* dont la supérieure de la *Providence* les avait munies avant leur départ, et recevant en retour leurs aumônes.

Le tronc placé à la chapelle de Notre-Dame de Pitié, surtout les crèches dont nous avons parlé, produisaient aussi quelques secours ; mais la majeure partie des recettes provenait des dons faits directement par des personnes charitables soit à M. Agut, soit à ses religieuses. Celles-ci payaient, nous le savons, leur pension à la maison ; non contentes de servir gratuitement les infirmes, elles achetaient encore à beaux deniers comptants l'honneur de panser leurs plaies. Que le prix des denrées vienne à augmenter, elles augmenteront de même le chiffre de leurs pensions annuelles, et les pauvres n'auront rien à perdre.

Le spectacle de tant d'abnégation provoqua à Mâcon parmi les ecclésiastiques et les simples fidèles une sainte émulation pour l'œuvre de M. Agut. Tous voulurent s'associer à un dévouement si généreux et vinrent à l'envi apporter leurs offrandes à la *Providence*. Les registres de cette maison sont un précieux monument de la charité chrétienne, à la fin du xviiie siècle. A côté des plus beaux noms de l'aristocratie mâconnaise se trouvent ceux de modestes artisans et de pauvres femmes, telles que la veuve Maurat, cabaretière au faubourg Saint-Antoine, et Louise Cotte, domestique de M. Agut : celle-ci en mourant légua une petite somme aux Incurables, dont son maître avait toujours été l'infatigable bienfaiteur.

S'il s'était rencontré parmi les magistrats des hommes capables de se faire les dociles instruments de la cabale ourdie contre le saint prêtre, M. de Lavernette, lieutenant du roi, et les principaux officiers du bailliage n'avaient pas hésité à lui rendre justice pleine et entière. Après avoir arrêté les poursuites, ils secondèrent de tout leur pouvoir la fondation de la *Providence* et firent à leur tour des dons généreux en faveur de cette maison.

Messieurs les comtes de Saint-Pierre, on ne l'a pas oublié, avaient été les premiers à subvenir aux frais du nouvel hospice; ils continuèrent, soit en corps, soit individuellement, à l'entourer de leurs sympathies et à y répandre d'abondantes aumônes; plusieurs chevaliers, collègues de M. Agut, eurent une part plus considérable encore dans son entreprise, au moyen de legs ou de donations entre vifs. De leur côté les chanoines de Saint-Vincent ne se laissèrent point vaincre en générosité; nous voyons à leur tête M. Plassard, curé de la cathédrale, verser chaque année entre les mains de son oncle vénéré des sommes considérables pour les pensionnaires de la *Providence*.

M. l'abbé Sigorgne, dont nous aurons à parler plus tard, se fit de même leur dévoué protecteur. Il était lié d'une étroite amitié avec M. Agut. Un jour, on lui remit une bourse qui avait été trouvée et qui renfermait une somme assez ronde. Il la fit publier, selon l'usage du temps, pendant plusieurs mois, au prône des différentes paroisses, et, comme personne ne se présentait pour la réclamer, il en porta le contenu à la *Providence*; il stipula expressément que l'on prierait, quinze jours de suite, à l'intention de ceux qui avaient fait cette perte. M. Agut accepta et inscrivit la somme sur son registre, mais il eut soin d'y ajouter toutes les indications qui pouvaient faire découvrir le propriétaire.

Nous connaissons la tendre charité de Mgr de Valras pour les pauvres : à partir de 1750 ce prélat fit remettre à M. Agut, par le secrétaire de l'évêché, sa quote-part dans les aumônes qu'il aimait à distribuer à tous les nécessiteux de sa ville épiscopale. Il n'est pas jusqu'aux communautés religieuses, les PP. Jésuites avant leur dispersion, les Carmélites, les Visitandines, qui ne voulussent, malgré les charges dont leurs maisons étaient accablées, contribuer au soulagement des Incurables recueillis à la *Providence.* Ainsi, tous à l'envi mettent un louable empressement à coopérer à l'œuvre de M. Agut, jadis le point de mire de tant de contradictions, aujourd'hui l'objet de l'estime universelle. Telle est en effet la conduite de Dieu avec les âmes qui lui sont chères ; après l'épreuve courageusement supportée, la récompense ! Quand le vent a longtemps soufflé, les nuages se dissipent et la sérénité succède à la tempête. Le pieux fondateur comprit alors seulement, dit-on, que le Seigneur pouvait « avoir des vues spéciales sur sa petite ruche pour en faire sortir des essaims de sœurs hospitalières et institutrices, et qu'il lui donnait à lui-même la mission de créer une congrégation religieuse (1) ».

---

(1) Boussin. *Annuaire,* p. 174.

CHAPITRE XIII

CONSTITUTION DÉFINITIVE ET APPROBATION DES SŒURS
DU SAINT-SACREMENT

Rapide autant qu'universelle avait été la diffusion du nouvel Institut. Si l'on considère d'un côté les obstacles de toute nature que le XVIIIe siècle avait amassés contre les congrégations religieuses anciennes et nouvelles, et que de l'autre on fasse attention à l'acharnement haineux et systématique avec lequel l'œuvre de M. Agut fut poursuivie, on n'est pas peu surpris qu'elle se soit maintenue forte et prospère, surtout qu'elle ait pu en si peu de temps prendre une telle extension. Rien ne prouve mieux, selon nous, que le saint fondateur ait été mû dans son entreprise par l'esprit de Dieu. Travailler, souffrir, se dévouer pour la gloire de son divin Maître était, nous le savons, son unique ambition ; il n'est donc pas étonnant que le ciel se soit prononcé en sa faveur et qu'il l'ait soutenu victorieusement contre tous ses ennemis.

Une autre source de bénédiction pour M. Agut et pour ses pieuses coopératrices fut leur humble docilité vis-à-vis des supérieurs ecclésiastiques et leur entière et pieuse déférence aux décisions du Saint-Siège. On a vu précédemment que ce respect et cette soumission aux enseignements du souverain Pontife avait mérité à l'ancien élève des Jésuites la gloire d'être jeté en prison et d'endurer pendant cinq années l'opprobre d'une censure de la part des jansénistes. Dieu récompensa son fidèle serviteur, en donnant à ses filles spirituelles, lorsque vinrent pour elles les jours de la tribulation, un courage et une constance qui les firent triompher d'une terrible épreuve.

Mais le fondateur de la Congrégation du Saint-Sacrement avait une trop grande défiance de lui-même et une dévotion trop éclairée au magistère infaillible de l'Eglise « pour ne pas comprendre que le pape, vicaire de Notre-Seigneur Jésus-Christ, pouvait seul constater et déclarer, sans péril d'erreur, que les règles données aux filles du Saint-Sacrement ne renfermaient rien que de saint dans la fin qu'elles se proposaient, rien que de sage dans les moyens employés pour y parvenir... Il connaissait le prix de l'obéissance qui ne raisonne pas et il voulut se soumettre lui et son cher Institut à l'autorité suprême du chef de l'Eglise (1).

(1) Boussin. *Annuaire*, p. 238.

La réserve aujourd'hui bienveillante mais longtemps suspecte de l'évêque de Mâcon, Mgr de Valras, au sujet de la congrégation naissante, à laquelle il n'osa jamais donner une approbation formelle et explicite, était aussi un puissant motif qui devait déterminer M. Agut à solliciter directement une déclaration du Père commun des pasteurs et des fidèles. Une première fois, en 1730, il avait interjeté appel au tribunal du souverain Pontife de l'injuste sentence dont il avait été frappé et en avait été favorablement accueilli. Il résolut de soumettre avec la même simplicité et la même confiance aux congrégations romaines l'examen des règles et des constitutions qu'il avait dressées pour son Institut.

De plus, la diffusion de sa famille spirituelle dans plusieurs diocèses obligeait M. Agut à solliciter pour toutes les maisons fondées par lui une sanction du Pasteur Suprême ; autrement, selon son expression, « il aurait fallu dresser des constitutions pour chacune de ces communautés. » Ainsi, d'une part, les succès que ses filles obtenaient sur tous les points, la bienveillance et les encouragements des prélats sous la juridiction desquels elles travaillaient, poussaient M. Agut à donner la dernière main à son œuvre ; — de l'autre, chacun de ces évêques pouvant modifier la règle elle-même selon les circonstances, si l'on voulait conserver l'unité de direction, il devenait nécessaire d'obtenir une approbation canonique qui fixât les points essentiels et invariables, mais en laissant aux ordinaires la faculté de modifier les dispositions de moindre importance. Toutes ces considérations étaient plus que suffisantes pour déterminer le vénéré fondateur à « rédiger, dès 1758, le projet d'une supplique qui devait être envoyée à Rome » à l'effet d'obtenir soit une déclaration favorable, soit même une autorisation expresse.

En même temps, il résolut de mettre l'hospice de la *Providence* dans les conditions requises pour lui ménager les avantages d'une reconnaissance légale. Ces effets étaient alors assurés par des lettres patentes du roi, enregistrées au Parlement. En 1760, M. Agut dressa sur la fondation de sa maison, sur ses biens et revenus, sur son objet particulier, divers mémoires qui devaient être joints à la requête qu'il adresserait ensuite à Sa Majesté.

Sa supplique au pape fut rédigée en premier lieu. Nous ne savons ni à quelle date, ni de quelle manière il espérait la faire parvenir en cour de Rome. Lorsqu'il composa son mémoire, le Parlement de Paris, instrument aveugle de la haine des jansénistes et des philosophes, avait déjà commencé malgré le roi la monstrueuse procédure qui devait aboutir à la suppression de la Compagnie de Jésus. L'agitation des esprits en France, durant cet inique procès, était telle qu'il semblait vraiment que les intérêts de tous étaient en jeu, et en réalité n'était-ce pas la religion elle-même que la secte poursuivait et s'apprêtait déjà à proscrire ? Les ministres de Louis XV, complices avérés des philosophes, finirent par arracher à l'indolent monarque la signature qu'il avait jusque-là refusé de donner. En vain le clergé de France, réuni en ses assemblées périodiques, en vain le pape Clément XIII firent-ils entendre les plus sages remontrances. L'iniquité fut consommée (1764). Il en résulta presque aussitôt entre la cour de France et le Saint-Siège une sorte de froideur et de défiance mutuelles qui rendirent difficiles les relations diplomatiques et même les commucations particulières avec Rome. Le fondateur de la Congrégation du Saint-Sacrement fut-il assez heureux pour échapper aux mille entraves que les parlementaires tantôt sous un prétexte, tantôt sous un autre, apportaient dans l'expédition des affaires administratives relevant du chef de l'Eglise, telle que l'approbation d'une nouvelle famille religieuse ? Nous avons plus d'une raison pour douter que son mémoire ait jamais été remis à la sacrée congrégation, où sans aucun doute on l'aurait accueilli avec faveur. M. Agut n'eut donc pas la consolation de voir, de son vivant, son cher Institut revêtu de l'approbation du Saint-Siège ; mais il put du moins se rendre le témoignage qu'il n'avait rien négligé de ce qu'il était humainement possible de faire pour atteindre ce but tant désiré.

S'il réussit mieux dans ses démarches auprès de la cour de France, afin d'obtenir la reconnaissance légale de son hospice, il ne le dut qu'à ses instances réitérées et aux démarches que ses amis firent à Versailles pour cet objet. Au mois de juin 1770, le garde des sceaux, M. de Maupeou, expédiait enfin les diplômes, par lesquels « Sa Majesté approuvait et confirmait l'établissement d'un hôpital d'incurables fait par le sieur Agut, dans sa maison située au faubourg de la Barre de la ville de Mâcon ; l'autorisait à faire don au dit hôpital de cette maison ainsi que du clos et des immeubles en dépendant ; permettait à cet hôpital de recevoir et acquérir par dons, legs, donations, dernières volontés, jusques et à la concurrence de deux mille livres de rentes, déclarait que ces revenus seraient régis et administrés par ledit sieur Agut, sa vie durant, et qu'après son décès l'administration temporelle serait confiée à un bureau composé de l'évêque de Mâcon ou, en son absence, d'un de ses grands vicaires, d'un délégué du chapitre de Saint-Pierre, du juge seigneurial dudit chapitre, du curé de Charnay et enfin du supérieur ecclésiastique commis par l'évêque ».

Le 5 août suivant, le Parlement de Paris devait enregistrer les lettres patentes du roi ; mais devant l'opposition mesquine des échevins de Mâcon, il ordonna qu'elles seraient, avant l'entérinement, communiquées aux corps et personnes intéressés ; il prescrivit en même temps une enquête sur les avantages et les inconvénients du nouvel hospice. C'était, on le voit, ouvrir une seconde fois sous le futile prétexte d'une légalité à outrance la porte à de nouvelles chicanes, aux craintes des timides, aux fureurs des jaloux qui avaient déjà causé tant de maux au charitable fondateur et dont il n'avait triomphé que par son intrépidité et sa vertu.

« La majorité du chapitre de Saint-Pierre, dit M. Boussin, de ce chapitre autrefois si favorable et si dévoué à l'œuvre de son secrétaire ; le procureur du roi, les avocats, conseillers et autres notables, le bailly et les échevins de la ville ; M. Marillier d'Arcy, curé de Charnay, et une partie de ses paroissiens, tout en prodiguant des éloges à M. Agut et en proclamant les services rendus par son établissement, s'opposèrent résolument, mais par des motifs divers, à l'entérinement des lettres patentes » (1).

Il fallut, pour apaiser la tempête, l'intervention du nouvel évêque de Mâcon, Mgr Moreau. En effet l'opposition qui fut faite alors à M. Agut alla si loin qu'il se vit, un instant, dans la douloureuse nécessité de transférer son hospice du faubourg de la Barre à Saint-Laurent-lès-Mâcon, où les syndics généraux des États de la Bresse l'eussent accueilli avec bonheur et reconnaissance. Mais à cette nouvelle, il y eut un revirement subit dans l'opinion ; le vote unanime des habitants de la Barre qui, appelés à émettre

---

(1) *Annuaire*, p. 121.

leur avis sur l'hospice, donnèrent mille bénédictions à M. Agut et à son œuvre, décida le saint fondateur à renoncer au transfert dont la pensée seule lui brisait le cœur.

Ce ne fut néanmoins qu'en 1772, devant le Conseil supérieur de Lyon, et répétons-le, grâce au crédit dont jouissait Mgr Moreau soit à la cour de Louis XV, soit au Parlement de Paris où il avait le titre de conseiller-clerc (1), qu'eut lieu l'homologation des lettres patentes du roi. M. Agut organisa aussitôt un bureau d'administration afin de se conformer à l'ordonnance ; puis il dressa l'inventaire et l'estimation officielle de sa maison, de ses dépendances et du mobilier (2).

---

(1) Il ne faut pas oublier que par suite de son opposition opiniâtre à la cour, le Parlement de Paris, dans le ressort duquel était compris le bailliage de Mâcon, avait été exilé le 21 janvier 1771 et remplacé temporairement par une commission de conseillers d'Etat et de maîtres des requêtes. Bientôt cette mesure fut étendue à la France entière, et des *conseils supérieurs* établis dans les principales villes remplacèrent, jusqu'à l'avènement de Louis XVI, les anciens parlements. Voilà pourquoi les lettres patentes données à Versailles, au mois de juin 1770, signées du roi et contresignées par Phélippeaux et de Meaupou, furent enregistrées au greffe du conseil supérieur de Lyon, le 15 janvier 1772.

(2) La R. M. Stanislas Brunet énumère ainsi les revenus de la Providence : « 1° une hypothèque générale de 75 livres par année à prendre sur les fonds de la veuve Pochon, contigus à la dite maison ; 2° une rente annuelle et perpétuelle de 200 livres, léguée par feu M. Colin de Serres, ancien vicaire général du diocèse, fondée sur les deux maisons de l'Hôtel-Dieu et de la Charité de cette ville ; 3° une petite vigne, dans son enclos,

Malgré sa pauvreté, il trouva un capital suffisant pour constituer des rentes à l'hospice, et le 19 décembre 1771, il fit par-devant Messire Debois, grand bailly d'épée du Mâconnais, donation complète et irrévocable de sa maison et de tout ce qui en dépendait.

L'année même qui suivit la cession de ses biens en faveur des pauvres incurables de la *Providence*, M. Agut eut la joie de voir ses filles spirituelles appelées à l'asile de la *Charité*, à Mâcon. Le bureau de cette maison sollicita du vénéré fondateur, qui les accorda aussitôt, cinq religieuses de sa congrégation ; elles reçurent comme leurs devancières le nom d'*économes* de la *Charité*. Nous n'avons pas à dire que dès le premier jour elles s'acquittèrent de leurs fonctions avec tout le dévouement et toute l'habileté que nous leur avons vu déployer à l'hospice de la *Providence* et ailleurs encore, soit au milieu des malades, soit avec les enfants. Les pauvres et les

---

autour de son pourpris, qui peut donner par année commune quatre bottes de vin. »

Quant aux sœurs qui desservent l'hospice de la Providence, 1° « elles ne sont, dit-elle, nullement à charge aux pauvres, au contraire, puisqu'elles paient pension pour les servir.

2° Dans leur institut on ne demande ni dot, ni faux frais, mais seulement une pension viagère et annuelle de cinquante écus...

3° Elles ne sont pas inutiles au public, puisqu'elles embrassent toutes les bonnes œuvres qui peuvent contribuer au soulagement des malades et des pauvres, former des mères de famille et des sujets pour l'Etat ».

gens de bien s'en réjouissaient ; mais hélas ! huit années n'étaient pas écoulées que de nouveaux administrateurs déjà imbus des idées révolutionnaires, donnèrent brutalement congé aux sœurs du Saint-Sacrement, malgré les conventions prises avec leurs supérieurs et les services qu'elles n'avaient cessé de rendre aux malheureux.

Le bureau venait de se passer la singulière fantaisie de nommer lui-même l'aumônier de la maison ; il voulait de même choisir les économes à son gré, les changer et leur imposer telles obligations qu'il plairait à ces messieurs, « même, disaient-ils, en ce qui dérogera à leurs prétendues règles ». Les sœurs préférèrent se retirer plutôt que de subir une telle tyrannie. M. Agut ne put mettre un terme à ces tracasseries ; il était mort, quand cette iniquité fut consommée, mais il avait vaillamment soutenu jusqu'à la fin ses filles contre leurs ennemis.

C'est vers cette époque, en 1771, qu'il entreprit de reviser les constitutions de son Institut.

Rassuré sur la situation matérielle de son œuvre, le vénérable fondateur des sœurs du Saint-Sacrement avait résolu de consacrer les dernières années de sa vie à ranimer dans toute sa force le nerf de la discipline religieuse au sein de sa chère famille spirituelle L'orage qui avait dispersé les sœurs agrégées avait eu, il n'est malheureusement que trop facile de le comprendre, de fâcheuses conséquences pour quelques-unes d'entre elles. Vivant au milieu du monde, elles en ressentirent les atteintes funestes, et se montrèrent, au témoignage de M. Agut lui-même, « plus attachées à un amour déréglé de leurs parents qu'aux intérêts de leur société et comme étrangères à leurs propres sœurs »... « Elles s'imaginent, ajoute-t-il, qu'en faisant de rares apparitions aux assemblées générales, leur conscience est quitte envers l'obéissance... Elles ont trouvé le secret de vivre à leur gré, de disposer de leur personne, tout en jouissant des privilèges de la religion. »

C'est afin de porter un remède efficace à de tels abus, que le sage fondateur avait supprimé, dès l'année 1761 et même auparavant, la distinction de sœurs *pensionnaires* et de sœurs *agrégées*. Il n'y eut plus à l'avenir dans la congrégation, comme aujourd'hui, que des religieuses vivant en communauté, sous la direction immédiate de leurs supérieures. De plus, M. Agut avait une telle horreur du monde et du mélange des sœurs avec les personnes séculières qu'il avait pensé, nous l'avons vu plus haut, donner à sa congrégation une sorte de demi-clôture, dont la violation eût, d'après son dessein, entraîné par le seul fait la peine d'excommunication. Si ce projet ne se réalisa point, l'intention du saint prêtre d'élever entre le monde et les religieuses du Saint-Sacrement une barrière infranchissable n'en fut ni moins constante, ni moins formelle.

L'heure vint d'une revision totale et définitive des premières constitutions, qui étaient en vigueur depuis vingt ans et plus. M. Agut avait pu constater que l'ensemble répondait au but qu'il s'était proposé ; il avait noté aussi les points qui, vu le malheur des temps et l'abaissement des caractères, appelaient quelques modifications. Les épreuves qu'il venait de traverser avaient mûri et complété son expérience. De graves infirmités, résultant moins encore de son tempérament que d'un travail excessif, l'avertissaient de ne pas trop attendre. Il se mit donc à l'œuvre.

Mgr Moreau avait, en 1763, succédé sur le siège de Mâcon au noble et charitable Mgr de Valras. « La bienveillance du nouveau prélat, son caractère doux et conciliant attirèrent promptement à lui le clergé et les fidèles (1). »

Le vénérable fondateur n'avait pas tardé à recevoir des témoignages particuliers de son estime et de son dévouement pour l'œuvre de la *Providence*. C'était grâce à lui, nous le savons, que l'enregistrement des lettres patentes du roi avait eu lieu, malgré le mauvais vouloir de certains personnages haut placés. A partir de ce jour, Mgr Moreau ne cessa de porter à M. Agut et à sa famille spirituelle le plus bienveillant intérêt. Le 7 décembre 1771, il prit au sujet de la jeune congrégation une grave décision, portant que « la

---

(1) M. de la Rochette. *Histoire des Evêques de Mâcon*.

supérieure générale serait tenue de résider au chef-lieu ou Maison de la *Providence*, à Mâcon ». Toutefois ce règlement ne reçut point d'application immédiate. La Révérende Mère Méziat restait toujours à l'hospice Saint-Louis, à Chalon, et l'on attendit la fin de sa supériorité pour procéder à la revision de la règle elle-même. La logique, les égards dus à cette sainte religieuse, la situation particulière dans laquelle les sœurs du Saint-Sacrement s'étaient trouvées depuis 1750, tout semblait l'exiger.

Le décret, rendu le 7 décembre 1771 et déterminant la résidence de la supérieure générale de la congrégation, fut le premier jalon et le point de départ des nouvelles constitutions. M. Agut s'employa activement, avec la coopération directe de son évêque, à revoir et à retoucher, quand il en était besoin, chacun des articles de la règle primitive, qui, disons-le tout de suite, ne fut modifiée que sur des points peu nombreux et de médiocre importance. L'esprit resta le même ; mais la rédaction y gagna en clarté et en précision (1). Ce travail considérable ne fut achevé qu'au commencement de 1774, et encore fut-il sagement stipulé, comme on l'avait fait à l'origine de la communauté, que la nouvelle règle, donnée à titre

---

(1) *Les statuts et règlements* donnés par Mgr Moreau aux sœurs du Saint-Sacrement *agrégées* à l'hôpital de la Providence, et imprimés à Lyon, forment un joli volume in-12 de 48 pages seulement.

d'essai, le 1ᵉʳ mars de la dite année, ne deviendrait obligatoire que neuf mois et demi après, c'est-à-dire le 14 décembre suivant.

Lorsque cette mesure importante eut été prise, Mgr Moreau fit procéder, conformément aux prescriptions de la règle, à l'élection d'une supérieure générale, en remplacement de la Mère Méziat, dont le temps était expiré.

Les suffrages des religieuses se portèrent sur la révérende mère Marie-Stanislas BRUNET, qui était supérieure locale de la Providence depuis 1767. Il eût été impossible de faire un meilleur choix. Admise au postulat, au commencement de 1757, la R. M. Brunet avait fait profession le 14 mai 1758. Après quelques années passées dans l'enseignement, elle rentra comme hospitalière dans ce cher asile de *la Providence,* qui n'avait pas cessé, malgré l'éloignement de la révérende Mère générale, d'être le centre principal de l'Institut. La R. M. Brunet déploya à la tête de la maison puis de toute la congrégation, un dévouement admirable, et se montra jusqu'à la fin remplie de prévenances et d'attentions délicates à l'égard « de son vénéré et très cher père en Dieu qu'elle secondait de tout son pouvoir ».

Quelques faits qui se rapportent à l'administration de la R. M. Brunet et qui prouvent avec quel soin jaloux M. Agut veillait sur les fréquentations des sœurs avec les personnes du dehors, doivent trouver ici leur place. Un jour, le vénéré fondateur, durant la visite quotidienne qu'il faisait à ses chers Incurables, ne se présenta pas, contrairement à son habitude, dans la salle de communauté. Comme la R. M. Brunet s'en inquiétait et s'informait pour savoir quel motif urgent avait obligé le bon vieillard à partir si promptement : « Il s'est présenté à votre porte, lui fut-il répondu, mais ayant trouvé le chien de M. l'Aumônier, il n'a pas voulu entrer. » M. Agut n'aimait pas en effet que les ecclésiastiques vinssent à la maison lorsque leur devoir ne les y appelait pas (1). »

Il tenait également à en écarter les dames du monde. Il avait fait don à la chapelle de la *Providence* d'un instrument de musique destiné à soutenir le chant des religieuses, pendant l'office. Une personne de la ville qui avait une belle voix s'offrit aux sœurs pour se joindre à elles et pour toucher de l'orgue. Quand M. Agut arriva, voyant cette demoiselle au milieu de ses filles, il se retira et résista à toutes les instances qui lui furent faites pour le décider à rester : « Vous avez une cantatrice, dit-il, cela vous suffit. »

---

(1) Voici ce qu'il prescrivit à cet égard dans la première édition des *Règles et constitutions des sœurs du Très-Saint-Sacrement :* « Elles (les sœurs) n'entreront jamais dans les maisons ni chambres des hommes, soit prêtres, ecclésiastiques, directeurs ou confesseurs, sous quelque prétexte que ce soit, à moins qu'elles n'aient une compagne, faisant même leur visite en abrégé, évitant toute communication active et passive, autant que faire se pourra. » (P. 9.)

Le saint prêtre se montrait non moins sévère et circonspect lorsqu'on lui demandait pour une de ses religieuses l'autorisation de sortir en ville. Un jour, le parent d'une sœur vint le solliciter dans ce but et, dit le vénéré fondateur, « il employa les raisons les plus plausibles : le bien des pauvres et la protection ne furent pas oubliés ; la demande alla jusqu'à l'importunité ». Mais rien ne put fléchir M. Agut et la règle fut observée dans toute sa rigueur. Le solliciteur ne cacha pas son mécontentement et ne craignit pas d'éclater en plaintes et en reproches. Au bout d'un instant cependant il se calma. « Monsieur, dit-il au sage supérieur, votre refus m'a plus édifié qu'irrité ; je vois bien que vous avez en vue la plus grande gloire de Dieu, le bon ordre, la régularité et la réputation de vos sœurs. Si par une lâche complaisance elles se présentaient dans le monde pour y manger, on en perdrait bientôt l'estime, ou du moins on n'en ferait pas grand cas... Cette régularité leur fera honneur. — On ne doit les voir, reprit M. Agut, qu'auprès des pauvres, devant le saint Sacrement et dans leur laboratoire. C'est là leur état ; c'est là leur obligation (1). »

(1) *Entretiens spirituels*, tome II, p. 750.

CHAPITRE XIV

MORT DE M. AGUT — SES FUNÉRAILLES — VÉNÉRATION
DONT IL EST L'OBJET

Louis XV devait succéder le Dauphin son fils, prince d'une mâle vertu et de grandes espérances. Mais la mort, qui avait déjà frappé le duc de Bourgogne, au moment où il semblait appelé à continuer le règne de Louis XIV, priva encore une fois la France d'un roi accompli, qui paraissait destiné à réparer les fautes de son père et auquel il aurait peut-être été donné d'accomplir sous l'inspiration hautement chrétienne dont il était plein, la régénération ferme et prudente des institutions du pays. Cette lourde tâche échut, à son défaut, à Louis XVI, son fils, qui apporta sur le trône toutes les vertus, mais aussi les hésitations de Louis le Débonnaire.

Autant les dernières années du règne qui venait de

finir avaient été sombres, tristes et agitées, autant les débuts du nouveau gouvernement furent faciles et surtout pleins d'espérances. Chacun vantait la modération du jeune monarque, son ardent désir de faire le bonheur de ses sujets et l'on se mit à rêver pour la France les plus belles destinées, grâce aux réformes dont il avait pris la généreuse initiative.

M. Agut partagea-t-il les illusions qui commencèrent à hanter les meilleurs esprits de ce temps? Ne vit-il pas plutôt dans cette fureur d'innover le prélude des catastrophes prochaines? On trouve formulées d'une façon très explicite dans ses écrits, les appréhensions que les faux principes et les dangereuses utopies des novateurs ne laissaient pas que d'inspirer aux hommes sages et réfléchis. Mais le soin de son hospice, la direction du nouvel Institut, ses emplois au Carmel et au Chapitre de Saint-Pierre absorbaient tout son temps et ne lui permettaient de suivre que d'un regard distrait le mouvement politique et social, qui déjà se dessinait de toutes parts en France.

Le vénérable vieillard, dont tous les instants étaient pris, trouvait néanmoins, afin de procurer des ressources à ses chers Incurables, le moyen de donner à de jeunes élèves(1) des répétitions de philosophie et

---

(1) Depuis le départ des Oratoriens, il n'y avait plus de grand séminaire à Mâcon. Les jeunes gens qui se destinaient aux ordres allaient étudier la théologie à Chalon, à Lyon ou prenaient des leçons particulières dans leurs familles.

de théologie. Nous avons déjà eu maintes fois l'occasion d'admirer son activité et son ardeur au travail ; jamais elles ne furent plus grandes que durant les dernières années de son existence. On aurait dit que le bon et fidèle serviteur avait hâte d'accroître la somme de ses mérites, en multipliant ses bonnes œuvres. *Dum tempus habemus operemur bonum !*

A la fin cependant ses forces trahirent son courage. Les habitudes de vie sédentaire qu'il avait contractées exercèrent peu à peu sur son tempérament une fatale influence. « M. Agut, dit Dumonet, avoit presque toujours joui d'une bonne santé jusques vers l'an 1770. » Mais à partir de cette époque, ses travaux assidus, ses longues veilles, les mille soucis que lui donnait sa double fondation, lui causèrent des malaises qui ne firent que s'aggraver. Malgré son régime austère de vie, et son abstinence presque continuelle, il fut atteint d'une obésité fort pénible.

« Une fièvre violente, ajoute son biographe, commença à attaquer ce corps où l'embonpoint avait amassé de funestes humeurs, qui se réunirent et se fixèrent sur un bras ; il s'y forma une plaie considérable : toutes les fois qu'il s'agissoit de le panser, il souffroit tout ce qu'on peut imaginer de plus cuisant, pour peu qu'on touchât ces chairs, qui étoient encore toutes vives, il éprouvoit les sensations les plus piquantes et les plus douloureuses. Alors, les yeux fixés sur le ciel, il demandoit à Jésus-Christ la patience, lui

dépouillant au profit des pauvres de ce qu'il avait de plus cher au monde. On sait combien il en coûte aux hommes d'études de se séparer de leurs livres, collectionnés avec une persévérance infinie et quelquefois achetés à grands frais. Ce sont des amis sûrs et fidèles, en compagnie desquels ils passent la majeure partie de leurs journées et même de leurs nuits. Près d'eux ils trouvent des jouissances d'autant plus délicates que le cœur et l'esprit se les partagent en égales proportions. Aussi la bibliothèque d'un homme d'étude comme M. Agut est la moitié de lui-même ; il ne s'en sépare qu'au moment de la mort.

Le saint fondateur de la *Providence* n'hésita pas à faire ce sacrifice de son vivant afin de procurer plus de ressources à ses chers Incurables. Le 1er août 1776, il vendit donc pour une somme assez ronde à M. Garnier, avocat du Roi aux Eaux et Forêts, la riche bibliothèque qu'il s'était créée avec tant de peines (1).

Quelques années auparavant, il avait déjà disposé en faveur des pauvres « par donation pure et irrévocable, de ses effets, meubles, argenterie, livres, ornements sacerdotaux, vaisselle d'argent et autres effets, tant à l'usage du service divin que linges, habits à son

(1) Au nombre des ouvrages précieux, recueillis par M. Agut, se trouvait un *missel* de Mâcon, sur vélin, et la première partie du *bréviaire*, bel in-12, qu'il remit en 1772 à Mgr Moreau, lequel les lui avait fait demander par son secrétaire, M. Devau.

offroit ses peines en satisfaction pour ses péchés, unissoit ses souffrances aux siennes et attendoit en silence une situation plus tranquille (1) ».

« Il lui manquoit, avait dit plus haut Dumonet, un trait de ressemblance avec les saints ; la maladie le lui donna. Si jamais il y eut des taches dans sa vie, elles furent parfaitement effacées dans le creuset des douleurs. Les maux furent si variés, si extraordinaires et si longs qu'un habile et respectable médecin a souvent dit tout haut qu'il ne pouvoit les soutenir sans miracle, et puisqu'il l'avoit vu tant de fois y survivre, il ne mourroit vraisemblablement que quand il lui plairoit (2) ».

Au mois d'octobre 1774, son état de langueur empira, et il devint très douloureux à M. Agut de tenir même la plume ; aussi son écriture paraît rarement sur les grands registres, en 1775. Il signa cependant encore la convention passée, le jour de Noël, entre sa congrégation et les administrateurs de l'hospice d'*Ausson*, en Languedoc (3).

L'année suivante, il approuva de même l'établissement de *Sennecey-le-Grand*, qui fut le dernier fondé de son vivant. Le mal faisait des progrès rapides et il est facile de constater, aux quelques signatures qu'il appose encore çà et là sur le registre des délibérations, la

(1) *Vie de M. Agut*, p. 63.
(2) *Ibid.*, p. 62.
(3) Ausson, Haute-Garonne, arrond. de Saint-Gaudens.

diminution progressive de ses forces. Sa nièce, l'excellente sœur Antoinette Lacombe, ne le quittait plus, moins en sa qualité de parente que comme *apothicairesse*, lui prodigant les soins les plus respectueux et les plus dévoués.

La plaie purulente qu'il avait au bras et où la gangrène fut à différentes reprises « finit par se fermer » ; mais les nerfs de la main conservèrent une irritation et une faiblesse qui ne lui permit plus d'administrer la communion, du moins avec le ciboire, qu'il ne pouvoit porter. Ensuite, ses jambes, après une enflure prodigieuse, commencèrent à s'ouvrir de toutes parts et à être couvertes de petits ulcères, dont la suppuration ne cessa qu'un an avant sa mort.

Dès lors, il lui fut impossible de monter à l'autel des Carmélites à cause de son élévation ; elles furent obligées de lui donner un suppléant. Pour n'être pas privé des avantages infinis que renferme le saint sacrifice de la messe, il demanda la permission de la dir... dans un petit oratoire qui était contigu à sa chambr... et qu'il avoit décoré lui-même avec tout le soin po... sible. Mgr l'évêque, plein de vénération pour la ver... de ce vieillard, lui accorda ce que les princes eu... mêmes ont de la peine à obtenir... (1)

Heureux d'une telle faveur, M. Agut voulut témoigner à Dieu toute sa reconnaissance, en

(1) Dumonet. *Vie de M. Agut*, p. 63.

usage ». Le testament de M. Agut, daté du 1er mai 1773, est un témoignage si touchant de sa modestie et de sa grande piété, que l'on nous saura gré d'en citer ici quelques extraits. Il y prend le titre très humble de *pauvre prêtre* et fait suivre sa signature authentique de ces mots : « fondateur présumé de l'hôpital des Incurables ».

Après avoir recommandé son âme « à Dieu, à Notre-Dame du Mont-Carmel, aux saints Anges (ses) protecteurs, à tous ses saints patrons, spécialement saint Louis, saint Joseph, saint Bonaventure et saint François Xavier, » il choisit le lieu de sa sépulture dans la chapelle de la *Providence*, « sous le balustre, » aux pieds de l'autel du très saint Sacrement, s'en rapportant à « la disposition de MM. les recteurs du dit hôpital, désignés par lettres patentes, et spécialement ses très chères filles du nouvel Institut, entre les mains desquelles il abandonne le soin de sa sépulture, saints sacrifices de la messe et prières pour le repos de son âme ».

Mais il y avait trop de liens entre M. Agut et le monastère du Carmel de Mâcon, pour que la mort les puisse rompre tous ; le pieux aumônier « choisit le dépôt de son cœur sous une petite pierre quadrangulaire placée dans le sanctuaire de la chapelle, devant le très saint Sacrement, et conjure les dites dames Carmélites de se souvenir de lui devant le Seigneur dans leurs communions, prières et bonnes œuvres, leur promettant de son côté, si Dieu lui fait miséricorde « de ne pas les oublier dans ses *pauvres* supplications » (1).

Reprenons le récit de Dumonet à l'endroit où nous l'avons interrompu. Il nous a parlé des souffrances que M. Agut a endurées pendant les dernières années de sa vie.

« A ces infirmités habituelles se joignirent, dit-il, de fréquents vomissements, plusieurs hoquets dont il pensa être étouffé, un grand nombre de fièvres toutes plus malignes les unes que les autres, des coliques d'entrailles inouïes, enfin des défaillances affreuses qu'on peut appeler de cruelles agonies. Il ne cessait de souffrir d'un jour à l'autre. C'étoit pour ces saintes filles qui le servoient une scène presque toujours sur le point d'être tragique; mais au moment qu'elles désespéroient absolument de ses jours, il se ranimoit tout à coup, se réveilloit doucement, comme d'un tranquille sommeil, leur souriot, se levoit et reprenoit le train ordinaire de ses occupations » (2).

Si les secours de l'art et les soins délicats dont il était entouré « procuroient quelques soulagements

---

(1) Dans un codicille ajouté à son testament, M. Agut exprime toute sa reconnaissance aux Carmélites de Mâcon du soin qu'elles avaient eu de faire construire ce petit caveau pour y déposer son cœur, lequel « tenant, dit-il, la place de mes sincères affections et estimes, en deviendra le symbole présumé pendant tout le temps de son heureux séjour dans votre église ».

(2) *Vie de M. Agut*, p. 64.

de théologie. Nous avons déjà eu maintes fois l'occasion d'admirer son activité et son ardeur au travail ; jamais elles ne furent plus grandes que durant les dernières années de son existence. On aurait dit que le bon et fidèle serviteur avait hâte d'accroître la somme de ses mérites, en multipliant ses bonnes œuvres. *Dum tempus habemus operemur bonum!*

A la fin cependant ses forces trahirent son courage. Les habitudes de vie sédentaire qu'il avait contractées exercèrent peu à peu sur son tempérament une fatale influence. « M. Agut, dit Dumonet, avoit presque toujours joui d'une bonne santé jusques vers l'an 1770. » Mais à partir de cette époque, ses travaux assidus, ses longues veilles, les mille soucis que lui donnait sa double fondation, lui causèrent des malaises qui ne firent que s'aggraver. Malgré son régime austère de vie, et son abstinence presque continuelle, il fut atteint d'une obésité fort pénible.

« Une fièvre violente, ajoute son biographe, commença à attaquer ce corps où l'embonpoint avait amassé de funestes humeurs, qui se réunirent et se fixèrent sur un bras ; il s'y forma une plaie considérable : toutes les fois qu'il s'agissoit de le panser, il souffroit tout ce qu'on peut imaginer de plus cuisant, pour peu qu'on touchât ces chairs, qui étoient encore toutes vives, il éprouvoit les sensations les plus piquantes et les plus douloureuses. Alors, les yeux fixés sur le ciel, il demandoit à Jésus-Christ la patience, lui offroit ses peines en satisfaction pour ses péchés, unissoit ses souffrances aux siennes et attendoit en silence une situation plus tranquille (1) ».

« Il lui manquoit, avait dit plus haut Dumonet, un trait de ressemblance avec les saints ; la maladie le lui donna. Si jamais il y eut des taches dans sa vie, elles furent parfaitement effacées dans le creuset des douleurs. Les maux furent si variés, si extraordinaires et si longs qu'un habile et respectable médecin a souvent dit tout haut qu'il ne pouvoit les soutenir sans miracle, et puisqu'il l'avoit vu tant de fois y survivre, il ne mourroit vraisemblablement que quand il lui plairoit (2) ».

Au mois d'octobre 1774, son état de langueur empira, et il devint très douloureux à M. Agut de tenir même la plume ; aussi son écriture paraît rarement sur les grands registres, en 1775. Il signa cependant encore la convention passée, le jour de Noël, entre sa congrégation et les administrateurs de l'hospice d'*Ausson*, en Languedoc (3).

L'année suivante, il approuva de même l'établissement de *Sennecey-le-Grand*, qui fut le dernier fondé de son vivant. Le mal faisait des progrès rapides et il est facile de constater, aux quelques signatures qu'il appose encore çà et là sur le registre des délibérations, la

(1) *Vie de M. Agut*, p. 63.
(2) *Ibid.*, p. 62.
(3) Ausson, Haute-Garonne, arrond. de Saint-Gaudens.

diminution progressive de ses forces. Sa nièce, l'excellente sœur Antoinette Lacombe, ne le quittait plus, moins en sa qualité de parente que comme *apothicairesse*, lui prodigant les soins les plus respectueux et les plus dévoués.

La plaie purulente qu'il avait au bras et où la gangrène fut à différentes reprises « finit par se fermer »; mais les nerfs de la main conservèrent une irritation et une faiblesse qui ne lui permit plus d'administrer la communion, du moins avec le ciboire, qu'il ne pouvoit porter. Ensuite, ses jambes, après une enflure prodigieuse, commencèrent à s'ouvrir de toute parts et à être couvertes de petits ulcères, dont la suppuration ne cessa qu'un an avant sa mort.

Dès lors, il lui fut impossible de monter à l'autel des Carmélites à cause de son élévation ; elles furent obligées de lui donner un suppléant. Pour n'être pas privé des avantages infinis que renferme le saint sacrifice de la messe, il demanda la permission de la dire dans un petit oratoire qui était contigu à sa chambre et qu'il avoit décoré lui-même avec tout le soin possible. Mgr l'évêque, plein de vénération pour la vertu de ce vieillard, lui accorda ce que les princes eux-mêmes ont de la peine à obtenir... (1)

Heureux d'une telle faveur, M. Agut voulut en témoigner à Dieu toute sa reconnaissance, en se

---

(1) Dumonet. *Vie de M. Agut*, p. 63.

dépouillant au profit des pauvres de ce qu'il avait de plus cher au monde. On sait combien il en coûte aux hommes d'études de se séparer de leurs livres, collectionnés avec une persévérance infinie et quelquefois achetés à grands frais. Ce sont des amis sûrs et fidèles, en compagnie desquels ils passent la majeure partie de leurs journées et même de leurs nuits. Près d'eux ils trouvent des jouissances d'autant plus délicates que le cœur et l'esprit se les partagent en égales proportions. Aussi la bibliothèque d'un homme d'étude comme M. Agut est la moitié de lui-même; il ne s'en sépare qu'au moment de la mort.

Le saint fondateur de la *Providence* n'hésita pas à faire ce sacrifice de son vivant afin de procurer plus de ressources à ses chers Incurables. Le 1er août 1776, il vendit donc pour une somme assez ronde à M. Garnier, avocat du Roi aux Eaux et Forêts, la riche bibliothèque qu'il s'était créée avec tant de peines (1).

Quelques années auparavant, il avait déjà disposé en faveur des pauvres « par donation pure et irrévocable, de ses effets, meubles, argenterie, livres, ornements sacerdotaux, vaisselle d'argent et autres effets, tant à l'usage du service divin que linges, habits à son

---

(1) Au nombre des ouvrages précieux, recueillis par M. Agut, se trouvait un *missel* de Mâcon, sur vélin, et la première partie du *bréviaire*, bel in-12, qu'il remit en 1772 à Mgr Moreau, lequel les lui avait fait demander par son secrétaire, M. Devau.

usage ». Le testament de M. Agut, daté du 1ᵉʳ mai 1773, est un témoignage si touchant de sa modestie et de sa grande piété, que l'on nous saura gré d'en citer ici quelques extraits. Il y prend le titre très humble de *pauvre prêtre* et fait suivre sa signature authentique de ces mots : « fondateur présumé de l'hôpital des Incurables ».

Après avoir recommandé son âme « à Dieu, à Notre-Dame du Mont-Carmel, aux saints Anges (ses) protecteurs, à tous ses saints patrons, spécialement saint Louis, saint Joseph, saint Bonaventure et saint François Xavier, » il choisit le lieu de sa sépulture dans la chapelle de la *Providence*, « sous le balustre, » aux pieds de l'autel du très saint Sacrement, s'en rapportant à « la disposition de MM. les recteurs du dit hôpital, désignés par lettres patentes, et spécialement ses très chères filles du nouvel Institut, entre les mains desquelles il abandonne le soin de sa sépulture, saints sacrifices de la messe et prières pour le repos de son âme ».

Mais il y avait trop de liens entre M. Agut et le monastère du Carmel de Mâcon, pour que la mort les puisse rompre tous ; le pieux aumônier « choisit le dépôt de son cœur sous une petite pierre quadrangulaire placée dans le sanctuaire de la chapelle, devant le très saint Sacrement, et conjure les dites dames Carmélites de se souvenir de lui devant le Seigneur dans leurs communions, prières et bonnes œuvres, leur promettant de son côté, si Dieu lui fait miséricorde « de ne pas les oublier dans ses *pauvres* supplications » (1).

Reprenons le récit de Dumonet à l'endroit où nous l'avons interrompu. Il nous a parlé des souffrances que M. Agut a endurées pendant les dernières années de sa vie.

« A ces infirmités habituelles se joignirent, dit-il, de fréquents vomissements, plusieurs hoquets dont il pensa être étouffé, un grand nombre de fièvres toutes plus malignes les unes que les autres, des coliques d'entrailles inouïes, enfin des défaillances affreuses qu'on peut appeler de cruelles agonies. Il ne cessait de souffrir d'un jour à l'autre. C'étoit pour ces saintes filles qui le servoient une scène presque toujours sur le point d'être tragique; mais au moment qu'elles désespéroient absolument de ses jours, il se ranimoit tout à coup, se réveilloit doucement, comme d'un tranquille sommeil, leur souriot, se levoit et reprenoit le train ordinaire de ses occupations » (2).

Si les secours de l'art et les soins délicats dont il était entouré « procuroient quelques soulagements

---

(1) Dans un codicille ajouté à son testament, M. Agut exprime toute sa reconnaissance aux Carmélites de Mâcon du soin qu'elles avaient eu de faire construire ce petit caveau pour y déposer son cœur, lequel « tenant, dit-il, la place de mes sincères affections et estimes, en deviendra le symbole présumé pendant tout le temps de son heureux séjour dans votre église ».

(2) *Vie de M. Agut*, p. 64.

à ses maux corporels... de quelles peines d'esprit n'étoit-il pas agité, tourmenté ? Tantôt les affaires de son hôpital ou de sa congrégation lui causoient mille inquiétudes ; tantôt ce compte terrible, qu'il croyoit tous les jours devoir rendre au Juge souverain, le faisoit frissonner jusqu'à la moelle des os ; il ne pouvoit surtout réfléchir un instant sur toutes les absolutions qu'il avoit accordées, sans avoir les plus vives alarmes ; exemple bien propre à faire trembler tous les ministres de la réconciliation !

« D'autres fois, en versant des larmes il s'écrioit : « Hélas ! il faut être si saint pour paroître devant la « sainteté même, et ma conduite a été si équivoque !... « Dieu ne m'accorde tant de temps qu'afin que je « me prépare mieux à la mort ; malheur à moi si j'en « abuse ! » — Pourquoi, lui disoit-on un jour, paroissez-vous si effrayé des jugements de Dieu, après avoir si bien vécu ? c'est à nous à les redouter. — Dieu nous fera miséricorde, répondit-il humblement » (1).

Mais bientôt ces vaines terreurs firent place aux plus suaves consolations. Jésus-Christ présent au sacrement de l'autel vint réjouir son fidèle serviteur et l'on a remarqué la douce coïncidence de la dernière maladie de M. Agut avec la Fête-Dieu. Le mardi, 16 juin, deux jours avant cette solennité qu'il avait toujours beaucoup aimée, il se sentit gravement indis-

(1) *Ibid.*, p. 65.

posé. Toutefois son zèle et l'ardeur de sa piété lui firent surmonter la douleur ; il voulut, selon son habitude, s'occuper lui-même de son reposoir, donna des ordres pour y ajouter de nouveaux ornements; « pressa l'ouvrage, dit son historien, et parut gronder les ouvriers de leur lenteur, comme s'il eût senti que bientôt ils travailleroient sans lui et qu'il ne pourroit plus jouir du spectacle si consolant dont il avoit joui tant de fois » ; il eut encore le courage de célébrer les saints mystères et d'entendre des confessions ; mais au sortir de la chapelle il s'affaissa épuisé ; on le porta dans son lit où il éprouva un mieux sensible. Comme quelques jours auparavant, il avait ressenti les mêmes défaillances, les pieuses filles qui le servoient se rassurèrent, se disant les unes aux autres « qu'elles l'avoient vu souvent dans un état plus critique... et que sûrement il s'en tireroit ». — « Oh ! avait-il murmuré discrètement à l'une d'elles, si vous saviez les belles choses que j'ai entendues, cette nuit. — Daignez, lui répondit-elle, m'en faire part. — Je ne le puis, ajouta-t-il, les expressions se refusent à des objets si ineffables (1) ».

Le jour de sa mort, il ne témoigna rien d'extraordinaire ; il perdit peu à peu l'usage des sens, « ne donna plus que quelques signes à l'empressement de ceux qui l'interrogeoient ». Après avoir reçu l'Extrême-Onction avec une ferveur digne de sa grande piété, il

(1) *Vie de M. Agut*, p. 68.

ne parut plus occupé que de l'éternité et au moment où chacun s'attendait à le voir revenir à la vie, il s'endormit doucement dans le Seigneur, le 19 juin 1778. Il était âgé près de quatre-vingt-trois ans, étant né le 14 juillet 1695.

La vénération dont M. Agut avait été l'objet durant sa vie, loin de diminuer après sa mort, prit au contraire un merveilleux développement, qui alla grandissant d'année en année. A peine eut-il rendu le dernier soupir, que ce cri retentit dans toute la ville : *Le saint est mort ! le saint est mort !* « Une foule prodigieuse se rassembla chez lui, dit Dumonet, pour le voir une dernière fois et lui faire toucher des objets de piété... L'affluence, ajoute-t-il, fut si considérable qu'on en vit plusieurs entrer par la fenêtre. Riches, pauvres, nobles, roturiers, hommes, femmes, vieillards, enfants, tous s'empressèrent d'honorer ce corps vénérable qu'avait habité une âme si grande et si sainte (1). »

La dépouille mortelle du serviteur de Dieu resta exposée trois jours entiers à la vénération des fidèles. Quand il fut question de l'inhumer, la foule voulut s'y opposer, désirant garder « le saint » plus longtemps. Mgr l'évêque interposa alors son autorité ; mais ce fut en vain. Il fallut mander la maréchaussée et frayer de force un passage au clergé à travers les

(1) *Vie de M. Agut,* p. 69-70.

rangs pressés de la multitude. « Jamais, dit un témoin, on ne vit à Mâcon un concours de peuple aussi extraordinaire. » Le cortège funèbre « fut suivi d'une multitude innombrable ; presque toute la ville sortit de ses murs pour l'accompagner jusque dans l'église des Incurables », qui avait été, par le vœu de tous, désignée pour le lieu de la sépulture du vénérable fondateur. « Quand on y fut arrivé, il fallut mettre des gardes à toutes les portes pour empêcher que, dans une si petite enceinte, il n'y eût personne d'étouffé » (1). On eut de nouveau besoin de quelques cavaliers de la maréchaussée, afin de contenir la foule trop avide de contempler encore une fois celui qui avait été le père des pauvres et des infirmes. Ses restes vénérés furent déposés sous une des dalles du chœur, où les hommes de la Révolution n'osèrent les profaner. Les Jacobins se bornèrent à voler le cercueil de plomb qui les contenait et les replacèrent, dit-on, avec un certain respect, dans la bière en bois.

Son cœur fut, d'après ses dispositions testamentaires, placé « sous le lampier de l'église des révérendes dames carmélites, qu'elles avaient eu, dit-il, la bonté de faire construire sur le pavé, devant le très saint Sacrement », bien digne demeure de ce cœur tout embrasé de l'amour de la divine Eucharistie. Mais, hélas ! la chapelle des Carmélites n'échappa

(1) Dumonet. *Ibid., passim.*

point, comme celle de la *Providence*, aux dévastations sacrilèges des terroristes et tout fait craindre que le cœur du saint prêtre n'ait disparu au milieu des ruines du monastère (1).

La mémoire de M. Agut est restée chère aux Mâconnais, qui ont donné son nom à l'une des rues du faubourg de la Barre. Mais c'est surtout dans sa famille spirituelle que le souvenir de ses vertus s'est fidèlement perpétué, entouré de ce religieux respect, de cette confiance absolue, de cet amour filial qui constituent ici-bas l'auréole des saints. Dès que leur vénéré fondateur eut quitté cette terre, les sœurs du Saint-Sacrement l'invoquèrent avec confiance dans tous leurs besoins. Plusieurs grâces extraordinaires de l'ordre spirituel et de l'ordre temporel sont attribuées à l'intercession du serviteur de Dieu. Nous devons en signaler quelques-unes.

Sœur Marie-Anne du Ligny, morte elle-même en odeur de sainteté, était affligée durant sa jeunesse de fréquentes attaques d'épilepsie. Un jour le vénérable fondateur la rencontre dans le jardin de la *Providence* en proie à la plus vive affliction : « Consolez-vous, mon enfant, lui dit-il, j'ai la confiance que Dieu vous guérira. Si j'ai un jour quelque pouvoir sur son cœur, vous vous en apercevrez aussitôt. » Or le jour même du bienheureux trépas de M. Agut, la sœur Marie-

(1) Le couvent des Carmélites est aujourd'hui une caserne d'infanterie.

Anne commença une neuvaine en son honneur. Cette neuvaine n'était pas encore achevée que déjà la fervente religieuse se vit entièrement délivrée de son terrible mal. Elle n'en ressentit plus jamais la moindre atteinte.

La révérende Mère Lacombe, qui succéda à la R. M. Brunet dans le gouvernement général de la Congrégation, éprouva plus d'une fois l'assistance du saint fondateur. Un jour se trouvant dans un dénûment absolu, elle alla se prosterner sur sa tombe : « Mon père, s'écria-t-elle, je suis découragée ; je ne puis subvenir aux besoins d'un si grand nombre de personnes ! » Elle crut aussitôt entendre cette parole : « Eh quoi ! ma fille, voudriez-vous laisser périr l'œuvre que nous avons eu tant de peine à créer ? » Elle se releva pleine d'espérance, et le jour même elle reçut des secours abondants. Du haut du ciel M. Agut continuait de soutenir le courage de ses religieuses.

La sœur économe de la *Providence* éprouva de la même manière l'efficacité de son intercession. Il n'y avait plus de blé au grenier. L'humble religieuse court dire son embarras à son vénéré Père, qui l'invite intérieurement à retourner et à bien regarder à la dépense. Elle obéit, mais quel n'est pas son étonnement de trouver toute la provision renouvelée ! Une autre fois sa situation était des plus critiques : un créancier impitoyable était à la maison et voulait être remboursé sur-le-champ. Que faire ? la caisse de l'hospice est vide : de nouveau la sœur implore le secours du saint fondateur, et au même moment un inconnu se présente à la porte et lui fait remettre un sac d'argent pour les pauvres. C'était juste la somme dont elle avait besoin et qu'on venait lui réclamer.

Lorsque la R. M. Lacombe (Françoise-Joséphine) prit en mains le gouvernement de la Congrégation, les ressources de l'hospice de la *Providence* étaient si petites qu'on ne pouvait pas toujours renouveler la provision de vin pour le service de la maison. La Mère Lacombe allait partir en voyage, quand sœur Du Ligny, son assistante, vint lui dire : « Nous sommes sans vin. — Je suis également sans argent, reprit la bonne Supérieure, nous ne pouvons en acheter ; mais allez vite au tombeau de notre père et commencez de suite une neuvaine en son honneur. » Les prières étaient « à peine commencées, dit la R. M. Récy, qu'une énorme voiture de vin arriva en pur don à la *Providence* ».

La digne fille de M. Agut qui rapporte ce trait, affirme qu'un autre tout semblable arriva à la communauté de son vivant et presque sous ses yeux. « Et combien d'autres faits de ce genre, ajoute-t-elle, ne pourrait-on pas citer ! »

R. M. Marie-Stanislas BRUNET 1762-1810)
Deuxième supérieure générale de la Congrégation des Sœurs
du Saint-Sacrement.
(*Costume primitif des Sœurs de cet Institut*).

TROISIÈME PARTIE

ESPRIT DE M. AGUT — SA DOCTRINE SPIRITUELLE

SES VERTUS

CHAPITRE XV

ESPRIT INTÉRIEUR DE M. AGUT — SA MÉTHODE D'ORAISON

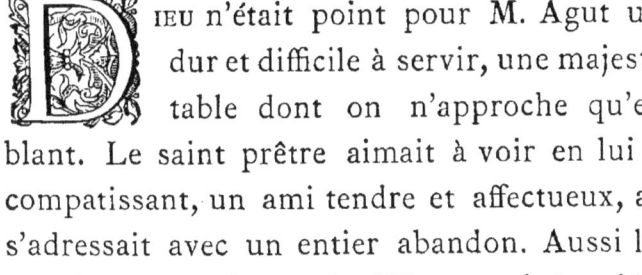IEU n'était point pour M. Agut un maître dur et difficile à servir, une majesté redoutable dont on n'approche qu'en tremblant. Le saint prêtre aimait à voir en lui un père compatissant, un ami tendre et affectueux, auquel il s'adressait avec un entier abandon. Aussi la pensée de Dieu lui était-elle familière et aisée ; c'était pour lui un repos, une jouissance ineffable. Entendons-le recommander aux autres ce qu'il pratiquait si bien lui-même. « Marchez dans la simplicité avec Dieu, répétait-il souvent à ses filles spirituelles ; ne vous tourmentez pas à penser à ce que vous avez à dire, ni comment vous devez le dire. Que vos discours ne soient ni longs, ni recherchés ; ne vous contentez pas seulement de penser à Dieu, portez-lui doucement votre cœur ; dites-lui avec une sainte liberté tout ce

que vous avez à lui dire; n'étudiez point la manière de lui parler, pourvu que ce soit avec une respectueuse familiarité (1). »

Et comme les sœurs de la *Providence* craignaient que la souveraine Majesté ne se trouvât offensée d'une telle façon d'agir, — ou plutôt d'un tel sans façon : « Non, reprenait-il, Dieu non seulement nous le permet, mais même il nous l'ordonne, puisqu'il nous traite en ami. Or, un ami ne se chagrinera jamais de la liberté avec laquelle celui qui l'aime et l'estime pourrait lui parler. » Et il donne comme preuve de sa doctrine, si éloignée du rigorisme des novateurs, la touchante parabole du bon Samaritain : « N'est-ce pas en qualité d'ami que ce Samaritain agit à l'égard de l'infortuné dépouillé sur le chemin de Jéricho et maltraité des voleurs ? Or qu'a fait le Seigneur, qui est est le vrai Samaritain, à notre égard ? » Il énumère ensuite les grâces que Dieu prodigue à ses religieuses, dont il compare la maison à l'hôtellerie de la parabole, et il conclut en disant que la gêne avec Dieu serait une fausse humilité, semblable « à celle de saint Pierre, qui ne vouloit pas que Jésus-Christ, son divin Maître, lui lavât les pieds ».

Il désire que dans l'exercice de la présence de Dieu, comme dans la prière, l'âme s'entretienne familière-

---

(1) *Entretiens spirituels*, 9ᵐᵉ Dialogue, p. 82-123, *passim*.

ment avec lui, et qu'en lui parlant sur le ton de l'intimité affectueuse, elle entre dans tous les détails : « Ce détail, dit-il, loin d'être inutile, attire les attentions et le cœur de Dieu sur nous (1) ». Tout à l'heure M. Agut voyait en Dieu son ami le plus tendre ; il le considère maintenant comme un père dévoué et plein d'attention pour chacun de nous ; il conseille à ses filles de se comporter avec lui « comme un enfant à l'égard de son père. Or, ajoute-t-il, un enfant ne fait rien sans l'ordre de son père, témoin de tous ses besoins et de toutes ses dispositions ; il n'entreprend rien sans son conseil ni sans sa volonté ; il a recours à lui dans toutes ses nécessités ; il le demande, il le prie, il le consulte ; il met en un mot toute sa confiance en lui. Qui est mieux notre père que Dieu ? c'est lui qui nous a formés dans le sein de notre mère ; c'est lui qui nous en a tirés ; c'est lui qui nous conduit, c'est lui qui enfin prend un soin particulier de nous. »

Cette méthode si simple d'aller à Dieu et de lui faire connaître nos besoins n'exclut pas la contemplation. M. Agut désire que l'âme médite sur les perfections infinies de son divin Créateur ; en cela il se conformait aux enseignements si pieux de saint François de Sales. Le saint Docteur, dans son *Traité de l'amour de Dieu* (2), compare l'âme à une abeille sacrée

(1) *Ibid.*, p. 99.
(2) Liv. v, chap. 8.

« qui va voletant çà et là sur les fleurs des œuvres et excellences divines, recueillant d'icelles une douce variété de complaisances, desquelles elle fait naître et compose le miel céleste de bénédictions, louanges et confessions honorables. »

M. Agut recommandait également l'étude de Notre-Seigneur Jésus-Christ comme la source des bonnes pensées, des sentiments affectueux et des généreuses résolutions. « Il est la voie, la vérité et la vie; vous devez donc vous entretenir avec lui, tantôt sur les mystères de sa vie cachée, tantôt sur ceux de sa vie publique, quelquefois sur ses souffrances, sur les circonstances de sa passion, de sa mort; d'autres fois sur les miracles qu'il a opérés pendant le cours de sa vie mortelle; parlez-lui, ici des sacrements qu'il a institués, surtout de celui de son précieux corps et de son précieux sang; là, des maximes qu'il a prêchées, des exemples de vertus qu'il nous a donnés et surtout de son humilité, de sa charité pour nous, de son zèle et de son amour pour la gloire de son divin Père, des bienfaits infinis qu'il nous a procurés (1). »

Le sage directeur indique pour faciliter la pratique de l'oraison mentale, le salutaire exercice de la présence de Dieu où il excellait lui-même : « Si vous vous y livrez avec fidélité, vous y trouverez un plaisir ineffable, constant, vrai, pur, solide, parfait et souve-

---

(1) *Entret. spirit.*, p. 101, 102.

rain. Je dis plaisir *ineffable*, parce que l'on ne peut le définir ; *constant*, parce qu'il dure toute la vie ; *vrai*, parce qu'il est séparé de ces plaisirs brutaux qui commencent à s'éclipser dès qu'ils commencent à paraître ; *pur*, parce qu'il faut avoir la conscience exempte de péché pour en goûter les douceurs ; *solide*, parce qu'il est fondé sur le centre du bonheur qui est Dieu ; *parfait*, parce qu'il se répand sur les sens, contente l'esprit et nourrit le cœur ; je dis enfin plaisir *souverain*, parce qu'il l'emporte sur tous les plaisirs de la terre et n'est inférieur qu'à ceux que l'on goûte dans le ciel (1). »

« Mais, pour pratiquer l'exercice de la présence de Dieu, l'entendement et la volonté nous sont nécessaires ; par l'entendement nous connaissons Dieu présent ; par la volonté, nous nous portons à Dieu présent. La connaissance de la présence de Dieu est stérile, sans les affections du cœur, et les affections, sans cette connaissance, deviendront languissantes ; l'une et l'autre doivent être éclairées par la foi, car sans elle on ne peut ni se représenter Dieu, ni l'aimer. Celui qui veut s'approcher de Dieu, dit l'Ecriture, doit croire qu'il existe. La foi en cette existence passe la première et le cœur la suit (2). »

Conformément à cette doctrine, M. Agut faisait toutes ses actions sous le regard de Dieu, en union

(1) *Entretiens spirituels*, p. 88.
(2) *Ibid.*, p. 106.

avec lui et par le secours de sa grâce. L'Esprit-Saint répandait en son âme une lumière si vive qu'il voyait le monde surnaturel, Dieu, Jésus-Christ, sa très sainte Mère, ses Anges et ses Saints avec une certitude et un contentement qui lui causaient des ravissements, des transports et des larmes abondantes. Sa conversation avec le divin Maître était de tous les instants. Il nous a laissé la peinture de son intérieur, sous forme d'exhortation aux Sœurs.

« Si vous avez des affaires à commencer ou à terminer, communiquez-les auparavant à Dieu. Avez-vous quelques chagrins? adressez-vous à Lui, il est le Dieu qui nous console dans toutes nos tribulations; avez-vous quelque peine? faites de Dieu votre confident; vous intéressez-vous à quelqu'un? portez-lui votre supplication; êtes-vous dans quelques besoins? découvrez-les-lui; vos propres affaires n'ont-elles pas eu un bon succès? allez vous consoler auprès de lui; déclarez-lui vos pensées, vos desseins; voulez-vous entreprendre un voyage? demandez-lui auparavant la permission et priez-le de vous favoriser, de vous envoyer ses saints Anges pour vous garder, défendre et protéger. Ne faites rien sans son congé; consultez-le dans vos doutes et dans vos perplexités; craignez-vous quelques malheureux événements, vous trouvez-vous déchues de vos espérances et de vos désirs? Adressez-vous à sa toute-puissance qui fait tout remplir selon les desseins de sa sagesse; faites-lui part enfin de tout ce qui regarde vos propres intérêts tant pour le spirituel que pour le temporel. Représentez-vous Dieu Notre-Seigneur au-dedans de vous, et à côté de vous, prêt à vous soutenir.

Il développe ailleurs sa pensée : « Vous faut-il quelques vertus? priez-le de vous les accorder; il en est la source ; il vous les donnera. Voulez-vous faire des bonnes œuvres? adressez-vous à lui; il ne manquera pas de vous les faire pratiquer ; êtes-vous effrayée? priez-le de percer votre cœur d'une crainte salutaire; craignez-vous la mort? adressez-vous à sa bonté, il est l'arbitre de votre sort; tremblez-vous à la vue des châtiments éternels? tâchez de fléchir sa colère, invoquez sa miséricorde; ses jugements se présentent-ils à votre esprit? adorez-les; vous rappelle-t-il la vue du ciel? entretenez-vous avec lui de ses récompenses; les tentations vous poursuivent-elles et les passions veulent-elles prendre le dessus? rendez-le témoin de vos peines; jetez un coup d'œil vers lui et dites-lui comme les Apôtres : Sauvez-nous, Seigneur, car nous périssons (1). »

Telles étaient les conseils qu'il donnait à ses filles spirituelles et telle fut aussi sa conduite. Il insiste sur la direction d'intention : « Au commencement de la journée, dirigez vers Dieu toutes vos actions; n'en commencez aucune sans dresser votre intention vers

(1) Ier tome, p. 101.

lui ; pouvez-vous employer votre temps plus saintement ? »

Ecoutons-le parler des fruits de cette pratique qu'il a expérimentée lui-même durant toute sa vie : « Elle porte avec soi, dit-il, de grands avantages, car quelle riche moisson ne fait-elle pas ? Semblable au grain de froment, elle fructifie beaucoup. Elle tire parti de tout et met tout à profit : adversités, prospérités, croix, contradictions, fâcheux contre-temps, événements heureux ou malheureux, état, situation, condition, actions, paroles, pensées, bonnes œuvres, démarches, projets, conseils, travail et occupations de toutes sortes. L'on dit que les philosophes chimistes convertissent tout en or ; c'est la fonction lucrative de l'intention. L'abeille tourne en douceur et en miel sa nourriture ; l'intention tourne tout en bien, quel trésor de mérites n'amasse-t-on pas par son moyen ?...

« La direction d'intention est cet œil simple de l'Evangile qui considère Dieu directement ; c'est le trait effilé qui perce les nues et monte jusqu'à son trône ; c'est cette pierre précieuse qui se trouve dans le vaste champ de nos désirs ; ce denier de la veuve tant louée par Jésus-Christ ; cette drachme, si soigneusement cherchée, qui cause de la joie dans son recouvrement ; c'est cette glorieuse empreinte qui donne le prix à la monnaie qui sert à acheter le royaume de Dieu ; c'est le rayon du soleil qui jette de l'éclat sur les moindres actions et qui en rehausse les plus basses et les plus communes (1). »

Puisque, d'après témoignage de l'Esprit-Saint, la bouche parle de l'abondance du cœur, si Dieu est vraiment présent à notre pensée, son saint nom sera habituellement sur nos lèvres. M. Agut ne pouvait, nous l'avons dit, entendre prononcer ce nom sacré, sans qu'aussitôt ses yeux se remplissent de larmes. Il pleurait alors de joie et d'amour. Aussi, désirant que ses enfants goûtent les mêmes délices, il les exhorte à ne s'entretenir que de Dieu dans leurs conversations : « C'est perdre le temps, dit-il, que de vouloir agir d'une autre manière. »

« Un pilote observe souvent sa boussole et l'étoile polaire ; il en parle incessamment pendant la navigation ; un malade, fatigué la nuit de ses douleurs, s'informe s'il sera bientôt jour, parce qu'il espère y trouver son soulagement ; un exilé parle souvent de son retour dans la patrie. Eh ! pourquoi donc une âme religieuse ne parlerait-elle pas de ce qui l'intéresse tant ?... Le banni qui se voit à la fin de son exil s'entretient volontiers et fréquemment du prince qui le rappelle ; n'est-ce pas avoir toujours la lampe à la main pour une vierge, quand elle s'entretient d'un époux qu'elle attend et qui doit bientôt lui ouvrir les portes de la salle du festin (2) ? »

(1) Tome III, p. 860, 861.
(2) Tome I, 9ᵉ Dialogue *sur la Perfection*, p. 97-109 ; tome II, p. 526.

Le saint prêtre est intarissable sur cette vérité dont il est tout rempli lui-même ; il y revient sous toutes les formes et à tout propos dans ses *Entretiens spirituels.* Penser à Dieu, parler de lui était sa recommandation principale ; mais on voit qu'avant de l'adresser aux autres, il en a fait son propre profit. Il connaissait par la pratique et il indique de quelle manière prudente et sage une personne pieuse peut amener la conversation sur Dieu et sur les mystères de la foi, sur la sainte Vierge et les saints, sur l'Eglise du ciel et celle de la terre. Mais le moyen le plus efficace qu'à l'exemple de tous les maîtres de la vie spirituelle, M. Agut conseille à ses filles pour entretenir en elles l'esprit intérieur, est la pratique constante de l'*oraison.*

Toutefois il ne veut pas que cet exercice soit une étude : « L'oraison, dit-il, ne demande pas tant de raisonnements que la volonté demande d'affections du cœur ; ne vous mettez pas en peine de raisonner sur les sujets de vos oraisons ; qu'il vous suffise de bien vous élever à Dieu par les mouvements de la volonté et vous aurez réussi. L'oraison, en effet, consiste plutôt dans les affections du cœur que dans la science du raisonnement. » Il donne un exemple :

« Nous vivons dans l'éloignement de Dieu sans y penser, sans y réfléchir ; l'oraison nous en fait apercevoir ; dès lors que faut-il faire ? raisonner sur un tel égarement ? on le peut sans doute ; mais il est plus essentiel de s'anéantir devant Dieu de lui demander pardon et de lui parler le langage du cœur par nos regrets et nos larmes (1). »

Voilà la vraie doctrine des saints; la méditation, pour nous servir d'une ingénieuse comparaison, est comme une aiguille, après laquelle doit venir un fil d'or, composé d'affections, de prières et de résolutions. La prière tel est le fruit principal de l'oraison, et ici encore M. Agut veut la simplicité et l'abandon de l'âme entre les bras de Dieu, ou mieux son repos dans le Cœur sacré de Jésus. Mais par respect pour la souveraine majesté de Celui avec lequel une âme qui fait oraison entre en communication, le zélé directeur désire que cet exercice se fasse à genoux. C'était sa pratique et il n'a pas l'air de voir là une grande mortification : « Ne passer qu'une heure à genoux, dit-il, est-ce une croix bien pesante ? »

Semblable aux athlètes pour lesquels les fardeaux les plus lourds, les travaux les plus pénibles ne sont qu'un jeu d'enfant, il n'attache qu'une médiocre importance à la fatigue qui résultera nécessairement de cette manière de se tenir durant la méditation. Elle n'est rien si nous la comparons aux rudes pénitences que le saint prêtre s'imposait journellement. « Du reste, s'écrie-t-il, l'espoir de la récompense n'est-il pas là pour vous la rendre plus légère et plus

---

(1) *Entret. spirit.*, *locis citatis*.

supportable? Si en creusant un puits on trouve le travail long et pénible, dès qu'on aperçoit quelques petits filets d'eau, la joie renaît par l'espérance de la source. » Il demande que les sœurs fassent l'oraison « pendant une heure entière, les genoux à terre, sans se donner aucun mouvement. »

Pour tempérer ce que ce conseil peut avoir de rigide, M. Agut est très large sur la méthode à suivre durant la méditation. La première condition pour réussir dans cet art tout divin de l'oraison n'est-elle pas, en effet, de n'y mettre pas d'art? Si l'âme trouve un attrait particulier sur un point de sa méditation, M. Agut veut qu'elle s'y arrête aussi longtemps que durera l'onction sainte qu'elle y puise : « Eh! qu'importe, dit-il, que vous alliez plus loin, puisque l'oraison n'a pour but que les affections du cœur et les résolutions prises en conséquence? Dès que l'attrait que vous avez pour un sujet, vous élèvera à Dieu et vous fera prendre une bonne et sainte résolution, il ne vous en faut pas davantage. L'esprit d'oraison n'est pas un esclavage. L'oraison se faisant pour en sortir meilleur qu'on n'y est entré, il suffit que l'attrait particulier vous conduise aux affections et aux mouvements du cœur, pour en tirer quelques résolutions ou pratiques à faire. »

« Il n'est pas nécessaire, ajoute-t-il avec raison, de formuler de nouvelles résolutions, toutes les fois qu'on change de sujet d'oraison ; mais il est bon, pour notre avancement,.... de choisir et de renouveler, plusieurs fois et souvent, celles qui sont propres à nous corriger des mauvais penchants qui dominent en nous, par la pratique constante des vertus qui leur sont opposées, et par conséquent le succès dépend surtout du soin que l'on aura de renouveler souvent la résolution, ce qui n'empêche pas qu'on en prenne d'autres relatives au sujet sur lequel on a médité, quoique cela ne soit pas absolument nécessaire ; mais il faut être fidèle aux résolutions déjà prises. »

Quant aux affections que le cœur doit produire pendant que l'esprit médite, M. Agut indique à la suite des auteurs ascétiques les actes d'humilité, de confiance, de renoncement, de résignation, en particulier les actes d'amour et de contrition. Si l'on se sert de livre, il convient de lire peu à peu et lentement, de fermer le livre et de le reprendre selon les besoins de l'intelligence et de la volonté. On imitera la colombe au bord du ruisseau ; après avoir aspiré un peu d'eau, elle lève les yeux au ciel ; de même l'âme qui veut faire oraison utilement, cherche quelques bonnes pensées, s'arrêtant tranquillement sur chacune d'elles et demandant à Dieu la grâce d'en être saintement pénétrée. Les colloques naissent d'eux-mêmes et se prolongent, tant qu'il plaît à Dieu de nous ouvrir son cœur. M. Agut ne veut pas que l'on se mette *l'esprit à la torture*. « Si, selon saint Bernard, dit-il, la mesure d'aimer Dieu est de l'aimer sans mesure, la méthode de converser avec lui est de converser sans méthode. C'est le cœur qui doit parler et non l'esprit... Quand on veut faire conversation avec les créatures, il faut savoir parler poliment et avec esprit, entretenir agréablement la compagnie ; un seul mot échappé à l'inadvertance est capable d'offenser les personnes avec lesquelles on converse. Il n'en est pas de même de Dieu. Il nous tient compte de tout ; sachant ce que nous avons à lui dire, il nous écoute avec bonté et patience. Lui-même nous fournit les pensées et son Saint-Esprit nous fait articuler tout ce que nous avons à lui dire ; mais, comme il n'écoute que le langage du cœur, il en aime et il en goûte toute la suavité ! »

Il ajoute plus loin en forme de conclusion : « Il en est des conversations avec Dieu ce qu'il en est des sciences et des arts, on ne peut les acquérir qui par des actes répétés... Or l'exercice de la présence de Dieu est la science des sciences, l'oraison, l'art des arts. Ainsi plus vous vous mettrez souvent en la présence de Dieu, plus cet exercice vous deviendra familier et vous en prendrez une telle habitude que vous ne pourrez plus vous en passer à l'avenir (1). »

(1) *Entret. spirit.*, p. 92-96, *passim*.

CHAPITRE XVI

HUMILITÉ ET RENONCEMENT DE M. AGUT

D'APRÈS M. Agut, « la vraie humilité se trouve dans l'esprit et le cœur. L'humilité d'esprit est celle par laquelle on connaît son néant, sa misère, ses défauts, ses péchés ; celle du cœur nous en persuade et nous fait connaître que nous ne sommes rien dans l'ordre de la nature, ni dans celui de la grâce. » Le saint prêtre pratiqua excellemment l'une et l'autre. Le portrait qu'il a fait d'une âme humble le peint tout entier.

« Une âme vraiment humble, dit-il, ne se contente pas de se connaître en général, c'est-à-dire de savoir qu'elle n'est que cendre et poussière, sujette à la mort, aux infirmités et aux misères de la vie ; elle descend encore dans le particulier, connaissant sa propre misère, les défauts auxquels elle est exposée, les péchés dans lesquels elle a coutume de tomber, son penchant habituel pour certaines fautes, sa négligence à s'en retirer ; elle va plus loin, car d'un coup d'œil elle voit sa lâcheté, sa tiédeur dans le service de Dieu, son indolence dans les affaires du salut ; elle ne se rassure pas aisément sur ce qu'elle fait ; elle n'examine pas ses bonnes qualités, mais celles qu'elle aperçoit dans les autres ; elle les compare avec celles qu'elle a mais qu'elle ne croit pas avoir ou qui lui peuvent manquer ; elle porte une sainte envie aux autres vertus elle gémit en secret de ne pas les posséder.

« D'ailleurs elle est contente de ce qu'elle a dans l'ordre de la nature et, si les autres ont plus de naissance, de mérite, de talents ou de vertu, elle se contente de les admirer et n'en est pas envieuse ; mais elle en loue le Seigneur, elle s'en réjouit, elle l'en bénit parce qu'elle sait qu'il en reçoit de la gloire. Elle craint les louanges ; si elle ne les regarde pas toujours comme des injures personnelles, au moins les considère-t-elle comme très inutiles et même comme des pièges à son salut ; elle les renvoie à Dieu ; si elle trouve en elles quelques fondements, elle sait que la véritable gloire est en Lui et ne doit avoir lieu pour nous qu'après sa mort ; elle les regarde, ces louanges, non comme les suites de son mérite, mais comme des avis salutaires qui lui apprennent non ce qu'elle est, mais ce qu'elle doit être. Elle craint d'être hypocrite ; elle appréhende de tromper le prochain, sous apparence de vertus, de bonnes œuvres et de dévotion ;

elle désire que Dieu seul soit témoin du bien qu'elle fait, et, si elle ne peut en cacher la connaissance au public, dit saint Grégoire le Grand, elle met en réserve l'intention de ne plaire qu'à lui seul ; elle cherche des prétextes pour le pallier... Elle se met peu en peine qu'on la juge ou non ; elle ne s'appuie que sur le cœur de Dieu, seul scrutateur des cœurs et des reins ; elle ne se trouble pas des paroles vives et piquantes ; elle en attribue la cause à ses péchés et à la volonté divine et croit en mériter davantage (1). »

M. Agut ne semble-t-il pas ici retracer le tableau de sa propre conduite vis-à-vis de ses ennemis et de ses persécuteurs ? Il n'opposa, nous le savons, à leurs mauvais traitements que le silence, la modestie et la prière. Seule la pratique sincère de l'humilité, telle qu'il vient de la décrire, pouvait donner à son pinceau cette couleur locale qui est la nécessaire parure de la vérité. On pourrait mettre son nom à la place des termes généraux dont il se sert, et on aurait l'esquisse de son intérieur. Non content de peindre la vertu d'humilité sous des couleurs si vraies que nous les avons prises à bon droit pour les traits réels de sa physionomie morale, M. Agut énumère avec la même exactitude les avantages de cette grande vertu. On sentira encore qu'il ne parle pas sur un sujet abstrait ni purement théorique ; il raconte à son insu ce qu'il

---

(1) IIe volume. Dialogue 24e, p. 365 et suiv.

éprouve lui-même ; mais il n'en est que plus éloquent.

« Le premier avantage de l'humilité est de nous rendre semblables à Jésus-Christ, le plus doux et le plus humble de tous les hommes ; le second, d'enfanter en nous la patience et la douceur qui en sont les filles ; le troisième, d'attirer sur nous avec abondance les grâces du Seigneur, ses lumières et ses dons ineffables, de gagner à son Cœur sacré et d'élever en gloire tous ceux qui la possèdent, de donner de la prudence tant pour éviter les pièges de l'ennemi du salut que pour le choix des moyens les plus capables de nous faire avancer dans le chemin de la perfection. Avec l'amour de Dieu, l'humilité nous vaut l'estime et la bienveillance du prochain, car on aime naturellement ce qui est petit. »

L'humilité « procure, ajoute-t-il, la paix intérieure de l'âme, rehausse le prix de toutes les vertus. Si la charité n'est point enflée, c'est parce qu'elle est fondée sur l'humilité ; si l'espérance n'est pas frustrée de sa fin ni privée de son objet, c'est parce qu'elle n'est pas présomptueuse et qu'elle met toute sa confiance dans la pure miséricorde divine ; si la foi est plus vive, c'est parce que l'humilité lui attire de nouvelles lumières ; si l'obéissance est plus prompte et plus aveugle, c'est parce qu'elle est humble ; si l'esprit est plus détaché des biens de cette vie, c'est parce que l'esprit de pauvreté est fondé sur cette vertu ; si la pureté est en assurance, c'est parce que l'humilité en est la gardienne et le guide ; si la force se soutient au milieu des tentations, si la prudence et la justice sont observées, si la tempérance se pratique, si la vigilance garde la porte, si la mortification immole la victime, si la religion adore, c'est grâce à l'humilité qui est leur commun appui (1). »

M. Agut, qui a tant aimé et si bien pratiqué l'humilité, fait de la douceur, sa compagne inséparable, un éloge qui mérite également d'être cité. N'oublions pas qu'ici encore le saint prêtre parle de l'abondance du cœur et d'après les inspirations de sa propre expérience.

La douceur chrétienne — il déclare ne parler que de celle-ci — est « un heureux assemblage de patience et de force, de modestie et de grandeur, de modération et de justice ; c'est une vertu qui triomphe de la colère, en l'assujettissant à l'empire de la raison, qui endure les injures, supporte les adversités, corrige les fautes avec égalité d'âme, sans trouble, sans emportement. » Pour mieux expliquer sa pensée, le sage directeur se sert d'ingénieuses comparaisons : « C'est, dit-il, un rocher contre lequel les mouvements de la colère viennent se briser, un bouclier qui repousse les traits du démon de la vengeance ; c'est une huile qui guérit les plaies de l'âme, qui calme les esprits irrités, les fléchit et les captive (2). »

(1) *Entret. spirit.*, p. 368, 369.
(2) *Ibid.*, p. 431.

Après cette première esquisse, M. Agut précise, en entrant dans le détail, les caractères particuliers de la douceur. C'est ici surtout que, sans s'en douter, il s'est photographié lui-même.

« Toutes les manières d'un esprit doux, dit-il, sont nobles et relevées, elles ne touchent point à des extrémités fâcheuses qui rendent les unes trop faciles et trop complaisantes, les autres trop sévères. Toujours égal à lui-même, l'homme doux ne se dément jamais ; même humeur, même visage, mêmes paroles, même conduite dans l'adversité comme dans la prospérité. Il est assez délicat pour sentir les injures, mais assez fort pour ne s'en point aigrir ; assez sensible aux mauvais services qu'on lui rend, mais assez charitable pour en excuser la malice. Il dicte la loi à ses passions, il commande à la colère, il sait que la douceur est le caractère essentiel du chrétien (1). »

Telle fut aussi la note distinctive de la vertu du saint fondateur. Ce n'était pas chez lui, comme chez tant de personnes du monde, cette douceur d'apparat dont la politesse fait tous les frais et inspire tous les actes, moins encore cette indifférence égoïste qui ne s'émeut de rien parce qu'elle ne s'inquiète de rien, et n'a nul souci d'autrui ; c'était une douceur vraie, qui remplissait son âme de tendresse et d'indulgence pour les autres ; c'était une mansuétude sans cesse inquiète

---

(1) *Entret. spirit.*, p. 422.

sur les souffrances des malheureux et qui les accueillait avec prévenance et délicatesse. Lorsqu'il avait fait l'aumône à un pauvre, il se croyait toujours l'obligé et volontiers il l'eût remercié de la bonne action qu'il lui avait fait faire. Aussi les malheureux s'attachaient-ils à ses pas partout où il se rendait et c'est parce que lui-même ne pouvait consentir à se séparer de ces infortunés qu'il leur offrit un asile à sa maison de la *Providence*.

Les pécheurs accouraient avec non moins d'empressement chez M. Agut, attirés par sa bonté qui facilitait leurs aveux. Il était plein d'indignation contre le mal et usait d'une grande fermeté pour prévenir les rechutes, mais nous avons vu avec quelle condescendance il recevait à toute heure du jour et même de la nuit les nombreux pénitents qui assiégeaient son confessionnal. Tous ceux qui se présentaient étaint toujours les bienvenus quels qu'ils fussent, pauvres, riches, paysans, cultivateurs, marchands, ouvriers, bourgeois ou nobles. Il n'établissait entre eux aucune distinction sinon en faveur des plus nécessiteux, des ignorants ou des malades, à l'exemple de saint François de Sales. « Son cœur, si bon pour tous, ressentait pour ceux-là quelque chose de plus tendre, comme le cœur d'une mère pour celui de ses enfants qui souffre. »

Autant M. Agut était doux et bon pour les autres, autant il était sévère pour lui-même. Nous savons qu'il réduisit le plus possible le temps qu'il était obligé de consacrer au sommeil(1). Il n'accordait à ses sens ni délicatesse ni superfluité ; il ne faisait que passer à table et souvent il omettait sa légère collation du soir ; il observait avec fidélité tous les jeûnes de l'Eglise et s'en imposait fréquemment d'autres par esprit de pénitence ; indifférent à toute espèce de nourriture, il mangeait ce qui lui était présenté sans y donner la moindre attention, sans faire la plus légère remarque ; il aimait à citer et suivait à la lettre cette maxime de saint Jérôme : « Soyez si sobres dans vos repas que vous en sortiez toujours avec appétit, afin qu'après avoir satisfait aux besoins de la nature par le boire et le manger, vous ayez l'esprit assez libre pour prier, pour lire, et pour les autres exercices spirituels. » C'était la règle de conduite qu'il recommandait à ses religieuses.

Mais sa mortification principale, et non la moins méritoire, puisqu'elle atteint et pénètre jusqu'au plus intime de nous-mêmes, où il semble si naturel de se retrancher, consistait dans le sacrifice de sa volonté et de son jugement propre. Quel respect, quelle soumission n'a-t-il pas témoignés à ses supérieurs, même lorsqu'ils le condamnèrent si injustement à la réclusion et lui infligèrent l'affront d'une suspense qui dura cinq longues années ! Quels égards n'eut-il pas pour Mgr de

---

(1) Voir plus haut, p. 80 et 83.

Valras, qui se montra si longtemps opposé à son œuvre de la *Providence*, obligea les sœurs à se disperser et défendit au vénérable instituteur de les réunir de nouveau ! Rappelons-nous son attachement profond et sa déférence absolue pour le souverain Pontife. Dans un temps où même parmi les meilleurs esprits il s'en trouvait qui cherchaient à amoindrir et à discuter les prérogatives du Saint-Siège, M. Agut se fit constamment remarquer par sa docilité aux enseignements du chef de l'Eglise et par sa dévotion à l'égard de sa personne sacrée. Nous l'avons vu entreprendre le pèlerinage au tombeau des saints Apôtres, autant pour satisfaire son ardente piété que pour déférer sa cause au jugement infaillible du vicaire de Jésus-Christ.

Sa modestie était si grande qu'elle portait à Dieu tous ceux qui l'approchaient. Au témoignage de Dumonet, son biographe, il suffisait de voir le saint prêtre pour être édifié ; son visage, son regard, son maintien, ses actions, ses paroles, tout en lui respirait un parfum d'innocence et de pureté qui excitait à la vertu. La calomnie déchaînée contre lui fut impuissante à lui ravir sa réputation de saint prêtre, d'homme parfaitement chaste, innocent et vierge. Convaincu que la chasteté est une belle fleur que le moindre souffle peut flétrir, un beau cristal que le plus léger choc briserait, il veillait sur ses yeux et sur ses sens pour en éloigner toute occasion de mal ; rien n'était parfait comme son port : il tenait la tête droite, marchait modestement, posément, ni trop vite ni trop lentement. Son regard, toujours doux et retenu, ne s'arrêtait point sur des objets de pure curiosité. Il avait un ton de voix modéré, tel qu'il le fallait pour être bien entendu, sans être jamais ni brusque, ni impérieux, ni hautain.

Autant il était modeste dans sa manière de parler, autant il était simple dans ses vêtements, quoique toujours digne et décent. S'il regardait l'ordre et la propreté comme une vertu, il condamnait comme un vice le désordre et la négligence. Il ne souffrait point que ses habits fussent tachés ou déchirés ; il les voulait d'étoffe commune et sans recherche. C'était, en un mot, la pauvreté qui édifie, jointe à la propreté et à la décence qui annoncent l'homme d'ordre et de règle, le prêtre, dont l'intérieur saint et parfait se reflète sur tout l'extérieur.

Mais comment pénétrer dans ce sanctuaire inviolable de son âme, où régnaient le calme et la paix, et que la charité ornait de tout son éclat ? Prêtons du moins l'oreille pour entendre la suave harmonie qui y retentit. C'est un chant délicieux en l'honneur de cette pureté virginale que le saint prêtre veut voir briller au front de tous ses enfants, et dont il goûtait lui-même avec transport les charmes indicibles.

« Nulle vertu plus belle, elle est née dans le sein de Dieu, elle vit parmi les lis et les roses, elle aime la solitude, le grand jour l'aveugle, le grand air fane ses couleurs les plus vives ; elle ne se plaît que dans la candeur, la simplicité, l'humilité ; elle frémit à la seule apparence du danger ; elle fuit les moindres familiarités, elle se cache et se dérobe au public ; elle se nourrit de choses saintes ; elle y trouve son goût, ses délices ; elle méprise les maximes du monde ; elle rejette toute superfluité, car elle sait se contenter de peu ; elle ne veut ni luxe ni mondanité ; elle n'a d'autre désir que d'être inconnue aux créatures et connue de Dieu seul. C'est pourquoi elle abhorre les compagnies, les visites actives et passives ; elle se retranche dans son particulier ; son empressement n'est que pour la mortification qui la nourrit, pour l'humilité qui la garde, pour la vigilance qui l'avertit, pour la prudence qui la règle, pour la foi qui l'éclaire, pour l'espérance qui la fortifie et pour l'amour de Dieu qui l'enflamme (1). »

Le saint fondateur avait l'aimable vertu en une telle estime, qu'il crut, lorsqu'il traça les règles de sa Congrégation, n'avoir jamais assez pris de précautions contre les funestes atteintes du monde. Nous verrons bientôt avec quelle réserve, il voulait que les supérieures accordassent aux sœurs la permission de se rendre aux parloirs. Voici ce qu'il prescrit à ses filles spirituelles dans leurs rapports avec les étrangers : « Recevez les

(1) Tome II, p. 394-395.

personnes séculières non point dans l'intérieur (de la maison), mais dans quelque lieu le plus proche de la porte ou dans les jardins; abrégez vos conversations, parlez-leur poliment, quittez-les de même, en les avertissant que votre devoir vous appelle ailleurs... Elles ne seront jamais scandalisées de vous le voir remplir avec exactitude; elles le seraient au contraire si elles vous voyaient porter vos complaisances jusqu'à l'omettre » (1).

Sur ce point, comme sur tous les autres, M. Agut était un modèle achevé; il avait le monde en horreur; aussi ne le rencontra-t-on jamais dans les réunions ni dans les sociétés profanes. Les seuls délassements qu'il se permît il les prenait en compagnie de son neveu, M. Plassard, lequel entretenait avec lui, dit Dumonet, le plus doux et le plus saint commerce; on les voyait se récréer innocemment ensemble comme des frères et trouver leur délassement dans la peinture et le dessin. Une vie si mortifiée était pour toute la ville de Mâcon un sujet de profonde édification. M. Plassard, docile aux leçons et aux exemples de son saint oncle, jouissait lui-même de l'estime universelle et laissa à sa mort les plus vifs regrets. Par l'austérité de ses mœurs, M. Agut s'attira de son vivant la réputation d'un saint que chacun aimait et vénérait.

(1) Tome II, p. 690.

CHAPITRE XVII

SON AMOUR DE LA RÈGLE

Un des traits caractéristiques de M. Agut a été l'esprit d'ordre et de régularité. Il l'avait puisé dans son éducation du séminaire et toute sa vie il en a donné l'exemple. Nous connaissons la distribution de sa journée (1); il ne la modifia jamais. Quelque pressé qu'il fût, il savait toujours donner à ses exercices quotidiens leur durée réglementaire ; surtout il ne changeait point les heures marquées pour la récitation de son office, estimant avec raison qu'il faut commencer par prélever dans la journée les heures qui sont consacrées au service de Dieu. On trouve ainsi toujours le temps suffisant pour les autres occupations et les choses s'arrangent d'elles-mêmes. C'est un fait d'expérience. L'exemple de M. Agut le prouve

(1) Voir plus haut, p. 80-81.

surabondamment. Peu d'hommes ont été aussi occupés que lui. Or, malgré la multiplicité des affaires auxquelles il a été employé, il n'a jamais transigé avec son règlement. Il a donc autorité pour nous exhorter à l'accomplissement ponctuel et méthodique de nos devoirs d'état et de nos pratiques de piété.

« La régularité religieuse, dit-il, consiste à s'acquitter de ses exercices, de ses emplois et de ses règles sans y manquer en rien. C'est une loi sévère placée au milieu du cœur qui commande en qualité de souveraine et se fait obéir despotiquement. » Il compare ensuite les prescriptions de la règle aux ordres donnés par le centurion de l'Evangile, « qui fait à Jésus-Christ un petit détail de ses fonctions. J'ai sous moi plusieurs sujets ; je dis à l'un : allez, et il va ; à l'autre, venez, et il vient ; au troisième : faites cela, et il le fait. Tel est l'esprit de régularité. »

« Mais pour être vraie, la régularité doit s'étendre à tous les devoirs de la vie religieuse, dit-il, aux exercices spirituels comme aux travaux manuels, l'oraison, la sainte messe, les examens, les lectures de piété, la fréquentation des sacrements et les retraites aux jours fixés, chaque année et chaque mois. Je dis de même des emplois : l'éducation et l'instruction de la jeunesse, le plain-chant, le service des pauvres, des malades, le soin de la pharmacie, de la lingerie, de la sacristie, de l'économat, de la procure, de la *provisoirerie* et de la cuisine. » Comme on le voit, le sage directeur n'omet rien de ce qui peut occuper la journée d'une religieuse. Il insiste sur la ponctualité et en montre tout le mérite, en disant « qu'obéir à sa règle et à ses supérieurs pour le temps et la manière dont ils commandent, c'est faire un acte méritoire de foi et d'espérance, c'est témoigner à Dieu qu'on l'aime, c'est donner le bon exemple aux autres, c'est enfin s'imposer la plus excellente mortification. »

« Une pareille vertu suppose une complète abnégation de soi-même. Cette ponctualité combat de front la nature l'amour-propre et l'inconstance si naturelle à l'esprit. Quand la grâce porte une âme religieuse sur ses ailes, que Dieu verse en elle l'onction de sa grâce et lui fait goûter une suavité qui l'embaume, alors rien ne lui coûte. Dans son oratoire ou au chevet des malades, elle n'a qu'une pensée : la gloire de Dieu et le salut des âmes. Si le vent des sécheresses vient à souffler et que les joies sensibles disparaissent, elle se maintient à la hauteur de l'épreuve et ne se dément pas de sa fidélité. Elle montre ainsi qu'elle recherche non les consolations de Dieu, mais le Dieu des consolations. Elle sait que son divin Époux est mort sur le Calvaire et non sur le Thabor. Elle s'efforce de lui ressembler par une entière immolation de sa volonté, sacrifice d'autant plus méritoire qu'il est plus ignoré, mais qui est la vraie marque des âmes généreuses et le sceau des élus. L'Épouse de Jésus-Christ n'hésitera pas à l'accepter dans sa plénitude. »

Une autre condition de la régularité et de la ferveur dans une communauté, d'après M. Agut, est le silence. Il exige « un silence respectueux pour le lieu où l'on habite et où le Seigneur fait sa demeure... Ainsi, dit-il, vous devez vous regarder comme les abeilles dans une même ruche qui travaillent de concert et sans aucun bruit à un même ouvrage... Avez-vous fait attention comme elles se comportent dans leurs petits travaux? Toutes ne sont pas employées à la même besogne; l'âge, le rang et la force en décident, mais tout se fait avec une harmonie charmante qui ne cause aucun bruit ni aucun éclat, car tout est dans un silence perpétuel. Tel doit être celui que vous devez observer entre vous. »

M. Agut ne put imposer la clôture à ses filles, puisque les devoirs de leur ministère devaient les mettre en contact journalier avec les enfants, les pauvres et les malades; mais il leur prescrit ce qu'il nomme l'esprit de clôture et qui est « cette tendance perpétuelle à la solitude, cet amour de la retraite, ce plaisir qu'on goûte à se séparer de tout ce qui serait capable de jeter une personne dans la dissipation. »

« On doit, ajoute-t-il, juger l'esprit de clôture comme l'on juge l'esprit de pauvreté. Ce n'est pas la pauvreté d'effet qui en fait le mérite, mais l'esprit de détachement. Ce n'est donc pas aussi la clôture réelle qui en fait le mérite, mais l'esprit sérieux de recueillement et c'est en quoi beaucoup de personnes se trompent. »

C'est dans le même esprit de recueillement et avec la même réserve que les sœurs du Saint-Sacrement doivent entreprendre les voyages qui leur sont commandés. « Dès que la supérieure a intimé ses desseins à une sœur, il faut, dit-il, qu'elle se prépare à son voyage dans un esprit de renoncement, d'union à Dieu et d'obéissance. » Dans ce but il recommande diverses pratiques de piété qui sont restées de tradition dans sa communauté. L'une d'elles, qui marque bien son esprit de foi, consiste à munir la sœur voyageuse « à l'exemple des Carmélites, d'une fiole d'eau bénite pour s'en servir au besoin dans le voyage, au cas qu'elle n'ait pas la commodité d'en avoir. »

« Un moment avant le départ, dit-il, elle se présentera devant le Saint Sacrement et y récitera les prières des voyageurs qui se trouvent à la fin du bréviaire, se recommandant aux saints Anges et priant le Seigneur de les député pour sa garde le long du chemin. »

M. Agut se montrait très sévère pour les visites que les sœurs peuvent rendre aux personnes du monde ou en recevoir. Il prescrivait alors mille précautions qui à première vue semblent minutieuses, mais qui sont toutes inspirées par son amour de la régularité et du recueillement.

Nous savons qu'un jour il opposa un refus formel à un bourgeois de la ville qui était venu demander en faveur d'une sœur la permission de dîner en famille ; non seulement le solliciteur ne s'en trouva pas offensé, mais il témoigna à M. Agut combien il avait été édifié de cette fermeté qui coupait court à toutes sortes d'abus. Le vénéré fondateur aimait ensuite à citer cet exemple à ceux qui venaient implorer des exceptions à la règle.

Il fait à ce propos une réflexion fort judicieuse. « D'ailleurs que ferait une sœur à la table de ses parents et qu'entendrait-elle ? Des discours du monde, des nouvelles peu intéressantes pour une âme religieuse, des plaintes, des affaires de famille, que l'on doit regarder comme étrangères. »

Une autre fois, il avait accordé à une dame pieuse qui fréquentait la *Providence* et faisait beaucoup de bonnes œuvres, la permission d'emmener une sœur chez elle pour y dîner. La religieuse, docile aux leçons du sage instituteur et ignorant que la permission avait été accordée, répliqua à cette dame, quand elle vint la chercher, qu'elle ne pouvait se permettre à elle-même une telle dérogation à la règle et qu'elle la priait de l'excuser.

Rien n'était édifiant comme l'ordre, la paix, le silence qui régnaient à la communauté des sœurs du Saint-Sacrement. Le saint fondateur nous a laissé une belle esquisse de la religieuse fidèle à la solitude prescrite par sa règle :

« Dieu répand dans son âme, dit-il, un baume et une onction des plus suaves ; comme une tendre brebis, elle se plaît dans son bercail, elle aime son vrai pasteur; elle entend sa voix; elle se délecte dans sa compagnie, et, par une avance anticipée, elle en goûte toutes les douceurs ineffables. Le portrait qu'on lui fait de la vertu la charme; l'expérience qu'elle en a va au-dessus de ses conceptions; en effet, quelles consolations ne ressent-elle pas dans la pratique? une paix durable pénètre ses sens, son esprit, ses facultés; un accord parfait règne entre son esprit et son cœur; sa vie est comme un heureux printemps dont les fleurs la réjouissent et l'embaument. Faut-il se présenter devant les saints autels, elle s'écrie avec le roi-prophète : Que vos tabernacles sont aimables, ô Dieu des vertus! un seul jour passé dans votre maison vaut mieux que mille passés au milieu du monde. S'agit-il de prier, de méditer, quels transports et quelles effusions de cœur! Est-il question du service divin, avec quelle fidélité ne s'y rend-elle pas, quelle joie pure d'entendre chanter la gloire de Dieu par des âmes qui lui sont consacrées ! Se dispose-t-elle au sacrement de pénitence, c'est pour y ressentir la douceur des larmes qu'elle répand sur les moindres imperfections. Se rend-elle à la table de la sainte Communion, c'est là que, consumée par le feu de l'amour divin, elle entre en participation de la chair, du sang et de la divinité de Jésus-Christ. Elle entend la parole divine avec le même empressement que les peuples qui suivaient le divin Sauveur dans le désert; elle en fait la matière de ses plus douces réflexions. Quelles consolations ne ressent-elle pas dans les lectures de piété qui la touchent et lui inspirent de saintes résolutions! La mortification ne lui coûte rien; elle a plus besoin d'être modérée qu'excitée dans son ardeur pour la pénitence, bien convaincue que pour être disciple de Jésus-Christ, il faut qu'elle porte sa croix. Quelle joie intérieure ne goûte-t-elle pas dans la visite des pauvres malades! Elle s'imagine voir Jésus-Christ devant ses yeux; elle se souvient de sa parole et de ses promesses; les infirmes les plus rebutants sont pour elle les objets de son choix et de sa prédilection; tout ce qui révolte l'esprit et le goût devient pour elle la matière de ses sacrifices (1). »

M. Agut s'élève avec une sainte indignation contre le relâchement dans les exercices de piété, contre les confidences indiscrètes faites aux étrangers et contre l'abus des parloirs. Le parloir est toujours un danger pour une communauté. Plus la séparation d'avec le monde est complète, plus les sœurs sont étrangères à ce qui se passe parmi les hommes, plus aussi leur ferveur est grande, plus forte est la discipline de la maison. Le saint fondateur l'avait bien senti; dans le petit règlement qu'il avait donné à la *Providence*, il recommande aux religieuses qui seraient appelées aux parloirs, de ne pas répéter en communauté les nouvelles, même bonnes, qu'elles pourraient appren-

(1) Tome II, p. 750.

dre du dehors. A plus forte raison prescrit-il de ne point entretenir les séculiers de ce qui se passe dans l'intérieur de la maison. Il ne veut pas que l'on fasse l'éloge de la congrégation ni des usages ni des personnes qui la composent, ni même du progrès des élèves.

L'ordre fidèlement observé fait le charme de la vie commune ; on peut dire avec un auteur moderne qu'il est « le conservateur des maisons religieuses parce qu'il y entretient la discipline, l'édification mutuelle et l'esprit de ferveur. Il est pour chaque sœur un moyen d'acquérir beaucoup de mérites devant Dieu, qui, dans les Saintes-Ecritures, place le soin de disposer sagement ses occupations à côté des œuvres de miséricorde. » (1)

M. Agut désirait que ses religieuses fussent parfaites et que jusque dans leur tenue extérieure on ne pût rien leur reprocher. Nous savons qu'il était lui-même un modèle par sa mise correcte et simple, également éloignée de la recherche et de la négligence. Les règles qu'il prescrivit sur ce point à ses religieuses lui furent inspirées par ssn amour de la pauvreté et des convenances : « Les sœurs, dit-il, seront vêtues comme d'honnêtes veuves, d'une étoffe de laine noire » (2).

---

(1) *Vie de la V. Mère de Rodat*, p. 249.
(2) Citons en entier ce point de la règle promulguée en 1755.
« Les sœurs seront vêtues comme d'honnêtes veuves, d'une étoffe de laine noire, leurs robes seront ceinturées, les manches

Il veut aussi qu'elles ne soient ni trop lentes ni précipitées dans leur démarche. Selon lui, « la lenteur est une demi-paralysie qui attaque toute la constitution du corps et de l'esprit. Une personne qui a ce défaut sera lente dans ses conseils et ses délibérations, comme elle l'est dans ses gestes et actions. » M. Agut avait une telle aversion pour la paresse et la nonchalance, qu'il y voit la cause de la perte de la vocation pour quelques âmes et pour d'autres le principe de la tiédeur.

Mais s'il s'élève avec énergie contre ces âmes languissantes et engourdies, qui ont horreur de la peine et sont par là incapables du moindre sacrifice, il ne

en bottes mais unies et sans plis, leurs jupes et tabliers également noirs et de même étoffe ; elles pourront dans leur emploi avoir des tabliers en cotonne et en toile. Leurs coëffures seront de toile ou de mousseline unie, bandées à deux rangs sans autre plis que celui du milieu ; elles porteront toujours un capot noir en soie par dessus leurs coëffes, et quand elles iront en visite de cérémonie, elles mettront en place une grande coëffe de même étoffe. Elles n'iront jamais sans mouchoir de col qui sera de toile ou mousseline blanche. Elles porteront à leur col une croix qui sera attachée avec un cordon ou ganse qui pendra devant la poitrine. Pour chaussures elles porteront des bas noirs, des souliers de cuir ou veau retourné, avec des boucles de fer ou d'acier. Elles ne sortiront point qu'elles n'aient à leurs mains des mitaines ou gants, pour plus grande propreté et modestie. » P. 15 et 16.

La R. M. Récy, parlant du costume religieux primitivement adopté dans la congrégation, ajoute que les robes des sœurs étaient très amples et qu'elles avaient une large ceinture en soie qui pendait par côté. Le portrait de la mère Brunet nous rappelle leur coiffure.

blâme pas moins la précipitation « dans les paroles, dans les gestes, dans la contenance du corps et son maintien, dans les exercices spirituels, dans la fréquentation des sacrements, dans les délibérations, dans les jugements prématurés, dans les corrections que l'on fait aux autres. » A l'exemple de saint François de Sales, il ne voulait point que l'on s'empressât en rien : « Mieux vaut faire peu et bien, disait-il avec ce grand docteur, que beaucoup et mal. A chaque jour suffit sa peine. Qui entreprend deux besognes en même temps ne réussit ni en l'une ni en l'autre ; c'est vouloir enfiler deux aiguilles à la fois. » Luimême ne se précipitait en rien, quelque accablé de travail qu'il fût ; son principe était que tout empressement trouble la raison et le jugement, et il avait coutume d'achever les affaires les unes après les autres, s'appliquant « à chacune comme s'il n'eût eu autre chose à penser. » Attentives à leur règle les sœurs n'auront d'autre occupation que celle d'accomplir leurs devoirs d'état. M. Agut ne veut pas même qu'elles songent au monde. Voilà pourquoi il leur conseille de n'écrire des lettres *missives* que par nécessité.

Le sage directeur exige de ses religieuses une grande réserve, soit dans leur langage, d'où il bannit absolument les expressions peu séantes, soit dans leur tenue, car, « est-il rien de si ridicule que des mains sans cesse en mouvement et une tête tournant toujours çà et là, sur le pivot du col, pour exprimer ce qu'elle veut dire et qu'elle ne prononce qu'à demi ? »

Il proscrit le tutoiement et les sobriquets : « Le respect, dit-il, l'estime et la vénération réciproques demandent qu'on écarte du discours ces termes qui ne conviennent qu'à des servantes. » Parlant des jeux de mains il ajoute : « Ces sortes d'amusements heurtent la bienséance et la politesse. »

Comment les sœurs se récréeront-elles ? Sans proscrire les jeux, M. Agut préfère voir ses religieuses se promener, durant leurs récréations, dans les jardins et autres lieux solitaires, et s'entretenir comme les disciples d'Emmaüs avec Jésus-Christ sur les affaires concernant le salut, sur quelques passages de l'Ecriture ou de la vie des Saints. « La matière, dit-il, en est curieuse et convient à votre état : elle ne demande ni gêne ni contention d'esprit et elle édifie. » D'après la même méthode, on peut tirer profit et délassement tout à la fois « du combat des vices avec les vertus ; pour peu de génie que l'on ait, on peut recourir aussi à de nouvelles inventions qui charmeront infailliblement le temps des récréations ». C'était, on le sait, sa manière à lui de se reposer des fatigues de l'étude. « Mais, ajoute-il aussitôt, je n'aurai en tout cela qu'un avis à vous donner : c'est, en cas de jeux, de vous y associer le plus grand nombre que vous pourrez, parce qu'il en sera plus récréatif. »

Il flagelle ensuite les esprits chagrins et inquiets, qui sous prétexte de réforme mettent le désordre même dans les communautés les plus ferventes. Autant M. Agut se montrait impitoyable pour de telles aberrations, autant il estimait l'obéissance simple, tranquille et confiante. A ses yeux la règle est le moule de la sainteté et rien n'égale le mérite d'une vie religieuse qui s'est consumée dans l'exacte observance du règlement ; seul le ciel avec toutes ses joies en peut être un jour la digne récompense.

CHAPITRE XVIII

SA DÉVOTION ENVERS LE TRÈS SAINT SACREMENT

L'ARDENTE dévotion que M. Agut témoigna toujours à la sainte Eucharistie a été la marque distinctive de sa piété. Dès son enfance il s'était senti épris d'un vif attrait pour le Sacrement de l'autel et cet attrait ne fit que grandir avec les années. Devenu prêtre, supérieur de communauté, le serviteur de Dieu mit tout son zèle à inspirer aux âmes placées sous sa direction le tendre amour qu'il avait voué à Jésus-Hostie. En chaire, au saint tribunal, dans ses entretiens familiers, il ne cesse de louer et d'exalter les merveilles de cet adorable mystère. Il se plaît à composer des cantiques en son honneur; il dessine lui-même de pieuses images de Jésus-Hostie à l'ostensoir, dont il orne ses manuscrits; il répand les gravures et les livres de piété consacrés à cette dévotion. Il voulut que la divine Hostie, exposée à nos adorations et recevant les louanges des esprits bienheureux, fût le sceau de sa congrégation, qu'elle lui servît de blason et d'étendard (1). Lorsqu'il se mit à écrire, le premier ouvrage qui sortit de sa plume fut un traité sur la sainte Eucharistie.

Outre ce premier volume, qu'il a intitulé *Instructions sur le sacrement de l'Eucharistie*, il en a composé un second non moins étendu, dans lequel il étudie plus spécialement le *Saint Sacrifice de la Messe*. L'auguste sacrement des autels était son thème de prédilection; il y revient sans cesse, car tous ses autres traités renferment encore un ou plusieurs chapitres sur ce sujet.

M. Agut écrit comme il parle, de l'abondance du cœur; sa plume court aussi rapide que sa pensée. Il n'a aucune prétention littéraire ni théologique. Ses traités ont la forme et le ton d'une causerie familière des plus instructives, où les faits de l'histoire, les allusions aux événements contemporains se mêlent aux comparaisons ingénieuses, aux considérations personnelles et à des aperçus parfois très élevés. Le saint prêtre se borne à exposer la doctrine, et en tire des conséquences pratiques fort utiles pour inspirer aux âmes une vive piété à l'égard du saint Sacrement. Il a relaté dans son premier traité un nombre considé-

---

(1) La supérieure générale « aura, dit-il, un sceau ou cachet sur lequel sera gravée la figure d'un soleil et autour sera écrit : *Loué, adoré Jésus-Christ au saint Sacrement de l'autel.* »

rable de miracles eucharistiques anciens et modernes, qui supposent une connaissance approfondie des Pères, des auteurs ascétiques et de l'histoire de l'Eglise. On voit que dans ses études, comme dans toutes ses entreprises, M. Agut n'a en vue que la très sainte Eucharistie. Elle est bien l'objet de tout son amour, le centre de toutes ses pensées, le but de sa vie entière. Les traits historiques qu'il raconte, les aperçus moraux dont il les accompagne, prouvent, les uns, la présence réelle, la croyance et le respect dus à la sainte Hostie; les autres, les dispositions excellentes qu'il faut apporter à la sainte table et les effets merveilleux de la Communion. Ce dernier point est traité avec une compétence qu'une longue pratique pouvait seule donner au pieux directeur. Il est facile de constater que pour instruire les autres il n'a eu qu'à dévoiler ce qu'il éprouvait lui-même. Il ne conseille rien qu'il n'ait accompli le premier. Comme le bon Maître, il a commencé par faire ce qu'il enseigna ensuite aux autres.

Aussi sommes-nous en droit de penser que les diverses pratiques de dévotion qu'il expose avec tant d'autorité et qu'il cherche avec tant de zèle à répandre autour de lui, sont les exercices spirituels auxquels il n'a cessé d'être fidèle jusqu'à la fin. S'il recommande les visites au saint Sacrement, l'assiduité aux expositions, aux bénédictions, aux processions, et aux pieuses assemblées et confréries en l'honneur de Jésus présent dans la sainte Hostie, c'est que lui-même y était fidèle. Nous connaissons l'empressement qu'il déployait chaque année à la Fête-Dieu, pour embellir le triomphe extérieur de la divine Eucharistie. Les considérations dogmatiques et morales qu'il fait sur ce grand mystère de notre foi, sont toujours suivies d'aspirations pieuses, de prières ardentes et de traits enflammés, qui nous révèlent la grandeur de son amour pour Dieu. C'est ce qu'il nomme des *apostrophes* au sang précieux de Jésus-Christ, à son âme sainte, à son entendement, à sa volonté, à son cœur sacré.

Il s'étend avec une complaisance marquée sur les attributs divers de l'adorable sacrement de nos autels qu'il énumère sommairement d'abord et qu'il développe ensuite : « On l'appelle, dit-il, Eucharistie, le signe de l'unité, la pasque évangélique, l'escabeau des pieds de la divinité, le sacrifice du Seigneur, la manne cachée, la nourriture de vie, les sacrés mystères, la table dressée par la sagesse, le gage du salut éternel, les saints dons, le pain de la vie, le sacré banquet, le gage de la vie future, le germe de la résurrection, l'oblation sainte et enfin le viatique ».

Le commentaire qu'il donne à chacune de ces expressions est des plus instructifs, et offre une nouvelle preuve de l'ardent amour dont le saint prêtre était embrasé pour le Dieu du tabernacle. Il ne trouve pas de termes assez tendres ni capables d'exprimer les sentiments qui le remplissent tout entier.

En se rendant à l'église, « on doit, dit-il, se figurer que l'on va au Calvaire pour y voir Jésus-Christ expirer, et s'unir en esprit à la très sainte Vierge, à saint Jean, à sainte Madeleine et aux saintes femmes ». Il faut entrer à l'église « avec respect, modestie et recueillement, congédier toutes ses affaires, sources de tant de distractions, et se représenter la compagnie des bienheureux qui parcourent toute l'église, dans le temps de ce redoutable sacrifice. »

M. Agut conseille de « s'adresser à la sainte Vierge, aux saints Patrons et aux saints Anges soit avant soit après la communion, » afin qu'ils nous aident à nous approcher moins indignement d'un si redoutable mystère et à en retirer d'abondants fruits de salut.

Le jour de la communion, « après être sorti de l'église, on doit se rendre en silence à la maison, s'occupant d'un si grand bonheur, se rappeler que l'on ne doit plus désormais vivre que de la vie de Jésus... Le reste de cette journée, il faut bien prendre garde de ne point se dissiper, mais aller aux offices, voir les malades, leur porter une aumône pour remercier Jésus-Christ dans leur personne. »

Il est plus éloquent encore lorsqu'il vient à parler de la sainte Communion, de ses effets, et des dispositions qu'il faut y apporter, soit pour le corps soit pour l'âme. Les règles de conduite qu'il trace, nous apprennent ce qu'il faisait lui-même lorsqu'il se préparait à monter au saint autel, ou qu'il s'entretenait avec le Cœur de Jésus, durant son action de grâces.

Il a composé des prières spécialement destinées à la messe de communion qui mériteraient d'être insérées dans les manuels de piété, tant elles sont pleines d'onction (1). Toutefois l'esprit de mortification qui

(1) Il recommande de réciter au commencement de la messe le *Confiteor* avec le clerc et d'y ajouter un acte de *contrition* ; puis, quand le prêtre monte à l'autel, il indique un acte *d'espérance* ; au *Gloria in excelsis*, un acte de *louange* ; à l'épître, un acte *de désir* ; à l'évangile, un acte *de résignation* ; au *Credo*, un acte *de foi* sur la Sainte Eucharistie, et à l'offertoire, un acte *d'offrande*.

Il précise davantage ce qu'un communiant doit faire durant le canon de la messe : « Depuis le *Sanctus* jusqu'à la consécration, dit-il, formez un acte d'*invitation* à l'hôte divin qui doit venir vous visiter ; à l'élévation, un acte *d'adoration* ; au *Pater*, un acte de *demande*. » Il veut qu'après l'*Agnus* l'on ne récite plus de prières vocales, mais que l'on produise intérieurement d'ardents soupirs, de nombreuses oraisons jaculatoires : « Venez, ô le bien-aimé de mon cœur ! Je vous désire avec empressement. »

Après la communion, l'on se retirera les mains jointes, les yeux baissés, dans un coin solitaire de l'église, pour y jouir à son aise de Jésus présent en nous.

Après quelques instants de silence et de muette admiration, il conseille de produire verbalement les actes *d'adoration*, de *remerciement*, en récitant « quelques cantiques spirituels, le *Magnificat*, le *Benedicite* des trois enfants dans la fournaise, les psaumes *Laudate* et *Benedic anima mea Domino*, enfin le *Te Deum*. « Mais, dit-il, il ne suffit pas d'adorer Jésus-Christ au dedans de soy, de le louer, de le bénir et remercier ; il faut encore luy demander les grâces nécessaires pour lesquelles il a bien voulu entrer en nous... On peut prier en particulier pour ses parents, amis, confesseurs ou directeurs et en général pour toutes les nécessités de l'Eglise. »

Instruction sur *le sacrement de l'Eucharistie*, p. 80-85, *passim*.

anime M. Agut et lui a déjà fait porter des règles si sévères relativement à la posture que l'on doit garder à l'oraison, lui inspire encore ici des prescriptions non moins rigoureuses ; il veut qu'on assiste au saint Sacrifice de la Messe, « les genoux à plate terre, les yeux baissés, les mains jointes ».

Aussi, avec quelle sainte indignation ne s'élève-t-il pas contre la négligence de certains parents qui déjà à cette époque n'apportaient pas à la préparation de leurs enfants à la première Communion une sollicitude suffisante ! Il va jusqu'à les comparer à « des vipères qui communiquent leur venin à leurs petits », et il voit dans cette coupable négligence « la source de tous les maux qui règnent dans l'Eglise et dans l'Etat. » Le seul remède qu'il indique pour remettre la piété en honneur est d'établir partout des écoles chrétiennes, qui prépareront de nouvelles générations mieux formées à la connaissance et à l'amour de Notre-Seigneur Jésus-Christ.

Mais rien n'égale l'horreur que lui inspire la communion indigne : celui qui s'en rend coupable « renouvelle, dit-il, autant qu'il est en lui, les souffrances et la mort de Jésus-Christ, en le crucifiant autant de fois qu'il communie ». L'Allemagne, selon M. Agut, n'a perdu la vraie foi qu'à cause des sacrilèges qui se commettaient en grand nombre dans ce pays contre le Sacrement de l'autel.

Loin d'excuser ce qu'il nomme les « communions

en aridité, » le saint prêtre y voit une punition des péchés passés, un manque de foi, et un refroidissement de la piété. Cependant, « si l'on a fait ce que l'on devait faire, on peut aller avec amour et confiance à la Sainte Table, quoique l'on n'y sente aucun goût, car, ajoute-t-il, Jésus-Christ n'a pas toujours conduit ses disciples aux noces de Cana ni sur le Thabor. »

M. Agut était animé d'une foi si vive envers la sainte Eucharistie, que les doutes sur ce grand mystère lui semblaient être une folie insupportable. La présence réelle est pour lui une « vérité scellée par le sang des martyrs, attestée par des millions de bouches, enseignée par le corps toujours vivant des premiers pasteurs, acceptée par tous les fidèles de tous les siècles sans aucune interruption, reconnue par une infinité de peuples qui entrent tous les jours dans le sein de l'Eglise ».

C'est mû par les sentiments de cette foi ardente qu'il dicte à ses religieuses des règles si précises et si sages (1) pour la réception de la sainte Communion, soit pendant la vie soit au moment de la mort. Il les exhorte vivement à se disposer avec soin, durant la maladie, à la venue du saint Viatique, parce

(1) Voir : *Règles et constitutions des sœurs du Très-Saint-Sacrement*, édition de 1755, p. 96 — édition de 1779, p. 26. A une époque où la communion fréquente était rare dans les communautés, M. Agut n'hésita pas à aller contre l'usage général en prescrivant à ses religieuses la communion plusieurs fois par semaine.

que la contrition extorquée par crainte de la mort, dit-il, est fort équivoque ; et il en donne pour preuve la conversion peu sincère d'un pécheur qu'il avait assisté lui-même et qui, revenu à la santé, retomba plus gravement dans ses désordres passés et mourut ensuite impénitent.

Tout enfant, M. Agut avait apporté un pieux empressement à servir le prêtre à l'autel ; il ne cessa point plus tard de regarder cette fonction comme un grand honneur et il mit tous ses soins tandis qu'il était chevalier de Saint-Pierre, à former les jeunes clercs qui lui étaient confiés aux cérémonies et au chant de l'Eglise. Son traité du *Sacrifice de la Messe* prouve à la fois l'étendue de ses connaissances liturgiques et le zèle qu'il eut jusqu'à sa mort pour la splendeur du culte divin. A la manière dont il parle du chant ecclésiastique on voit quelle importance souveraine il y attache. Rien ne lui paraît petit au service du Roi des rois ; aussi prend-il un soin minutieux pour que toutes les parties de l'Office soient célébrées avec dignité et précision. Il ne veut pas que les cérémonies de vêture et de profession de ses religieuses aient lieu sans avoir été longtemps préparées à l'avance, et, afin que l'ordre et la méthode président toujours aux fonctions saintes qui s'accomplissent dans sa chapelle, il ne craint pas de faire aux sœurs du Saint-Sacrement un cours complet de liturgie : « Les cérémonies de l'Eglise, nous appliquent à Dieu, à qui on doit rendre un culte si saint, si respectueux... Il n'est pas jusqu'à un signe de croix, à l'élévation des yeux et des mains, au passage du prêtre d'un côté de l'autel à l'autre, à ses génuflexions, à ses prostrations, à ses ornements de diverses couleurs, que dis-je? jusqu'au son des cloches, aux encensements, aux luminaires, aux chants lugubres ou joyeux qui ne renferment quelques sens ou significations mystérieux (1). »

Le saint prêtre s'étend avec un amour et une complaisance qui se révèlent à chaque ligne sur les différentes parties du Saint Sacrifice. Des réflexions pieuses accompagnent habituellement l'explication scientifique qu'il en donne. Il est si plein de son sujet qu'il n'oublie pas le moindre détail. Ce traité est des plus complets ; la piété, l'érudition ecclésiastique, l'ordre, la clarté qu'on y admire, en font un ouvrage qu'on lit avec intérêt et que l'on consulte avec fruit.

M. Agut le fit suivre d'un *Rational des cérémonies de la Semaine Sainte et de quelques autres fêtes solennelles et extraordinaires de l'année.* Il est rédigé dans le même esprit et avec une connaissance remarquable de l'antiquité chrétienne. Il rapporte en passant les anciens usages du diocèse de Mâcon ; mais, quelque vénérables qu'ils soient, il leur préfère toujours les rites de l'Eglise Romaine, mère et maîtresse de toutes les autres.

(1) *Traité sur le sacrifice de la messe*, 78e Dialogue, p. 1122.

Citons la conclusion de son traité sur le *Saint Sacrifice de la Messe* : « Toute notre religion, dit-il, aboutit au Saint Sacrifice comme à son terme, il en est le centre; tous les exercices publics du service divin s'y rapportent, aussi bien ceux de la nuit que ceux du jour. Ils sont comme autant de préparations et d'actions de grâces pour le Saint Sacrifice, qui tient le milieu du culte divin. Ainsi les matines et les laudes doivent être considérées dans les ministres de Jésus-Christ et dans les autres personnes consacrées à Dieu comme la préparation éloignée de la sainte Communion; prime, comme la prière du matin; tierce, comme la préparation prochaine; sexte et none, comme les actions de grâces immédiates; les vêpres comme l'action de grâce éloignée, et enfin l'heure de complies, comme la prière du soir (1). » Telle fut en effet la pratique constante du saint prêtre.

C'est dans le même esprit de foi que le pieux chapelain des Carmélites désirait que l'on apportât un soin si minutieux à la préparation de la matière éloignée du sacrifice, le pain et le vin. A ce propos il cite les anciens usages des moines de Cluny, qu'il voudrait, si c'était possible, remettre en honneur : « Le pain des hosties ne se faisait jamais qu'avant dîner; on prenait le meilleur froment, que l'on choisissait grain par grain, on le lavait soigneusement; il était ainsi porté au mou-

(1) *Traité sur le sacrifice de la messe*, p. 1444.

lin dont les meules étaient de même lavées à grandes eaux ; puis un frère se revêtait d'une aube et d'un amict qui lui couvrait la tête et le visage au-dessous des yeux ; c'est lui qui réglait ensuite le mouvement des bluteaux. Deux prêtres et deux diacres, revêtus eux aussi d'aubes et d'amicts, pétrissaient la pâte dans l'eau froide, afin qu'elle fût plus blanche ; ils en formaient ensuite les hosties ; un novice tenait les fers, un autre attisait la flamme et un troisième recevait sur des linges très propres les pains d'autel cuits à point. Le bois qui alimentait le foyer était même préparé à l'avance. Durant leur pieuse besogne les religieux récitaient des psaumes qui ont rapport aux fins du sacrifice eucharistique. »

Les moines de l'ordre de Saint-Basile, dans l'Eglise d'Orient, observaient les mêmes coutumes ; ils ne moissonnaient le blé, ne coupaient les raisins qu'avec des serpes d'or. « Saint Wenceslas, roi de Bohême, avait, dit-il, tant de respect pour la sainte Eucharistie que lui-même semait, moissonnait, broyait les grains de froment, et de ses mains royales exprimait le jus du raisin qui devait servir au Saint Sacrifice de la Messe (1). » M. Agut n'hésite pas à recommander ces exemples au zèle de ses filles spirituelles, des prêtres et des religieux.

Par respect pour la sainte Eucharistie et pour le

(1) Instruction sur le *Sacrement de l'Eucharistie*, p. 40-41.

sacerdoce de Jésus-Christ, auxquels les prêtres sont associés d'une manière si ineffable, M. Agut voulait que ses religieuses rendissent aux ministres des saints autels tout le respect et la vénération qui leur sont dus : « Tantôt, dit-il, l'Ecriture nous appelle des anges, tantôt des médiateurs ; quelquefois nous sommes nommés des ambassadeurs de Jésus-Christ ; d'autres fois ses coopérateurs dans le ministère.... les dispensateurs de ses mystères. Or, toutes ces dénominations sont effectives, et elles contiennent en elles tout ce qu'elles énoncent. » Il le prouve en commentant chacune d'elles ; puis il cite l'exemple des empereurs Constantin et Théodose, qui témoignèrent d'une manière si éclatante la vénération dont ils entouraient les ministres de Jésus-Christ. « Pour conclure cette matière, dit-il, je finis par ce que fit le saint roi Gontran (1) dans ses Etats, au sujet des prêtres. Les Juifs, dont la Bourgogne était infestée, avaient si bien pris le dessus par leurs richesses, qu'ils en imposaient à la multitude, et avaient rendu, par leurs discours séduisants, la religion chrétienne, si méprisable que les prêtres en devinrent les victimes. Il fallut un canon du concile de Mâcon pour les rétablir dans leur premier état, en ordonnant à tous les juges séculiers et particuliers d'honorer les prêtres et même de mettre pied à terre s'ils en rencontraient sur leur chemin (2). »

(1) Voir notre *Histoire populaire de Bourgogne*.
(2) Instruction sur le *Sacrement de l'Eucharistie*, p. 520 et suiv.

SA DÉVOTION AU T. S. SACREMENT

Mais déjà, ainsi que nous l'avons dit plus haut (1), la dévotion au Sacré Cœur de Jésus avait franchi les grilles des monastères de la Visitation et s'était répandue de province en province jusqu'aux contrées les plus lointaines. Mâcon était trop rapproché de Paray-le-Monial, berceau de cette aimable dévotion, pour qu'elle n'y comptât par de nombreux zélateurs. M. Agut se fit remarquer entre tous par son ardeur à propager autour de lui la connaissance et l'amour du divin Cœur.

« Au moment de l'Incarnation, dit-il dans ses *Entretiens* aux sœurs du Saint-Sacrement, ce Sacré Cœur fut le principe de la vie de l'Homme-Dieu, en même temps que l'agent de toutes ses opérations surnaturelles et le foyer de son amour ineffable pour nous. C'est son divin Cœur qui a porté Jésus-Christ à tant travailler et à tant souffrir, afin de procurer le salut des hommes, qui l'a mis à la recherche de la brebis égarée ; c'est son Cœur miséricordieux qui lui a fait rencontrer la Samaritaine au puits de Jacob, qui a offert si généreusement le pardon à l'enfant prodigue, à Magdeleine, à la femme adultère, à Pierre ; c'est lui toujours qui l'a porté à rassembler ses disciples, à les instruire et à les former à l'imitation de ses vertus, lorsqu'il leur disait : « Apprenez de moi à être doux et humbles de cœur. »

(1) Voir chap. III, p. 68.

Voici en quels termes affectueux il s'adresse au Cœur de Jésus, dans une de ses élévations sur ses miséricordes. « O Cœur sacré, sanctuaire de l'amour divin, motif de ses bienfaits, cause méritoire et essentielle de notre rédemption, fournaise ardente des plus pures flammes, trône de la sainteté, source abondante de toutes les grâces, je vous adore. Vous avez couru après les pécheurs, comme le bon pasteur court après ses brebis infidèles, vous avez pardonné à Magdeleine, à la femme adultère, à Pierre. C'est l'amour dont vous êtes embrasé pour nous qui vous a fait opérer tant de guérisons, qui vous a porté à accueillir les enfants avec tant de bonté et à prendre Jean pour votre disciple bien-aimé. Remplissez, je vous en conjure, mon cœur de votre pur amour, unissez-le au vôtre, faites-le participant de vos vertus, ôtez-lui toute sa malignité et sa corruption, rendez-le humble et doux comme le vôtre ; faites-moi la grâce de n'aimer que mon Dieu et de l'aimer par-dessus toutes choses et mon prochain pour l'amour de vous ; rendez-moi votre ami ; faites-moi connaître tout ce que votre Père a accompli pour moi ; donnez-moi le zèle de sa gloire, apprenez-moi à discerner les cœurs pour vous les consacrer ; faites-moi entrer en participation de l'ardeur de vos Séraphins, qui vous aiment sans relâche et qui chantent votre sainteté autour de votre trône ; faites enfin, ô Cœur infiniment bon, que je n'aime que vous, mes ennemis à cause de vous, mes amis pour vous, et tous les hommes en vous et par vous. Ainsi soit-il (1). »

M. Agut décrit, comme si le tableau était vivant sous ses yeux, les merveilleux effets que produit dans l'Eucharistie le Sacré Cœur de Jésus uni au cœur du chrétien : « Il fait sur lui, dit-il, les plus salutaires impressions, il le change entièrement ; une barre de fer mise dans la fournaise lui fait prendre la chaleur et la couleur du feu, c'est l'impression que fait le Cœur de Jésus sur le nôtre ; il le rend susceptible de ses sentiments les plus purs ; car, penche-t-il du côté du péché, le Sacré Cœur de Jésus le redresse et lui donne une douce pente du côté de la vertu ; est-il dépravé dans ses sentiment, ce Sacré Cœur lui communique une bonté morale qui le perfectionne... Est-il appesanti vers la terre par le poids de son iniquité, le Cœur de Jésus le subtilise et lui fait prendre sa direction vers le ciel. Est-il incirconcis comme ceux des Juifs, craint-il les mortifications et la croix, le Cœur de Jésus lui fait faire tous les sacrifices que Dieu exige, le rendant docile à ses volontés. Est-il froid pour Dieu et ardent pour les plaisirs du monde..., obscurci par la folie, est-il dans la dissimulation, s'attache-t-il aux fausses joies du siècle, ce Sacré Cœur le rend plus recueilli et lui fait perdre le goût de ces joies pour ne s'attacher qu'à ce qu'il y a de plus solide. Est-il enflé

---

(1) IVe volume des *Dialogues*, 12me Dialogue, p. 370-380.

d'orgueil, comme celui de Nabuchodonosor, ce Sacré Cœur l'en guérit, en lui apprenant la douceur et l'humilité... Est-il ébloui par les apparences trompeuses de la gloire de ce monde, ce Cœur sacré lui fait apercevoir son erreur et le détrompe de ce faux brillant, en lui apprenant à ne chercher que le solide. Est-il dans la duplicité, marche-t-il par deux voies différentes, le Cœur de Jésus lui donne une simplicité et une candeur charmante. Est-il dépravé par la passion, enchaîné par l'intérêt, l'ambition, la vengeance ou tout autre vice, le Sacré Cœur le rend pur, désintéressé, humble, doux, patient, contrit et humilié à la vue de ses péchés (1). »

M. Agut voyait le Cœur de Jésus toujours vivant et aimant, dans la sainte Eucharistie où il se plaisait à le trouver. Aussi les mêmes pratiques de piété qui ont pour objet le très saint Sacrement, les rapportait-il au sacré Cœur. Il indique, pour l'action de grâces après la sainte Communion, une pieuse invocation au divin Cœur de Jésus qui a daigné nous visiter et s'unir à notre propre cœur : « Faites que mon pauvre cœur, s'écrie-t-il, ne fasse plus qu'un avec votre Cœur, ô Jésus; changez-le tellement qu'il devienne docile à toutes vos volontés, embrasez-le de votre amour, et que tout ce qu'il peut aimer sur la terre il ne l'aime que par rapport à votre Sacré Cœur. »   . Agut se borne à cette

---

(1) Instruction sur le Sac. .nt de l'Eucharistie, p. 135-138.

excellente pratique de piété, qui du reste renferme toutes les autres.

Terminons nous-même ce chapitre, qui serait hors de toutes proportions si nous voulions rapporter tout ce que le vénérable fondateur de la congrégation du Saint-Sacrement a fait ou dit en l'honneur de la divine Eucharistie, l'objet unique de toutes ses pensées. Il était tellement transporté de zèle pour le culte souverain qui lui est dû, qu'il prescrivit à ses religieuses, pendant une demi-heure chaque jour, l'étude du plain-chant, afin de contribuer, soit par elles-mêmes, soit par leurs élèves, à la psalmodie et aux autres parties chantées des saints Offices.

Il leur recommande dans ses *Entretiens spirituels* « de travailler de toutes leurs forces à la décoration des saints autels, d'avoir dans leurs cellules quelques images ou tableaux du très saint Sacrement, d'en procurer aux élèves et d'en mettre sur les lits des malades ». « Le Jeudi Saint doit être pour (les Sœurs) le jour solennel de leurs Pâques, et elles doivent célébrer avec tout l'éclat possible ce touchant anniversaire de l'institution de la sainte Eucharistie. »

Au nombre des différentes pratiques de piété qu'il leur énumère avec une complaisance marquée, signalons le soin de la lampe qui doit brûler jour et nuit devant le très saint Sacrement, l'instruction particulière des enfants sur ce grand mystère, la communion du jeudi de chaque semaine, la récitation des litanies des saints qui ont été les plus dévoués à Jésus-Hostie, le chant des cantiques spirituels en son honneur (1), les visites fréquentes et assidues à l'église, mais principalement lorsque les sœurs partent en voyage et qu'elles en reviennent.

(1) Il approuve fortement l'usage des cantiques spirituels, qui, selon lui, « inspirent l'amour de Dieu, l'horreur des péchés, la confiance en Jésus-Christ, la crainte de sa justice, la haine du monde, le mépris de ses maximes, le désir de la vertu ».
(*Lettre sur le vœu de chasteté.*)

CHAPITRE XIX

DÉVOTION DE M. AGUT A LA SAINTE VIERGE
ET AUX ANGES GARDIENS

Monsieur Agut avait appris à aimer la très Sainte Mère de Jésus, en même temps qu'il avait appris soit aux catéchismes, soit dans sa famille, à connaître et à aimer Dieu. Sa dévotion à l'égard de Marie s'accrut encore durant son séjour au collège et au séminaire. Les Pères de la Compagnie de Jésus, qui dès le xviie siècle avaient établi dans leurs maisons de florissantes congrégations de la très sainte Vierge, rivalisaient avec les Oratoriens pour inspirer à leurs élèves une tendre confiance en la Reine du ciel et de la terre. Ce culte de la mère de Dieu se traduisait, comme à notre époque, par diverses pratiques de piété dont M. Agut fut toute sa vie le zélé propagateur.

Il aimait beaucoup les fêtes instituées par l'Eglise

en l'honneur de la sainte Vierge, principalement son Assomption et la fête de son saint et immaculé Cœur. Son amour pour la simplicité et la pauvreté religieuses l'éloignait des tableaux et autres ornements de prix qui servent parfois à la décoration des salles de communauté et des appartements des personnes pieuses : mais il faisait une exception en faveur des images et des statues de la sainte Vierge, qu'il ne trouvait jamais assez belles. Lui-même avait dans sa chambre un beau tableau de Notre-Dame et il voulut que ses filles eussent dans leurs oratoires et dans leurs cellules une image convenable de cette bonne Mère, « afin de la saluer avec l'ange, soit en rentrant soit en sortant ». Il désirait également que l'on distribuât ces images aux personnes du monde, « surtout aux novices et aux enfants ».

Une de ses pratiques de piété à l'égard de la sainte Vierge était de saluer Marie avec l'Archange, chaque fois qu'il entendait sonner l'heure, antique usage, qu'il aurait voulu voir se rétablir dans son Institut. Il récitait et faisait réciter l'Angelus « pour remercier Dieu de toutes les grâces qu'il nous a accordées par les saints mystères de l'Incarnation, de la Passion et de la Résurrection, en considération de sa sainte Mère qui y a eu tant de part ».

Il n'a pas suffi à M. Agut d'être un zélé prédicateur des gloires de Marie Immaculée ; il exhorte ses filles « à répandre son culte au milieu de leurs élèves, à inspirer aux enfants, la pratique des chapelets et rosaires à leur expliquer les mystères joyeux, douloureux et glorieux. » Tous les jours, à l'exemple de leur père, les sœurs du Saint-Sacrement invoqueront Marie « comme fille du Père éternel, mère du Fils, épouse du Saint-Esprit et temple de la sainte Trinité, car, dit-il, cet hommage journalier lui est très agréable » ; de même elles remercieront Dieu « après chaque communion, des grâces, des faveurs et des privilèges qu'il lui a accordés et surtout de son Immaculée Conception ».

M. Agut était dans l'habitude de célébrer de temps en temps la sainte Messe en l'honneur de la sainte Vierge ; ses filles spirituelles ont reçu de lui la recommandation expresse de la faire dire aux mêmes fins, de faire brûler, le samedi, quelques lampes devant sa statue, « de porter ses livrées et d'accomplir les pratiques pieuses des confréries auxquelles elles sont associées. »

Nous savons avec quel bonheur il fit en 1731 le pèlerinage de Lorette, d'où il rapporta pour sa communauté les litanies de la sainte Vierge, avec les additions de la fin, encore peu connues en France au XVIIIe siècle. Il composa ensuite une glose remplie d'onction sur chacune des principales appellations, sous lesquelles l'Eglise invoque la Mère de Dieu, et il y ajouta un résumé, très utile à la piété, des « prophéties, figures, emblèmes de l'Ecriture avec les témoignages des conciles et des Pères au sujet de la très sainte Vierge ». Il conviendrait de le citer tout entier, car ce document constitue à lui seul le meilleur témoignage de la dévotion que M. Agut eut jusqu'à sa mort pour la Reine des Anges et des hommes. « Elle est, dit-il, la fleur des champs, parce qu'en qualité de vierge, elle surpasse en pureté toutes les vierges de la terre ; elle est appelée le lys des vallées, parce qu'elle surpasse tous les saints qui ont vécu dans la retraite, la mortification et la contemplation ; elle est encore nommée le lys entre les épines, parce qu'elle est privilégiée par sa sainteté par-dessus toutes les filles d'Adam. Elle est nommée colombe à cause de sa simplicité, son innocence, sa pureté. Elle est nommée toison de Gédéon ; on sait l'application que les Pères de l'Eglise en font à cette divine Mère : la pluie qui tombe autour de la toison pour la première fois sans y toucher, représente le péché originel qui n'entama jamais cette Vierge toujours pure ; mais celle qui arrosa la toison et l'humecta tout entière, sans arroser la terre autour d'elle, figure cette même Vierge, pour ainsi dire inondée de la grâce, tandis que les enfants d'Adam en furent longtemps privés. Elle est comparée au buisson ardent que vit Moïse, qui brûlait sans se consumer, pour signifier que sa virginité ne souffrirait point de sa maternité et qu'elle serait vierge avant comme après son enfantement ; elle est figurée par l'arche d'alliance, parce que c'est par elle qu'a commencé la nouvelle alliance de Dieu avec les hommes, alliance qui a été ensuite consommée par Jésus-Christ son divin Fils, sur la Croix... Elle est appelée étoile du matin, parce qu'elle annonce le soleil de gloire qui devait sortir de son sein virginal ;... miroir de Justice, parce que, comme un soleil mystérieux, son divin Fils réfléchit sur elle tous les rayons de sa gloire, et que, par son humilité et par ses autres vertus, elle les réfléchit dans toute l'Eglise ; siège de sagesse, parce que la Sagesse incarnée s'est reposée en elle et qu'elle en a fait l'escabeau de sa divinité pour s'unir à la nature humaine (1). »

Toutes les fêtes de la sainte Vierge, nous l'avons dit, étaient chères à la piété de M. Agut ; il en a dressé la liste complète, autant pour sa propre édification que pour celle des sœurs du Saint-Sacrement auxquelles il l'adresse, et il l'a fait précéder de la liste des Pères de l'Eglise et des autres ascétiques « qui ont parlé avec éloge de cette digne Mère de Dieu ». Voici le cri d'admiration qui s'échappe de son cœur à la vue des bienfaits de Marie : « Que de miracles opérés par elle sur ceux qui ont réclamé sa protection dans leurs besoins ! Que de pécheurs convertis, que de malades guéris, que de boiteux redressés, que d'aveugles, que de lépreux, que de paralytiques, que de sourds et muets délivrés de leurs maux ! S'agit-il des maladies

---

(1) IV volume des *Dialogues*, p. 420-430 *passim*.

de l'âme, que de désespérés revenus à eux! que d'affligés consolés! que d'affaires heureusement terminées, que de conseils favorablement reçus et donnés! que de perplexités d'esprit, que de soins, que d'inquiétudes et de soucis terminés! que de justes confirmés dans leur état, que de tentations surmontées, que de vertus pratiquées, que de bonnes œuvres établies, enfin que de desseins pernicieux renversés! Faut-il en venir aux événements auxquels elle a présidé? que d'incendies éteints! que de naufrages empêchés! que d'enfants morts, revenus à la vie! que de contagions, de pestes et de maladies épidémiques arrêtées! que d'ennemis de la religion mis en fuite! que de batailles gagnées! que de victoires remportée (1)! »

Nous venons de voir que M. Agut avait une dévotion particulière au mystère de l'Assomption. C'était la fête patronale de la France; le concours des fidèles aux églises et aux chapelles, placées sous le vocable de Marie, était encore immense au XVIIIe siècle; le saint prêtre s'en réjouissait chaque fois : un fils peut-il trouver de plus grand bonheur que de voir sa mère honorée et exaltée par tout un peuple? Aussi a-t-il composé pour cette belle solennité une Instruction familière, en forme de dialogue et qu'on ne lit point sans profit. Ce qu'il nomme le *Testament* de la sainte Vierge, est une pratique de dévotion en usage alors dans plu-

---

(1) *Dialogues*, p. 431 et suiv.

sieurs communautés religieuses et qui consiste à distribuer, à titre de legs, les vertus de la sainte Vierge entre les sœurs, pendant l'octave de la fête de l'Assomption. « Ces vertus, dit-il, doivent passer à ses héritiers, à qui elle semble les léguer, et comme tous les biens spirituels peuvent se partager sans division, ni détriment, chacune des sœurs pourra pratiquer ces vertus pendant ces huit jours; par ce moyen elles y auront part toutes également. » Les vertus de la Mère de Dieu étaient inscrits sur des billets et les billets tirés au sort. Le vénérable fondadeur de la *Providence* nous semble avoir eu une prédilection marquée pour cet ingénieux moyen d'honorer Marie au jour de son entrée glorieuse dans le ciel.

Il recommande l'usage de billets analogues comme une pratique salutaire, durant la neuvaine préparatoire à la fête des saints Anges Gardiens, auxquels, nous le savons déjà, il avait une dévotion particulière. Plusieurs grâces extraordinaires, que nous avons racontées à leur date (1), furent la récompense de sa fidélité à les invoquer chaque jour. L'Instruction qu'il a laissée à ses filles sur cette matière, est une preuve du zèle qu'il déployait pour faire connaître et aimer les Célestes Gardiens à la sollicitude desquels Dieu nous a confiés. Elle est pleine de doctrine et d'onction : « Faut-il rapporter l'usage de tant de fêtes, tant de li-

---

(1) Voir plus haut, p. 75-76.

tanies et de supplications en leur honneur? Ignore-t-on que les empereurs Constantin et Justinien firent bâtir, à la gloire de ces esprits bienheureux, plusieurs églises; que saint François d'Assise jeûnait tous les ans quarante jours en l'honneur de saint Michel, le chef de la milice céleste; que ce fut dans un de ces jeûnes que se fit cette apparition merveilleuse d'un séraphin qui lui imprima les sacrés stigmates?... Saint François Xavier, dans chaque royaume qu'il parcourait, était dans l'usage d'en saluer l'ange tutélaire, en entrant, et de le prier de lui aider à la conversion des peuples barbares. Sainte Cécile n'avait-elle pas un ange qui conservait son corps dans la chasteté et cela avec grand zèle ? Sainte Françoise parlait et s'entretenait familièrement avec son ange gardien. Combien de ces Esprits Bienheureux qui se sont mis à la tête des armées chrétiennes pour en défendre les chefs, comme saint Wenceslas et plusieurs autres (1)? »

La confiance que M. Agut avait en son Ange Gardien s'étendait à tous les actes de la vie; il n'entreprenait rien sans le consulter par la prière ; il ne se mettait point en route qu'auparavant il n'eût réclamé son assistance spéciale. On aime à l'entendre raconter les services quotidiens que nous rendent les Ministres du Très-Haut, commis si miséricordieusement à notre garde. C'est un témoin qui parle de ce qu'il a vu

---

(1) *Instructions,* tom. I, p. 528.

SA DÉVOTION A LA SAINTE VIERGE

et éprouvé maintes et maintes fois : « Ils nous gardent, dit-il, dans nos démarches ; ils nous préservent des accidents funestes ou des malheurs de la mort dans le péché ; ils nous éclairent de leurs lumières ; ils nous honorent de leurs conseils salutaires ; ils nous apprennent à observer les voies de la divine Providence sur nous ; ils nous remplissent de prudence ; ils nous conduisent, ils nous gouvernent, ils portent nos vœux et nos prières jusqu'au trône de la divine Majesté ; ils nous en rapportent les effets qui sont la grâce et enfin ils prient pour nous.

« Dans nos dernières maladies, ils nous assistent et nous aident à recevoir les derniers sacrements : c'est alors qu'ils mettent les démons en fuite pour qu'ils ne nous nuisent point et ne nous jettent pas dans le désespoir. Après la mort ils président à nos obsèques, ainsi qu'ils le firent pour le pauvre Lazare, qu'ils ensevelirent et dont ils portèrent l'âme dans le sein d'Abraham ; ils nous présentent encore au tribunal de Dieu et y plaident notre cause ; ils nous assistent au milieu des flammes du purgatoire (1)... »

C'est surtout aux pratiques de piété dont M. Agut avait contracté la sainte habitude et qu'il recommande à ses filles spirituelles, que l'on connaîtra quelle confiance lui inspirait le crédit des Esprits bienheureux. Chaque jour il les invoquait à sa prière du

(1) IVe volume des *Dialogues*, p. 487 et suiv.

matin et à celle du soir. L'image de l'Ange gardien était appendue dans sa chambre à côté de celle de la Mère de Dieu, et il veut que les religieuses en aient une dans leurs cellules, à l'entrée des salles de classe et des hôpitaux, et sur la porte principale de la maison.

L'usage des billets, qu'il établit à la *Providence* en l'honneur des saints Anges, consistait à distribuer aux sœurs des séries de neufs billets, sur lesquels il inscrivait le nom de chacune des hiérarchies célestes. Chacun de ces billets renfermait une prière spéciale qui devait être récitée tous les jours de la neuvaine.

Le pieux fondateur célébrait avec une grande dévotion ce qu'il nomme l'*Octave* des Anges Gardiens et qu'il place du 28 septembre au 5 octobre. Le mardi étant le jour de la semaine qui leur est spécialement consacré, il se faisait un devoir de dire ce jour-là la sainte Messe en leur honneur.

Mais il n'était point exclusif dans ses prières et, quoique particulièrement dévoué aux Esprits Bienheureux, il invoquait avec une confiance non moins grande tous les saints et saintes de la cour céleste, spécialement saint Joseph, saint Bonaventure et saint François-Xavier. La fête de saint Louis, roi de France, son glorieux patron, lui était particulièrement chère ; elle devint peu à peu une des solennités principales de sa Congrégation.

M. Agut avait la pieuse coutume de célébrer la

fête de tous les Saints et la commémoration des Fidèles trépassés de la même manière que l'octave des Anges. Les huit béatitudes de l'Evangile lui fournissaient le texte des séries de huit billets que l'on distribuait par le sort aux personnes de la communauté. D'autres billets étaient tirés au sort, au commencement de l'Avent, pendant l'octave de Noël, durant les dix jours qui séparent l'Ascension de la Pentecôte, à l'époque de la Fête-Dieu et dans d'autres circonstances solennelles de l'année chrétienne. C'était, on en conviendra, une excellente manière de varier les sujets d'oraison et d'exciter la ferveur de ses filles spirituelles, en attirant chaque fois leur attention sur une vertu plus spécialement proposée à leurs efforts pendant la neuvaine.

M. Agut attachait également une grande importance à l'usage, qui subsiste encore dans les maisons du Saint-Sacrement, de tirer au sort, au premier jour de l'an et le premier jour du mois, un patron que chaque sœur doit invoquer d'une manière plus particulière, durant l'année et le mois. « Une longue expérience, dit-il, m'a appris que les âmes qui s'attachent aux plus petites dévotions sont souvent et ordinairement les plus fidèles, les plus exactes et les plus régulières dans les autres devoirs de la religion. »

Mais autant M. Agut se plaisait à diversifier les pratiques de piété pour entretenir la ferveur et combattre la routine, autant il se montrait circonspect à l'égard des dévotions nouvelles, souvent inconsidérées, que certaines âmes peu éclairées s'efforcent quelquefois d'introduire dans les maisons religieuses. Il s'en défiait avec raison, et, avant de les admettre, il attendait le jugement des premiers Pasteurs. Il n'aimait pas non plus les livres nouveaux de spiritualité qui commençaient à pulluler ; les anciens lui semblaient de beaucoup préférables. On n'y rencontre point cette recherche ou cette afféterie du style dont se recommandent trop souvent les ouvrages de la piété moderne, sans parler de certains excès que la saine théologie ne saurait approuver. Le sage Directeur porta si loin le respect de la Tradition que longtemps il s'opposa à l'usage, qui a fini pour prévaloir, de traduire en français les offices de l'Eglise. Le latin étant la langue liturgique, il n'admettait point qu'à la messe les fidèles se servissent pour prier Dieu de manuels composés en français ; tant étaient profondes sa religion et son obéissance aux décisions des conciles !

CHAPITRE XX

SA CHARITÉ POUR LES PAUVRES

L'AMOUR de Dieu et la charité pour le prochain sont deux flammes qui s'élèvent du même foyer; on ne peut aimer Dieu sans se sentir ému à la vue des maux de ceux qui souffrent ou qui sont dans le besoin. C'est parce que M. Agut était consumé par le feu de la divine charité qu'il a entrepris et fondé en faveur des pauvres son œuvre admirable de la *Providence*. Il leur a donné tout ce qu'il avait et s'est dépensé lui-même pour eux jusqu'à son dernier soupir. La mort n'a pu interrompre le cours de ses bienfaits, puisqu'il a transmis à sa famille spirituelle un legs d'un prix infini, la mission de se dévouer corps et âme au soulagement des malheureux.

Avant la fondation de l'hospice des Incurables, M. Agut remettait lui-même aux infirmes qui imploraient sa compassion, les secours dont ils avaient besoin ; il allait à leur rencontre ou pénétrait pour les soulager dans les réduits les plus obscurs et les plus hideux, les granges et les écuries du faubourg de la Barre, distribuant à tous indistinctement d'abondantes aumônes. On se demande, à voir les faibles ressources dont il disposait, comment il pouvait venir en aide à tant de nécessiteux et suffire à l'entretien de sa maison qu'il maintenait en bon ordre et sur un pied honorable. Mais tous les saints ont agi de même ; confiants en la divine Providence, ils donnent sans calculer jamais, et les ressources ne leur font point défaut ; Dieu, dont ils sont les dociles instruments, leur communique quelque chose de sa munificence infinie ; saint Vincent de Paul ne semble-t-il pas avoir été vraiment le dispensateur des trésors du ciel ? on dirait que M. Agut en tenait aussi la clé.

Il n'avait pas seulement pour les malheureux cet amour naturel qui provient d'un cœur bon et sensible, mais la charité chrétienne, surnaturelle dans son principe, l'amour divin, et dans son objet primaire et principal, qui est Notre-Seigneur Jésus-Christ, seul digne d'être aimé et servi dans la personne des pauvres. Aussi, combien il est éloquent lorsqu'il exhorte ses hospitalières à être d'autant plus dévouées à l'égard des infirmes qu'ils sont plus rebutants et plus difficiles à contenter! « Oh! dit-il, qu'il y a gagner dans cette circonstance! L'amour-propre n'y trouve pas son compte, et vous acquerrez une grande gloire devant Dieu. Si vos malades étaient toujours contents et sans murmure, s'ils vous applaudissaient et vous bénissaient toute la journée des peines que vous prenez pour eux, quel mérite en auriez-vous devant Dieu, quel fruit en retireriez-vous? Tout le monde à ce prix voudrait faire les bonnes œuvres. Jésus-Christ souffrait en payant nos dettes, ne devez-vous pas souffrir en payant celles de l'indigence? Croyez-moi, votre sort est digne d'envie; vous n'avez pas besoin d'aller chercher le martyre dans les pays barbares; vous en trouvez un long dans votre propre pays; ne vous découragez donc point, faites-vous une loi de souffrir vous-mêmes sans plaintes ni murmures, afin que vous méritiez une plus belle couronne (1). »

Le saint prêtre aime les noms d'*Hôtel-Dieu* et de *Providence* donnés aux asiles où les pauvres malades sont recueillis. « N'est-ce pas là, s'écrie-t-il, où se font les exercices de la charité la plus pure et la plus désintéressée, je ne dis pas assez, la plus généreuse et la plus héroïque?... Quoi! ajoute-t-il en parlant plus spécialement de l'hospice des Incurables, n'est-pas en ce lieu où vous recevez tout ce qu'il y a de plus rebuté, de plus méprisé et de plus répugnant à la nature? Dans les autres maisons on reçoit des malades de choix; dans la vôtre nul n'est excepté; vous recevez

(1) Ier volume des *Dialogues*, p. 161.

les pauvres de tous les lieux; vous les avez souvent recueillis du milieu des rues : cette maison est donc l'asile des malheureux, le refuge des membres souffrants de Jésus-Christ, le champ de bataille où ils combattent avec les douleurs de la maladie, le lieu des exercices de votre patience et de votre charité, l'endroit du terrain où se sèment les larmes de part et d'autre, qui doivent produire une joyeuse et abondante récolte pour l'éternité. C'est le laboratoire des bonnes œuvres qui enrichit jusqu'aux étrangers, c'est le lieu du dépôt des grâces où tout le monde peut puiser, c'est la piscine sacrée où les paralytiques se plongent pour avoir la guérison, c'est le lit du Jourdain où les Naamans se baignent, c'est la fontaine de Siloé où les lépreux se purifient, c'est cette maison ouverte de toutes parts où l'on introduit les perclus, non du haut du toit, mais par toutes les portes et les avenues; c'est le lieu où les *fébricitants* guérissent ; en un mot c'est la dernière ressource des pauvres, qui y trouvent les biens spirituels et une fin heureuse (1). »

Pour tous ces motifs, le nom d'*Hôtel-Dieu* convient à ces maisons, qui « sont les domiciles des membres de Jésus-Christ », et aussi « parce que le saint Sacrement y réside ». Si donc l'Homme-Dieu y choisit sa demeure, il est à la tête de ces pauvres malades ; il doit y être considéré comme le père et le maître de la

(1) Ier vol. des *Dialogues*, p. 162.

maison. « Quant au choix du vocable de la *Providence*, donné à l'hospice des Incurables, « notre intention en l'adoptant, dit le vénérable fondateur, a été de faire naître en nous la confiance à proportion du nombre des malades qui arrivaient à la maison. » Parlant du motif qui l'a inspiré, il ajoute : « Puisque le Seigneur nous les envoie, ce sont donc ses membres chéris, et par conséquent sa divine Providence nous enverra immanquablement du secours pour les nourrir, ce qu'elle a toujours fait, depuis tant d'années que cet hôpital existe. »

M. Agut félicite hautement ses hospitalières de l'honneur que Dieu leur fait, en les appelant au service des pauvres. Il connaît les consolations de ce ministère et il envie à ses filles la joie de demeurer au milieu des Incurables ; il les proclame infiniment plus heureuses que si elles habitaient « les plus superbes palais des princes, car, dit-il, c'est ici la maison du Seigneur, le lieu fréquenté des anges, la maison des Thabites, des Rhodes, des Elisabeth et des Mélanies. »

C'est en surmontant les répugnances de la nature et en se faisant violence à lui-même, dans les soins qu'il donnait aux malades couverts d'ulcères, que le vénérable fondateur a posé les bases de l'éminente perfection à laquelle il est parvenu. Il exhorte les hospitalières à faire de même servir à leur propre sanctification les soins qu'elles donnent aux infirmes.

Leurs moindres actions, accomplies en union avec Dieu, acquièrent un mérite infini. Aussi les presse-t-il d'élever leurs pensées et leurs sentiments jusqu'au monde surnaturel et divin. « Quand vous voyez des fiévreux, pensez que les maladies de votre âme sont bien plus aiguës et plus dangereuses, car, comme, dit saint Ambroise, nos fièvres sont le feu de la colère, de l'envie et des autres vices ;... quand vous ensevelissez les morts, pensez que d'autres vous rendront pareillement le même service de charité, et, comme un mort qu'on ensevelit n'a plus de mouvement ni de sentiment, n'en ayez aussi aucun pour le monde, auquel vous devez être entièrement mortes et ensevelies.... »

« Souvenez-vous de ne jamais entreprendre la visite des malades sans vous proposer de plaire à N.-S. Jésus-Christ et d'accomplir sa sainte volonté, vous estimant très heureuses de ce qu'il daigne se servir de vos mains pour le service de ses membres souffrants.... Vous devez avoir pour eux une charité cordiale, en leur témoignant avec compassion la part que vous prenez à leurs maux et le désir que vous avez de leur guérison ; vous devez encore avoir pour eux une extrême complaisance, leur montrer un air affable, prévenant, honnête, sans faire paraître ni répugnances, ni dégoût, ni rebut ; sans dédain, vous mettant en esprit à leur place ; car s'ils voient en vous toutes ces vertus, ils seront consolés ; s'il aperçoivent le contraire, ils se déconcerteront et se croiront méprisés. Enfin il faut les traiter avec estime, selon leur âge, leur état, leur condition ; les jeunes avec douceur, les vieux avec respect, vous faisant tout à tous pour les gagner à Jésus-Christ (1). »

M. Agut indique à ses hospitalières de quelle manière elles prépareront leurs malades à la mort. C'était là une de ses plus chères et méritoires pratiques de charité.

« Unissez-vous à leurs souffrances, dit-il, ne leur refusez pas votre secours au temps de l'agonie ; ils en ont besoin dans ce moment critique, d'où dépend souvent la bienheureuse ou la malheureuse éternité. Invoquez pour eux la sainte Vierge, saint Joseph, les saints Anges, saint Michel, leurs saints patrons et

---

(1) Voici quelques extraits du règlement que M. Agut avait prescrit à ses religieuses pour la bonne direction soit des maisons de charité, soit des hôpitaux :

« Qu'il y ait des sœurs distribuées dans chaque emploi pour veiller elles-mêmes sur tout ce qui s'y passe. Dans les grandes maisons (de charité) où il y a des personnes des deux sexes, qui doivent être chacun dans des appartements séparés, il faudroit une supérieure pour veiller sur toute la maison... une sœur assistante... qui serait maîtresse des novices... une sœur à l'apothicairerie qui auroit soin de faire les remèdes ».

Dans les hôpitaux, « les sœurs ne pourront être moins de « deux ; elles seront en plus ou moins grand nombre à propor- « tion de celui des malades. » Après avoir donné des instructions précises sur la tenue des salles, où il veut voir régner un ordre et une propreté parfaite, le pieux fondateur fixe aux sœurs ainsi qu'il suit les exercices spirituels de la maison :

« 5. — Elles auront soin de faire faire dans les salles un quart

tous les saints ; s'ils ont encore quelque connaissance, suggérez-leur des affections courtes mais enflammées ; présentez-leur le crucifix pour les porter à s'unir aux souffrances et à la mort de notre divin Sauveur ; faites-leur prononcer de cœur, s'ils ne le peuvent de bouche, les saints noms de Jésus, Marie, Joseph, des actes de foi, d'espérance, de charité et de contrition ; enfin ne les quittez pas avant de les voir expirer, et demandez pour vous à Dieu la grâce de mourir saintement. »

Quand le saint prêtre avait fermé les yeux à un moribond, il veillait à ce que les derniers devoirs lui fussent rendus ; souvent à l'exemple de Tobie il l'ensevelissait de ses propres mains, ne voulant pas, di-

---

d'heure de lecture de piété pendant le déjeuner et le goûter. Ces lectures seront convenables à la situation et à l'état des malades.

« 6. — Elles auront soin d'avertir MM. les curés ou autres à ce députés pour faire recevoir les derniers sacrements aux malades et de pourvoir à tout ce qui sera nécessaire pour qu'ils soient dûement administrés.

« 7. — Elles leur feront fréquenter autant que faire se pourra les sacrements, au moins tous les quinze jours, et même de les faire confesser d'abord en entrant à l'hôpital.

« 9. — Elles leur feront entendre tous les jours, s'il se peut, la sainte messe.

« 10. — Elles leur feront soir et matin la prière, à l'heure de la maison.

« 13. — Elles parleront aux malades avec douceur et cordialité, conservant pour eux un cœur de mère et les considérant comme membres de Jésus-Christ souffrant. »

Règles et constitutions. Avignon, 1755.

sait-il, « perdre le fruit d'une si bonne œuvre ». Il profitait toujours d'une circonstance aussi émouvante que celle de l'agonie d'un malade, pour donner aux assistants les avis que son zèle lui inspirait, les exhortant « à se préparer eux-mêmes à la mort par l'esprit de pénitence, par la soumission à la volonté de Dieu au milieu de leurs maux, par la fréquentation des sacrements et des réflexions salutaires sur les fins dernières de l'homme ». Il conseille à ses filles spirituelles d'adresser de semblables recommandations aux malades des hôpitaux dans tous les cas de décès ; mais elles ne s'oublieront point elles-mêmes. « Cette personne nous a devancées, se diront-elles ; nous la suivrons : que voudrait-elle avoir fait maintenant, et nous, quel bien ne voudrions-nous pas avoir accompli ? Faisons donc dès à présent ce qu'il y a de plus important pour notre salut. »

M. Agut ne se contenta pas de confier à ses filles la direction des hôpitaux ; il voulut encore qu'elles visitassent les pauvres à domicile. Il savait par expérience qu'il n'y a peut-être pas de ministère plus fructueux ni plus consolant. « C'est le moyen de se rendre conforme à Jésus-Christ, puisque l'un des principaux caractères qui devaient former l'idée du Messie a été l'évangélisation des pauvres. « Le Seigneur m'a en-
« voyé, dit-il par la bouche du prophète, pour porter
« mon Evangile aux pauvres. »

« Jésus-Christ est donc non seulement avec les

pauvres; il est encore dans les pauvres, et c'est rendre service à sa personne sacrée que de les soulager, eux qui sont l'objet de sa tendresse et de son amour. Comme lui ils sont destitués de tout, comme lui ils ne possèdent rien en ce monde, comme lui ils n'espèrent rien en cette vie et enfin, comme lui, ils se rassasient du pain des tribulations et se sustentent d'une nourriture reçue en toute humilité; leur pauvreté accompagnée des plus humiliantes mortifications leur devient un titre de possession à l'héritage éternel et l'entrée du ciel, interdite au riche avare et attaché à ses biens, devient pour le pauvre résigné un droit rigoureux et imprescriptible. »

Il n'y a que les saints pour tenir la pauvreté en pareille estime; eux seuls aussi peuvent comprendre et dire qu'elle est un bien et une nécessité sociale. Voici comment M. Agut le prouve : « Si tous les membres d'un Etat étaient riches, dit-il, il ne pourrait pas subsister un seul jour; que deviendrait-il effectivement? Personne ne voudrait servir les autres et serait obligé de se servir soi-même; ainsi le riche cultiverait ses propres fonds; il lui faudrait aussi travailler pour se fournir un entretien, et il serait obligé de savoir toutes les professions nécessaires; si la chose était possible, qui voudrait les apprendre aux autres? La vie de plusieurs siècles pourrait-elle suffire? De là, on commence à sentir la nécessité de l'inégalité des conditions; le pauvre, sentant ses propres besoins, rend service aux riches ; mais, comme le pauvre n'est pas toujours en état de le faire, qu'il s'en voit empêché par la misère, les maladies, les langueurs, la caducité, il faut donc le soulager dans ses besoins. »

Toutefois le saint directeur préfère à ces considérations philosophiques les leçons de l'Evangile. C'est à l'école de l'Enfant de la crèche qu'il a appris à aimer et à pratiquer la pauvreté. « Que l'on est heureux, s'écrie-t-il, d'affectionner de cœur et d'esprit ce dépouillement de toutes choses, de ne chercher que le pur nécessaire, d'accepter la privation de ce qu'on ne peut posséder sans murmurer contre Dieu, sans envie contre le prochain, de brider le désir passionné pour les biens de ce monde par la seule vue de Jésus-Christ dépouillé de tout, semblable aux oiseaux du ciel qui ne sèment ni ne moissonnent, aux lys des champs qui se reposent sur la nature ou plutôt sur la divine Providence ! Qu'on est heureux de n'avoir aucun lien, aucune attache qu'il faille à la mort rompre et sacrifier avec chagrin et douleur ! »

Dès lors, visiter les pauvres, leur donner des vêtements et le pain de chaque jour n'est rien que de très simple aux yeux du saint prêtre qui en faisait ses plus chères délices : « On ne doit pas regarder le soin et la visite des pauvres comme une œuvre de surérogation, mais comme un devoir essentiel pour tout chrétien qui, guidé par la lumière de la foi, doit écouter avec une sainte frayeur et tremblement ce que dit Jésus-

Christ : « Vous ne m'avez pas donné à manger, allez « au feu éternel. » On ne doit pas non plus considérer l'aumône comme un simple conseil ; elle ne l'est que pour les personnes qui n'ayant que le pur nécessaire se privent d'une partie de ce nécessaire pour soulager les malheureux ; l'Ecriture appelle l'aumône une justice, parce que c'est en toute rigueur qu'elle est ordonnée ; c'est pourquoi les premiers chrétiens vendaient leurs biens et en mettaient le prix aux pieds des apôtres (1). »

Du précepte au conseil il n'y a donc pas, selon M. Agut, une énorme distance ; mais si l'obligation de soulager les pauvres regarde tous les fidèles, combien est-elle plus étroite pour les religieux et les religieuses ! « Si vous avez fait vœu de pauvreté, dit-il aux sœurs du Saint-Sacrement, n'est-ce pas pour vous mettre en état de faire réfusion jusqu'à une partie de votre nécessaire à ces infortunées victimes de l'indigence ? Mais qu'est-il besoin de vous prouver une obligation où vous vous portez avec tant d'ardeur ? » En effet, fidèles aux exhortations du charitable prêtre et entraînées par ses exemples, les religieuses du Saint-Sacrement n'ont cessé de se dévouer avec une charité admirable au soulagement des pauvres et des malades.

Sans insister sur les avantages des œuvres de miséricorde, car il sait qu'il ne s'adresse pas à des mer-

(1) Tome II, p. 492.

cenaires, M. Agut rappelle que l'âme qui s'y consacre avec amour sera à l'abri de l'inconstance toujours si funeste dans le travail de la perfection. « Il n'est pas juste, dit-il, que des âmes qui ont pris soin de nourrir et de sustenter les pauvres meurent elles-mêmes de faim. Le soin et l'exercice des bonnes œuvres nourrit la piété, entretient la dévotion, cimente la persévérance et le bien que fait à l'âme une fervente oraison, la visite des pauvres, les entretiens pieux qu'on leur adresse, les bons sentiments qu'on leur inspire sur la patience et la soumission à la volonté de Dieu, le leur procurent au centuple. Quelle consolation, quand après avoir rendu service aux pauvres et aux malades et après leur avoir fermé les yeux ou après les avoir ensevelis, on se retire dans sa cellule, toute pénétrée de l'odeur de sa bonne œuvre ! Quelle douceur ! quel baume délicieux ne se répand pas jusque dans l'intérieur de l'âme, et lui donne comme l'avant-goût de la récompense céleste ? Si après avoir commis une action déréglée, le péché, comme dit Dieu dans l'Ecriture, se trouve à la porte de la conscience pour la troubler et la punir dès ce moment, par une raison contraire ne peut-on pas dire qu'une action toute sainte et pleine de charité, porte jusque dans le fond de l'âme une suavité et une onction qui établit le cœur et la conscience dans une paix humble et dans une admirable tranquillité (1). »

(1) *Ibid.*, p. 424 et suiv.

M. Agut n'a garde néanmoins de passer sous silence les récompenses de la vie future, promises aux miséricordieux : « Quelle joie dans le ciel pour une âme charitable de se voir environnée de tant d'autres âmes à qui elle aura procuré le salut par ses exhortations et par des secours spirituels et temporels ! Quelles actions de grâces ne lui rendront-elles pas pour tous les bienfaits qu'elles en auront reçus ! Il me semble voir les frères de Joseph prosternés à ses pieds, après l'avoir reconnu et, chargés de ses bienfaits, lui en témoigner leur plus vive reconnaissance. »

Mais il revient au motif de la charité pure et désintéressée. Brûlant d'amour pour son Dieu, il désire que ses filles soient elles-mêmes tout embrasées par ces flammes saintes : « Se plaire parmi les pauvres, être leur conseil et leur soutien, prendre en main leur cause, mendier pour eux les secours nécessaires à la vie, panser leurs plaies, ne jamais s'offenser de leur malpropreté, ne point se choquer de leur peu d'éducation, ne point répugner à leur grossièreté, souffrir en patience et même avec joie leurs reproches et leurs murmures, ne point se décourager de leur mécontentement, c'est les gagner à Jésus-Christ, c'est leur prouver sa religion par sa conduite; mais faire tout cela pour un si bon Maître qui nous a tant aimés n'est-ce pas payer amour pour amour ? Vous aurez toujours des pauvres avec vous, dit-il, pour moi vous ne m'aurez pas toujours, ce qui fait dire aux Saints que ce divin Sauveur, ôtant de la terre sa présence visible, s'est mis dans la personne des pauvres pour nous donner l'occasion de lui prouver notre tendre affection à l'égard de ses propres membres souffrants.

« Que feriez-vous, mes très chères filles, si vous aperceviez Jésus-Christ, votre divin époux, ou au milieu de la rue, tremblant de froid et couvert de haillons, ou dans un lit, malade et languissant, destitué de tout secours, ou bien aux prises avec l'injustice, persécuté par les méchants, accablé d'injures et de calomnies? Ah! je sens déjà que votre cœur s'attendrirait et souffrirait beaucoup en cette occasion ; vous chercheriez tous les moyens de soulager ce divin Sauveur et de le tirer de ses peines; eh bien! ce que vous faites au dernier de ces pauvres, vous l'avez fait à Lui-même. Quand est-ce que nous vous avons vu avoir faim et soif, nu et étranger, malade et prisonnier? diront à Jésus-Christ les élus au grand jour des vengeances. Quand est-ce que nous vous avons vu dans l'indigence, sans vous avoir procuré tous les secours nécessaires, diront à leur tour les damnés? En vérité, en vérité, je vous le dis, leur répondra Jésus-Christ, ce que vous avez fait pour le plus petit d'entre les miens, c'est à moi que vous l'avez fait. Or, tout cela n'est-il pas bien capable d'exciter votre amour, en vous faisant pratiquer les œuvres de miséricorde et de charité?

« Ce fut dans une vision que saint Martin, après

avoir couvert un pauvre d'une partie de son manteau, vit Jésus-Christ montrant ce vêtement à ses Saints dans le ciel et disant ces paroles : Martin n'est encore que catéchumène, et cependant il m'a couvert de cet habit. C'est donc à Jésus-Christ que vous faites la charité, quand vous la faites aux pauvres, puisqu'il se trouve en eux par son amour, par sa bonté, par sa miséricorde, comme par sa Providence (1). »

(1) *Lettre sur le soin et la visite des pauvres et des malades, passim.*

CHAPITRE XXI

SON DÉVOUEMENT POUR LES ENFANTS

APRÈS avoir ouvert à ses filles les portes des hôpitaux, pour qu'elles s'y dévouassent au service des malades, M. Agut leur confia encore, nous le savons, l'œuvre déjà si importante à son époque de l'éducation chrétienne des enfants. « On a vu, dit-il, le cœur percé de la plus vive douleur, les détriments que la religion souffre dans le malheureux siècle où nous vivons ; des crises terribles se font sentir partout, la foi dépérit, les secousses sont fréquentes, tout nous annonce les préludes d'une persécution pour l'Eglise. » Le saint prêtre voyait venir la Révolution avec ses fureurs et sa rage sacrilège. Afin de conjurer la catastrophe, si la chose était encore possible, il ne sait rien découvrir de plus efficace qu'une éducation plus chrétienne de la jeunesse. « Depuis que l'on a négligé, dit-il, cette partie essentielle des devoirs de l'État qui est de former la jeunesse à la vertu, on a vu tomber tout à coup l'antique fidélité aux devoirs de la religion. Hélas! si nos pères revenaient en ce monde, témoins d'un si triste spectacle, que penseraient-ils? que diraient-ils? Pourraient-ils contenir leur juste indignation contre leur postérité? De quels vifs reproches n'auraient-ils pas lieu de nous accabler? » Il se pose alors cette question de l'Ecriture : « n'y a-t-il donc plus de baume en Galaad pour guérir tant de blessures (1)? »

Il déplore la ruine de la Compagnie de Jésus, qui avait amené celle de tant de maisons florissantes. « Quelle éducation peut-on donner, dit-il, aux écoliers qui se trouvent entre les mains des *étrangers*, peu aptes à tenir des collèges, depuis qu'on a voulu détruire et anéantir ceux qui paraissaient si propre à cette œuvre? » Il espère que le Seigneur « suscitera quelque nouvel Esdras pour réparer les brèches faites à la religion de ce côté ». En attendant, il enflamme le zèle de ses religieuses en leur montrant le bien qu'elles sont appelées à faire aux personnes de leur sexe et même à la société tout entière. « Quel est le but de notre Institut, fait-il dire à la supérieure de sa communauté? Quand nous avons appris les principes de la religion aux jeunes filles, lorsque nous leur avons fait goûter l'esprit d'une solide piété, elles sortent de

(1) Jérém., VIII.

nos maisons pour retourner chez leurs parents ; alors les unes embrassent la vie religieuse et tout est dit; les autres deviennent des mères chrétiennes ; celles-ci élèveront des garçons et des filles dans les principes où elles ont été élevées elles-mêmes ; elles leur inspireront pareillement la crainte de Dieu, la sagesse, l'amour de leurs obligations, le respect pour leurs parents, la fidélité aux devoirs de la religion et l'horreur du vice. » A leur tour, ces jeunes gens et ces jeunes personnes fonderont des familles ; mais l'éducation qu'ils donneront à leurs enfants, répondant à celle qu'ils ont reçue, « fera une espèce de transfusion de piété dans les cœurs... et ainsi cette piété sera, de génération en génération, un très riche héritage dont la religion se ressentira longtemps. La vie des sœurs du Saint-Sacrement est une continuité de bonnes œuvres qui portent bien loin, et qui, comme la grâce, rejaillissent à la vie éternelle... J'aurai donc raison d'appeler cette vie des sœurs *vie apostolique*, puisqu'elle fonde la foi, la religion et l'Évangile dans de jeunes cœurs qui, comme des oliviers, sont plantés dans le champ de l'Eglise. »

Aux exhortations pressantes le pieux fondateur avait joint l'exemple. Dès les premières années de son ministère, il s'était adonné à l'éducation des enfants et nous l'avons vu, il en avait formé plusieurs pour le sacerdoce. Devenu secrétaire du chapitre de Saint-Pierre, il ne cessa point ses leçons ; il eut des élèves de philosophie et de théologie jusqu'à la fin de sa vie. Il connaissait donc par expérience les difficultés et les consolations d'une mission que l'Eglise a toujours eue en si haute estime, et les règles qu'il donna à ses religieuses ne sont que le fruit de ses propres observations.

Son exemple était un motif plus que suffisant pour déterminer les sœurs du Saint-Sacrement à se consacrer à la régence des classes avec le même zèle qu'à la direction des hôpitaux. Cependant, comme son humilité le portait à ne voir dans sa vie aucune action digne d'être imitée, il ira chercher ses arguments chez autrui. Il cite d'abord l'exemple des pères Jésuites, qui ont créé de toutes pièces en Europe, on doit le dire, l'enseignement classique à ses divers degrés. Ce que ces saints religieux faisaient dans leurs collèges pour les jeunes gens, M. Agut veut que les sœurs du Saint-Sacrement le fassent pour les jeunes filles. Elles devront non seulement les initier aux sciences humaines, mais encore et surtout les pénétrer profondément des fortes leçons de la foi. « Quel honneur pour vous, leur dit-il, de partager avec tant de saintes âmes un ministère aussi agréable à Dieu que celui d'inculquer dans l'esprit de vos élèves des sentiments et des principes nobles et chrétiens ! »

Il ajoute en preuves des exemples bien capables de faire impression sur l'esprit et sur le cœur de ses religieuses : « Nous avons connu, dit-il, une dame d'un rang distingué qui, s'étant dérobée à sa famille, est venue en cette ville de Mâcon, sous un habit étranger, pour s'appliquer à instruire la jeunesse, préférant ainsi cet emploi à tout l'éclat de sa condition. L'on sait que le savant Gerson, après avoir brillé par ses talents, se réduisit à enseigner la jeunesse dans la paroisse de Saint-Paul de Lyon, où il est inhumé... Que dirai-je de tant de demoiselles chrétiennes, qui ont consacré leur vie à un si important exercice, parce qu'elles en ont connu le mérite ; n'est-ce pas pour vous un honneur de les imiter ? Quelle gloire en effet de former pour l'Etat des mères de famille remplies de douceur, de prudence et de probité, des épouses qui seront le soutien de leur maison ! Quel honneur plus grand encore de former pour l'Eglise et pour la religion des vierges chastes et chrétiennes et pour le ciel des habitants de la Jérusalem céleste !

« Vous ressemblez aux anges, dit-il encore à ses sœurs institutrices, puisque vous guidez les jeunes enfants dans les voies du salut. Comme Raphaël, vous conduisez ces jeunes Tobies et ces Saras dans les jours de leur pèlerinage ; comme Gabriel, vous purifiez leurs lèvres par le charbon ardent de votre zèle ; comme saint Michel, vous leur faites distinguer les vraies vertus du christianisme d'avec les fausses et trompeuses vertus du siècle ; comme Moïse, vous marchez à leur tête pour les conduire dans la terre promise ; comme Josué, vous faites arrêter le soleil de justice, et le faites entrer dans leur cœur en les préparant à leur première communion ; comme l'ange de la piscine, vous leur prêtez votre bras pour les conduire au bain sacré de la pénitence, et vous les accompagnez dans nos églises pour leur apprendre à adorer le vrai Dieu. Vous ressemblez encore à Anne, mère de Samuel, puisque, comme elle, vous les présentez au temple pour demander à Dieu leur consécration ; comme David vous les invitez à chanter les cantiques de Sion, et à consacrer leurs lèvres par des discours de piété et de dévotion ; vous ressemblez à Elie, puisque comme lui vous faites monter ces enfants des prophètes sur le Carmel pour vaquer à l'oraison ; aux Apôtres, puisque comme eux vous leur annoncez les maximes de l'Evangile et vous les cimentez dans leurs jeunes cœurs. L'Eglise vous est redevable de son accroissement, puisque c'est vous qui fondez dans ces jeunes plantes l'édifice du christianisme, et que vous perpétuez ces membres de l'Eglise dans les familles. Vous ressemblez enfin à la Mère de Jésus-Christ, puisque vous faites naître dans leurs cœurs le désir de l'aimer et de lui plaire et que vous n'oubliez rien pour les rendre dignes du ciel. Est-il un honneur pareil ? Eussiez-vous cru, mes très chères filles, que par cette fonction vous preniez part à tant de gloire devant Dieu, et que vous ramassiez un si grand trésor de mérites dont la récompense vous est réservée dans le ciel (1) ? »

(1) Tome II, p. 529, 630.

M. Agut exige de ses filles spirituelles, pour qu'elles soient à la hauteur de leur mission, des qualités éminentes : une foi vive, un zèle ardent, une patience inaltérable, une prudence éclairée, une égalité d'humeur qui conserve son calme au milieu des difficultés et des traverses, et surtout un grand esprit intérieur. Ne dirait-on pas qu'à son insu le vénérable instituteur des sœurs du Saint-Sacrement a esquissé ici encore les principaux traits de sa belle âme ? On aime à l'entendre exhorter ses religieuses à apporter dans leurs fonctions un grand esprit de foi et une tendre piété, lui qui se tenait sans cesse sous le regard de Dieu. « Ne pas jeter, dit-il, un coup d'œil de temps en temps vers le ciel, ce serait se mettre au hasard d'oublier la présence de Dieu. » Il peut prêcher à tous la patience et la douceur, lui qui ne perdit jamais son calme au sein des plus violentes persécutions : « Que si l'on est obligé quelquefois d'user de sévérité, cette sévérité ne doit jamais être dans le cœur, mais seulement apparente. »

Entendons-le recommander l'exercice du zèle : « Il faut répandre dans l'esprit des enfants les lumières de la religion et leur expliquer ses divins mystères ; c'est un devoir indispensable pour vous de leur apprendre à prier Dieu, matin et soir, avant et après le repas et à faire chaque jour leur petit examen de conscience ; c'est à vous à les exercer à la pratique de l'oraison, à la méthode d'entendre la sainte Messe, à les conduire aux pieds des confesseurs, à leur inspirer un grand respect pour l'adorable Sacrement de nos autels, à se tenir dans nos temples avec beaucoup de modestie, dans une sainte frayeur, les mains jointes... Vous devez leur inspirer la charité pour les pauvres (la visite des malades), l'exercice des œuvres de miséricorde, l'horreur du péché, l'amour de leurs devoirs, le respect pour leurs parents (1). »

Mais il sait que la meilleure disposition pour porter les âmes à Dieu, c'est « un esprit intérieur qui répand son onction jusque dans les paroles, car rien ne fait plus d'impression que de voir une personne en place touchée intérieurement de ce qu'elle dit aux autres..... C'est pourquoi vous devez être filles d'oraison et méditer souvent ce que vous devez dire aux enfants, afin que la grâce et l'onction sortant de concert de votre bouche puissent pénétrer jusqu'au fond de leur cœur. »

Le programme des classes était encore, au XVIIIe siècle, laissé au zèle et au discernement des maîtres et des maîtresses. Nos pères, entre autres avantages dont nous avons été dépouillés, ne connaissaient pas la tyrannie de l'Etat enseignant; chacun élevait ses enfants avec tous les soins et toute l'affection dont il était capable; mais on n'était justiciable devant qui que ce fût de leurs progrès scolaires. Or, la force et

(1) *Lettre sur l'instruction et l'éducation de la jeunesse.*

l'étendue des études n'ont jamais rien perdu à la liberté laissée aux maîtres chrétiens. Nous pouvons nous en convaincre, en parcourant les programmes que M. Agut a laissés à ses institutrices.

L'étude raisonnée et approfondie de la religion y occupe, comme de raison, la première place ; le vénérable fondateur voulait que les enfants eussent entre les mains l'histoire de l'ancien et du nouveau Testament, les Epîtres et les Evangiles de l'année, l'Imitation de Jésus-Christ et la Vie des saints, « livres, dit-il, que toutes les familles devraient avoir en leurs maisons ». La part qu'il fait aux sciences humaines, nous l'avons dit plus haut (1), est assez belle ; plus d'un admirateur de nos progrès modernes en sera surpris. L'histoire de France, le blason, la géographie, la politesse partagent les heures de la journée avec la grammaire, la manière de bien parler et de s'expliquer, l'orthographe et le calcul. Ce programme l'emporte de beaucoup, on ne l'a pas oublié, sur ceux qui étaient suivis dans la plupart des écoles de ce temps. Quand les sœurs auront terminé leurs leçons, elles reviendront, au moins une fois par jour, sur ce qui doit faire leur plus constante préoccupation : la connaissance et l'amour de Notre-Seigneur Jésus-Christ. M. Agut a tellement à cœur ce point de leur règle qu'il indique par le menu la méthode à suivre dans l'explication du catéchisme,

---

(1) Chap. X, p. 168-169.

donne des exemples, et fait lui-même la distribution de la matière selon l'âge et l'intelligence des enfants (1).

Mais outre ces leçons quotidiennes et suivies de catéchisme il prescrit dans ses *Entretiens* des exercices de piété particulièrement destinés aux enfants de la première communion. Il attachait avec raison une souveraine importance à cet acte de la vie du chrétien, d'où dépend le plus souvent le salut éternel. La vigilance du pasteur des âmes et de leurs auxiliaires doit être d'autant plus grande que la sollicitude des parents l'est moins. Aussi le saint prêtre insiste-t-il pour que ses religieuses ne négligent rien, lorsqu'elles auront à préparer des enfants à la première communion. Il veut qu'elles s'y prennent un an à l'avance ; parmi les pratiques qu'il leur recommande se trouvent l'usage fréquent de la confession et une retraite précédant immédiatement le grand jour. Nous ne serions pas éloigné de penser que les heureux fruits, que les sœurs du Saint-Sacrement retirèrent de ces divers exercices, contribuèrent à les faire adopter peu à peu dans toutes les paroisses de la ville et du diocèse de Mâcon. On doit en dire autant des assemblées pieuses, auxquelles les sœurs conviaient les jeunes filles après leur première communion, pour mieux assurer leur persévérance.

La veille des jours de fêtes solennelles, on les réu-

(1) *Œuvres manuscrites*, 13ᵉ dialogue.

nira, afin de les bien disposer à la réception du sacrement et on leur expliquera le mystère particulier que l'Eglise célèbre. Il conseille la même chose chaque samedi. « On fera alors réciter l'évangile du lendemain et une courte explication en sera donnée. » Ce serait le moyen, selon lui, de mieux comprendre les desseins de Dieu sur nous et d'entrer dans les intentions de l'Eglise : « On peut dire en toute vérité, ajoute-t-il, que cette méthode est excellente pour apprendre peu à peu la religion aux enfants. »

« Il faut de plus leur expliquer les cérémonies de l'Eglise qu'elles ont coutume de voir sans les comprendre, par exemple les processions publiques et particulières... les différentes couleurs des ornements, les chants joyeux et lugubres, le pain bénit, les offices, les vêpres et les bénédictions, afin que la religion puisse entrer dans le fond de leur âme par tous les sens. »

Il fallait, pour apporter un tel zèle à la formation spirituelle des jeunes personnes, que M. Agut eût de leur perfection un bel idéal et la plus grande estime. Terminons par le tableau qu'il en a tracé lui-même : « Etre attachée à ses devoirs, respecter ses parents et ceux qui tiennent la place de Dieu sur la terre, sortir peu, ne se donner jamais en spectacle, porter peinte sur son visage l'image de la modestie, dans ses yeux et sur ses lèvres celle de la pudeur, n'oser par timidité paraître en public, avoir en horreur les gestes et les entretiens trop libres avec des personnes de sexe différent, rougir d'entendre des paroles équivoques, parler peu et en termes mesurés, ne point se faire valoir des talents que l'on possède, encore moins se vanter de ce que l'on est, aimer la retraite et les entretiens de piété,... fréquenter les sacrements, assister tous les jours, autant que faire se peut, à la sainte Messe, se prescrire un règlement de vie, n'avoir chez soi que de bons livres, ne jamais parler de la religion qu'avec respect, avoir un grand éloignement pour les nouveautés, ne fréquenter que des personnes capables d'édifier, conserver l'innocence dans les mœurs, la candeur dans son extérieur, la prudence dans ses desseins, la simplicité dans ses discours, la sincérité dans toute sa conduite, voilà le portrait d'une demoiselle chrétienne et le fruit de l'éducation qu'elle aura reçue (1). »

(1) *Lettre sur l'instruction et l'éducation de la jeunesse.*

CHAPITRE XXII

ZÈLE DE M. AGUT POUR LA PERFECTION RELIGIEUSE

Docile aux leçons de l'Esprit-Saint, qui nous exhorte à tendre sans cesse vers les hauts sommets de la perfection, le vénérable instituteur des sœurs du Saint-Sacrement s'appliqua jusqu'à son dernier jour à acquérir les vertus qui font les saints prêtres. Ne pas avancer dans le chemin du salut, répétait-il souvent, c'est reculer ; aussi s'éleva-t-il rapidement à une éminente sainteté. Son principe était qu'une âme soucieuse de sa perfection doit briser les chaînes qui la tiennent captive, et que pour s'affranchir elle doit d'abord renoncer à sa propre volonté, puis embrasser généreusement la croix, à l'exemple du divin Maître.

Loin de fuir la souffrance, M. Agut la recherchait ; au lieu de se plaindre des affronts et des injures, il s'en réjouissait ; il recherchait les humiliations, et s'estimait heureux, lorsque les hommes n'avaient que du mépris pour lui et pour ses œuvres. C'est par cette voie dure mais rapide du sacrifice qu'il parvint à se vaincre; une fois dégagée de ses entraves, son âme gagna les régions sereines où luit le Soleil de justice. Combien ensuite la terre et toutes ses vanités lui parurent méprisables ! Parvenu à ces hauteurs inaccessibles aux seules forces de la nature, il voulut, à l'aide de la croix, y entraîner ses filles spirituelles.

Il avait tellement à cœur leur perfection, qu'il ne craignit pas de s'exposer lui-même à la persécution plutôt que de négliger à leur égard ses devoirs de pasteur et de père. La fatigue n'était rien pour cette nature fortement trempée ; aussi se multipliait-il, stimulant les unes, encourageant les autres, et les gagnant toutes à l'amour de Notre-Seigneur Jésus-Christ. Avant l'orage qui fondit sur sa congrégation en 1751, il se rendait chaque jour à la *Providence* et adressait aux sœurs les plus pathétiques exhortations. Il ne cessait de leur répéter, avec un accent et une conviction auxquels il était impossible de résister, qu'elles devaient uniquement « chercher à plaire à Celui qui les avait appelées à une si sainte vocation ». Nous connaissons déjà le talent que Dieu lui avait donné de toucher les cœurs ; or s'il faisait en chaire une si profonde impression sur les personnes du monde, quelle n'était pas sa force de persuasion dans ses entretiens familiers avec les religieuses. Il achevait ensuite au saint tribunal ce qu'il avait commencé dans ses conférences à la communauté.

Mais lorsque l'acharnement de ses ennemis l'eut obligé à suspendre les réunions de la *Providence* et forcé les sœurs elles-mêmes à se disperser, il poursuivit avec un nouveau zèle l'œuvre de leur sanctification. C'est ce qui lui fournit l'occasion, nous le savons, de composer ses admirables *Lettres spirituelles*, dont la lecture soutint les malheureuses fugitives, au milieu de la persécution furieuse déchaînée contre elles. « L'état que vous avez embrassé, leur écrit-il, est comparable sous quelques rapports à celui de l'apostolat, puisque en conséquence de vos engagements vous êtes obligées de mener une vie laborieuse, toute sainte, tout apostolique. »

Après avoir énuméré les divers ministères auxquels l'obéissance les a appelées et où elles ont fait quelque bien, « cette considération, dit-il, loin de vous engager dans une fausse sécurité, doit au contraire vous faire craindre pour le salut, car de quoi servirait-il de gagner un monde entier, si l'on venait à perdre son âme ? » Il pose ensuite son principe, l'abnégation et le renoncement à soi-même : « La croix doit être notre guidon, notre étendard ; elle est, dit saint Ambroise, à l'âme juste et à l'Eglise ce qu'est le mât à un vaisseau. »

M. Agut, commentant le texte de l'Evangile : « Si vous voulez être parfait, vendez vos biens, donnez-en le prix aux pauvres et suivez-moi, » ajoute : « Si je parlais à une personne du monde, je lui dirais que quoique ce ne soit là qu'un conseil, il serait bon qu'elle le suivît, sinon en tout, du moins en partie, parce que toute personne qui ne tend pas à la perfection de conseil ne tend pas souvent à la perfection de précepte ; car, quand on se borne à ne rien faire de ce qui est parfait et de surérogation, on ne parvient pas, pour l'ordinaire, à accomplir les commandements de Dieu et les devoirs de son état ; mais je parle à une âme qui étant entrée en religion doit se former sur le plus excellent modèle, qui est Jésus-Christ, et suivre de point en point ses maximes ; ainsi ce qui n'est aux autres qu'un conseil devient pour vous un vrai précepte. »

Pour atteindre cette fin sublime, il dit qu'il faut toujours viser au plus haut ; il le trouve par une comparaison : « Représentez-vous un archer qui veut tirer au but qu'il se propose ; il porte alors le poignet plus haut que l'objet. Je dis de même : pour arriver au terme de votre perfection, vous devez envisager tout ce qu'il y a de plus élevé et de plus parfait, et encore croyez que vous irez assez bas, malgré le poignet élevé... Il ne suffit pas d'édifier les autres, ajoute-t-il, vous devez vous édifier vous-mêmes. »

— Mais, objecte l'âme à laquelle il s'adrese, ne puis-je pas tenir un certain milieu dans la vie religieuse, qui serait de ne pas monter trop haut, ni de descendre trop bas ; cela m'empêcherait-il d'être parfaite ? pourquoi se faire tant de violence ? — Si cela était, répond le sage directeur, vous vous mettriez au hasard de ne jamais avancer ni reculer, situation aussi difficile que dangereuse, dans le chemin de la vertu ; car vous êtes, en travaillant à votre perfection, comme un bateau sur une rivière rapide, où il faut nécessairement avancer à force de rames ou retourner en arrière. Que diriez-vous d'une personne qui, voulant atteindre à une montagne escarpée, se contenterait d'arriver au milieu du chemin, sans monter plus haut ni descendre plus bas ? Il lui serait impossible de rester toujours à la même place à moins que par miracle elle ne fût changée en statue de sel » (1).

Il parle ensuite des dangers que court une âme peu soucieuse de sa perfection : le Seigneur lui refusera les grâces extraordinaires qui lui seraient nécessaires pour résister à une tentation violente ; elle-même diminue d'autant la gloire et la récompense qu'elle peut espérer au ciel ; elle fait peine au Cœur de Jésus, en répondant si mal à l'excès de son amour. « Quelle mésalliance indigne entre cette âme ingrate et ce Dieu qu'elle veut prendre pour époux et qui a tant travaillé en surérogation, afin de lui procurer le salut éternel ! Ce serait enfin mal comprendre sa doctrine et encore plus mal imiter ses vertus. Se peut-il imaginer

(1) *Œuvres manuscrites*, 9e dialogue.

un état à la fois plus dangereux et plus pénible ? Faire violence à un si bon Maître, résister à ses invitations pressantes, soulever en un mot son cœur de dégoût et l'obliger ainsi à rejeter cette âme : *incipiam evomere ex ore meo;* telles sont les tristes conséquences de la tiédeur au service de Dieu. »

Le saint prêtre ne connut point ces heures de défaillance coupable ; il souhaite que ses religieuses en soient préservées elles-mêmes.

Aussi bien il insiste avec force sur l'exacte observation de la règle et sur la pratique généreuse des vœux de religion, qui sont pour une âme consacrée à Dieu le moyen infaillible d'arriver à la perfection de son état. Nous savons déjà en quel estime il avait la fidélité au règlement et de quelle manière il fut sur ce point, jusqu'à sa mort, un modèle accompli que ses filles spirituelles s'empresseront d'imiter.

S'engagea-t-il lui-même par vœu à observer les conseils évangéliques ? nous ne pouvons le dire ; mais à voir le saint enthousiasme avec lequel il en parle, nous serions en droit de le penser. La chasteté, l'obéissance, la pauvreté, voilà bien les trois clous qui retiennent sur la croix du sacrifice le religieux ou la religieuse qui a fait profession, et plus ils sont enfoncés profondément, plus l'immolation est complète, plus aussi elle est délicieuse.

Avant d'entretenir ses sœurs sur le vœu de chasteté, M. Agut s'excuse sur son incapacité à traiter un sujet si relevé, « car pour parler de la vertu des anges, dit-il, il faudrait parler le langage des anges. Rappelez-vous, mes chères filles, cet heureux moment qui vous a fait faire un divorce éternel avec le monde et ses plaisirs, cette protestation sincère à la face des saints autels de n'avoir que Jésus-Christ pour époux. » Ce lien céleste qui unit les âmes religieuses à Dieu « les associe au ministère des anges et leur fait contracter une affinité glorieuse avec tout ce qu'il y a de vierges dans le séjour des bienheureux et même sur la terre... Vous êtes, ajoute-t-il la portion la plus précieuse de l'Eglise; c'est parmi les roses et les lis que vous faites votre demeure : le sang de l'Agneau sans tache nourrit vos âmes, épure vos cœurs. » Mais sur une matière aussi relevée il ne dira rien de lui-même : il emploiera « l'autorité de l'Ecriture, des Pères, la foi, la raison, l'expérience ».

Il recommande d'abord la garde des sens. « Si nos yeux, dit-il en citant saint Augustin, se dirigent sur plusieurs personnes de sexe différent, ils ne doivent s'arrêter sur aucune en particulier. » Il faut les voir sans les regarder. « Se plaire à être vues, ajoute-t-il avec Tertullien, est le même péché que de se plaire à voir. » Mais rien de plus funeste à la vertu que les fréquentes et inutiles visites. « Toute familiarité engendre le mépris, et toute fréquentation le péché. Il est certains arbres qui plantés trop près les uns des autres se nuisent et deviennent stériles; de même des tête-àtête assidus donnent lieu aux plus vives tentations. C'est ce que le Saint-Esprit nous enseigne lorsqu'il dit : « Qui aime le danger y périra. » Le grand apôtre va plus loin, il ne veut même pas que l'on nomme le péché honteux dans l'assemblée des fidèles. Quel malheur ne serait-ce pas que de s'en entretenir !

Une pierre lancée au milieu d'un lac tranquille n'y produit pas plus d'agitation qu'une allusion, quelque indirecte qu'elle soit, à ce péché ne cause de trouble aux âmes chastes. Fuyons donc comme la peste les conversations trop libres. « La vraie marque de la chasteté, dit M. Agut, dans ces rencontres délicates est une attitude modeste et sérieuse ! »

Le saint prêtre ne s'élève pas avec moins d'énergie contre les dons et les présents que les sœurs peuvent recevoir et « qui sont, dit-il, la clef d'or du cœur. » Un air languissant et badin, une contenance molle, un ton trop doux et trop complaisant, une démarche étudiée sont à ses yeux de puissants ressorts que l'ennemi du salut a coutume d'employer pour perdre les âmes ; ce sont aussi les plus tristes symptômes d'une vertu malade et qui se meurt. M. Agut adjure ses filles de se mettre en garde derrière la croix, contre ces dangereuses amorces du péché. La fuite sera toujours ici la marque du courage (1).

Le sage directeur se borne à ces conseils rapides sur

---

(1) Instructions, 2ᵉ vol. *Lettre sur le vœu de chasteté*, p. 392 et suiv.

la vertu de chasteté ; il insiste davantage sur la pauvreté religieuse. « Elle consiste, dit-il, à abdiquer toute affection aux choses de la terre, à n'avoir aucune attache à la vie présente et à en point mettre sa confiance dans sa propre sagesse. »

« Elle porte avec soi un grand mérite, nous rendant semblables à Dieu qui est un pur esprit, à Jésus-Christ son divin Fils qui nous a donné de si beaux exemples de détachement, aux esprits bienheureux qui ne possèdent rien en ce monde, aux apôtres et à tant de saints qui ont tout quitté, tout abandonné pour suivre Jésus-Christ. « Les renards, dit ce bon « Maître, ont leurs tanières, les oiseaux leurs nids, seul « le Fils de l'homme n'a pas où reposer sa tête. »

« Votre état, reprend le fervent fondateur en s'adressant aux sœurs, votre état paraît apostolique ; vous menez une vie frugale (1), vous vous contentez du nécessaire, vous évangélisez les pauvres, les enfants, les malades, les infirmes, les ignorants, les pécheresses. En tout cela, vous vous jetez dans le sein d'une providence paternelle qui ne vous laissera manquer de rien. » Selon lui, « la pauvreté religieuse est un trésor ; elle enrichit les personnes qui en ont fait profession. » — Comment cela ? Il répond avec saint Léon que « les biens spirituels qu'elle possède valent plus que les biens temporels qu'elle n'a pas. » De

---

(1) Voir plus haut, p. 211.

plus, Jésus-Christ a promis le centuple, lequel consiste « dans cette tranquillité parfaite, qui affranchit l'âme religieuse de toute inquiétude sur l'avenir, et dans cette foi amoureuse aux promesses du Seigneur, en cette vie et en l'autre. La vertu de pauvreté, en effet, attire à [cette âme tous les biens spirituels pour la vie actuelle, pour le moment de la mort et surtout pour l'éternité. »

« La pauvreté, dit-il plus loin, est une si belle vertu qu'une sœur qui veut s'établir dans ce bienheureux état doit se dépouiller de tout sans réserve aucune ; elle doit se mettre elle-même au nombre des choses dont il faut qu'elle se sépare ; sans ce parfait renoncement, elle ne saurait acquérir l'esprit de pauvreté ; si elle se donne à Dieu avec quelques restrictions, elle peut bien être pauvre dans l'estime des créatures, mais elle ne le sera pas au jugement de Dieu. »

Le saint fondateur voit dans la rigoureuse observance de la pauvreté la plus sûre garantie qu'une communauté religieuse puisse avoir dans l'avenir. Quand les ressources humaines manquent à ses serviteurs, Dieu intervient en leur faveur, et il le fait toujours d'une manière admirable, donnant le nécessaire mais refusant le superflu, cause trop ordinaire du relâchement. Aussi M. Agut a-t-il pris toutes les précautions pour que ses filles spirituelles ne soient jamais riches ; comme la cupidité peut trouver son compte jusque dans l'émission des saints vœux, il interdit absolument toutes donations qui seraient faites à la communauté ou aux professes à cette occasion.

« C'est, dit-il, afin de brider cette violente et infatigable passion qu'il vous est défendu, par vos règles et constitutions, d'exiger quoi que ce soit des sujets qui entrent parmi vous (1). » Il aimait à répéter à ses religieuses en vrai disciple de saint François d'Assise, cette maxime si remarquable : « Tant que vous serez pauvres, je réponds de vous ; mais si vous devenez riches, je n'en réponds plus. Laissez donc, ajoutait-il pour prévenir une objection, laissez à la divine Providence le soin de pourvoir elle-même à ses pauvres, et ne vous mêlez point de leur procurer, aux dépens de votre conscience, des secours qu'ils peuvent tirer d'ailleurs... La succession des temps n'a introduit le relâchement dans les communautés que par le désir des biens et des richesses ; il vaudrait mieux pour vous n'avoir jamais pris naissance en ce monde, si pareil malheur vous arrivait. »

La seule pensée que ses filles puissent être riches un jour le jette dans l'épouvante : « Un temps peut

(1) « Il ne sera point reçu de dot dans l'Institut, mais seulement une pension viagère de cent cinquante livres, avec les habits, linge et autres choses à l'usage des sœurs. » (Art. XXXV.)
« On ne fera point de dépense en repas ou autres choses semblables, soit à leur entrée au noviciat, soit à leur profession. » Art. XXI. — Règle de 1778.

venir, s'écrie-t-il, et il viendra sans doute où la divine Providence pourvoira à vos besoins ; craignez l'abondance, elle vous serait pernicieuse et vous engagerait dans des tentations d'orgueil et de cupidité ; versez promptement dans le sein des pauvres ce que vous avez reçu ; que l'aumône qui vous sera faite passe aussitôt dans leur sein ; vous n'en serez pas plus pauvres, puisque la source, passant par votre canal, ne tarira jamais (1). »

Si la chasteté fait l'honneur des communautés religieuses, l'obéissance en est, avec la sainte pauvreté, la condition essentielle. Sans fidélité à la règle, sans soumission aux supérieurs il n'y a pas de vie religieuse possible. L'obéissance en constitue à elle seule le vrai mérite. M. Agut le prouve ainsi : « De tous les biens que nous possédons, dit-il, nous n'en avons point de plus cher que notre liberté ; par l'obéissance nous l'enveloppons dans le sacrifice de notre volonté ; c'est par elle que nous lions la victime, que nous la plaçons sur le bûcher, que nous l'immolons et enfin que nous l'offrons sans cesse à Dieu dans cet état de mort mystique, offrande qui est d'un prix rare et qui unie à celle de Jésus-Christ acquiert un mérite infini.

« Pour mieux comprendre le prix de l'obéissance, attachons-nous à ce que dit Jésus-Christ qu'il est des-

(1) Instructions, 2ᵉ vol. *Lettre sur le vœu de pauvreté*, p. 412 et suiv.

cendu du ciel, non pour faire sa volonté, mais celle de son Père; sa vie n'a-t-elle pas été une obéissance perpétuelle ? Il avait une volonté humaine qui répugnait à prendre le calice qui lui était préparé ; faut-il en faire le sacrifice, il lui en coûte une cruelle agonie et une sueur abondante de sang et d'eau : voilà le prix de l'obéissance ! et on peut dire que la croix est le vrai symbole de cette vertu, puisque c'est par obéissance que l'Auteur de la vie a accepté la mort. »

Il ajoute : « La vie d'une âme obéissante est une suite continuelle de victoires; toutes les vertus ont un vice particulier à attaquer : la diligence combat la paresse, la douceur la colère; l'humilité s'en prend à l'orgueil, l'esprit de pauvreté à l'avarice ; seule l'obéissance surmonte tous ses adversaires à la fois, en détruisant en même temps l'amour-propre et la volonté propre, qui en sont l'origine et le principe ; aussi l'on peut dire qu'une âme religieuse qui possède la vertu d'obéissance, a gagné autant de batailles, défait autant d'ennemis et mérité autant de couronnes qu'il y a de passions différentes. »

M. Agut veut que l'obéissance des sœurs du Saint-Sacrement soit simple, affectueuse, universelle, aveugle et prompte. « Vous devez, leur dit-il, vous soumettre aux commandements qui vous sont intimés dans la simplicité de votre cœur; ayez en horreur ces interprétations de la règle qui en éludent presque toutes les prescriptions..... Obéir avec chagrin et répugnance, couvrir son visage d'un air mélancolique et bilieux ce n'est pas obéir. L'obéissance doit être affectueuse au contraire ; on doit obéir avec plaisir jusqu'à aimer la nature de cette vertu dans la répugnance même aux moindres commandements... Voulez-vous, mes chères filles, que votre obéissance vous soit méritoire, faites paraître jusque dans la sérénité de votre visage que le commandement de votre supérieure vous fait plaisir ; par cet extérieur vous réjouissez celle qui vous commande ; vous édifiez vos sœurs, et vous vous attirez à vous-mêmes les grâces et la récompense attachées à l'obéissance religieuse. »

Mais l'obéissance ne sera vraie que si elle s'étend à tous les points de la règle sans exception ; « car accomplir la règle à la réserve de certains articles qu'on laissera en arrière, c'est amoindrir l'importance de toute la règle ; l'obéissance doit également se pratiquer dans tous les âges et dans tous les temps. » L'ancienneté dans la maison, les services rendus loin d'être des dispenses constituent une obligation de plus, à cause du bon exemple que les anciennes doivent aux jeunes religieuses : « N'est-ce pas celles qui ont été le plus longtemps en place et qui sont depuis de longues années en religion, qui doivent être plus parfaitement instruites de leurs règles et plus fidèles à l'obéissance ? »

« Cette belle vertu sacrifie la volonté propre à l'autorité des supérieures ; elle doit donc être aveugle et renoncer à son propre jugement. Une sœur ne doit point être sage à ses propres yeux ni ériger dans son esprit un tribunal pour décider sur la conduite d'une supérieure ; mais elle doit réformer ses idées, condamner ses préventions et croire fermement qu'elle obéit à Dieu en lui obéissant. »

Enfin, la docilité et la promptitude dans l'obéissance en complètent le mérite. « Une religieuse doit se comporter en matière d'obéissance comme les êtres inanimés se comportent dans la création vis-à-vis de Dieu. Le Seigneur n'eut pas plus tôt commandé que tout fut créé sur sa parole; bien mieux, une religieuse obéissante s'empressera de devancer et de prévenir les intentions de ses supérieures. »

Quels sont les fruits d'une vertu aussi agréable à Dieu ? Le saint prêtre les énumère ainsi pour la consolation de ses religieuses et d'après sa propre expérience : « Le premier est l'augmentation de la foi vive dans celle qui obéit ; le principal motif de cette vertu étant que l'on n'obéit que parce que la personne qui commande tient la place de Dieu, plus on défère aux ordres d'une supérieure, plus on s'accoutume à cet esprit de foi lequel augmente par des actes positifs et souvent répétés d'obéissance. »

« Le deuxième fruit de cette vertu, ce sont les consolations qu'elle apporte avec elle. Dieu récompense abondamment l'obéissance; l'onction de la grâce se répand, comme un baume précieux, jusque dans le fond de l'âme, qui lui fait sentir sa divine présence, et dissipe toutes les peines de l'esprit.

« Le troisième est le repos de la conscience. Qu'est-ce qui la trouble si ce n'est la passion? Or l'obéissance parfaite les assujettit; elle en retranche les occasions, en ferme les avenues; par conséquent, il n'y a rien dans celle qui obéit qui lui puisse causer des troubles, y exciter des orages et la couvrir de ténèbres. Aussi dans cette âme règne une paix profonde; le royaume de Dieu s'y établit solidement; le bon ordre s'y trouve, tout y est tranquille, parce que par le moyen de l'obéissance il s'y est répandu une effusion abondante de grâces et de bénédictions. »

Le pieux fondateur termine son exhortation par ces paroles, que lui inspire son grand amour de la perfection : « J'ajoute à tous ces avantages, mes très chères filles, la gloire qu'il y a d'obéir, la sûreté qu'on trouve dans cette voie, l'espérance des biens futurs promis à l'obéissant; que si, par l'obéissance, on a mis le dépôt de sa vie, de son esprit, de ses actions, de ses démarches et de toute sa conduite entre les mains d'une supérieure, il est juste qu'un si beau sacrifice soit récompensé en ce monde par l'espérance, et en l'autre par la possession de la gloire éternelle (1). »

(1) *Instructions*, 2ᵉ vol. *Lettre sur le vœu d'obéissance*, p. 434 et suiv.

R. M. Françoise-Joséphine LACOMBE
Troisième supérieure générale de la Congrégation des Sœurs
du Saint-Sacrement.
(*Costume des religieuses adopté en 1825*).

APPENDICE

PRÉCIS HISTORIQUE DE LA CONGRÉGATION

DU SAINT-SACREMENT

DEPUIS LA MORT DE M. AGUT JUSQU'A NOS JOURS

APPENDICE

I

Dociles aux leçons et aux exemples de leur vénéré père, les religieuses du Saint-Sacrement continuèrent après sa mort toutes les œuvres de miséricorde auxquelles il les avait vouées : soin des infirmes, éducation chrétienne des jeunes filles, visite des malades. Ce sera l'éternel honneur de sa congrégation d'avoir tenu haut et ferme, au milieu des plus violents orages, l'étendard de la charité, d'avoir enrôlé sous ses plis glorieux tant de femmes généreuses, dont la seule ambition est de vivre et de mourir au service des membres souffrants de Jésus-Christ.

Rien ne rebutera ces admirables servantes des pauvres, ni les répugnances instinctives de la nature, ni les fatigues d'un ministère qui dure sans désemparer le jour et la nuit, ni les mépris et les railleries du monde, ni les menaces et les mauvais traitements de la Révolution, ni la prison, ni les spoliations, ni la maladie, ni la faim, ni le dénuement, pas même la mort. Nous allons voir bientôt les filles de M. Agut, plus jalouses de leur foi que de tous les trésors de la terre, repousser énergiquement tout compromis avec le schisme et, plus attachées à leur sainte vocation qu'à leur liberté, résister avec force aux injonctions des Jacobins, qui, après leur avoir ravi leur dernières ressources, les sommeront, au nom de l'humanité, de renvoyer les malheureux incurables, puis de se marier.

Elles préféreront endurer la captivité, les plus cruelles privations plutôt que de violer leurs engagements sacrés. Dispersées et privées de tout, non seulement elles continueront à observer fidèlement leur sainte règle, mais elles trouveront encore le moyen de nourrir les pauvres qui sont leurs enfants, dussent-elles pour cela se priver du nécessaire. Les unes, comme sœur Marie-Anne Du Ligny, partageront au lit de la mort avec leurs malades la dernière fiole de sirop qui reste à la pharmacie et qui leur est destinée; les autres, à l'exemple de la R. M. Rubat, iront au péril de leur vie mendier le pain que réclament les malheureux qu'elles ont recueillis; d'autres enfin, à la suite de la R. M. Chatelain, se livreront aux plus rudes labeurs pour subvenir aux besoins de l'hospice; elles bêcheront elles-mêmes, la nuit, le jardin qui nourrit les infirmes au soulagement desquels elles se dévouent durant le jour.

Les Terroristes les plus forcenés seront obligés de s'incliner devant de tels héroïsmes. Ils pilleront, le blasphème à la bouche, la maison construite et dotée par M. Agut; mais ils n'oseront en chasser les héritières de ses vertus. La *Providence* de Mâcon restera donc le centre de leur Institut jusqu'à ce que la volonté de Dieu, manifestée par la bouche des supérieurs, prenne d'autres dispositions.

La Rév. Mère Marie-Stanislas Brunet, nommée, ainsi que nous l'avons vu, supérieure générale de la Congrégation du vivant de M. Agut, continua ses fonctions jusqu'en 1810. Lorsque la maladie eut contraint le vénérable fondateur de céder à un autre le soin de rédiger les registres de la communauté, il en avait chargé la R. M. Brunet. La régularité de ses comptes prouve le bon ordre de son administration ; son écriture ferme et nette semble aussi déceler la droiture et l'énergie de son caractère (1). Il eût été impossible de placer à la tête de la congrégation une personne

---

(1) On a conservé aux archives du Saint-Sacrement six lettres que M. Agut écrivit en 1767 à la R. M. Brunet, durant son voyage de Provence. Elles portent en suscription : « à M. Brunet, notaire royal à Saint-Laurent, pour faire remettre la présente à Madame Brunet, supérieure de la Providence — à Saint-Laurent-lès-Mâcon. »

L'une de ces lettres, datée de Valence le 7 octobre 1767, a gardé le sceau de cire rouge qui la fermait. Serait-ce le cachet de M. Agut ? C'est un blason de forme ovale, à la façon du xviiie siècle. Il porte d'azur à fasce d'argent avec trois croix grecques, deux et un.

mieux rompue aux affaires et plus capable de parer aux difficultés d'une situation qui ne devait pas tarder à devenir d'une extrême gravité.

La R. M. Brunet eut pour seconder ses efforts M. l'abbé Sigorgne, vicaire général du diocèse, que Mgr Moreau désigna comme successeur au vénéré M. Agut à la tête de la nouvelle congrégation. Très versé dans les sciences métaphysiques, M. Sigorgne avait déjà publié sur les mathématiques pures des écrits qui lui méritèrent les plus flatteuses distinctions. Mais ce qui valait mieux que tous les titres académiques, c'était la sainte amitié qui l'unissait au vénéré fondateur de la *Providence* et la sympathie qu'il n'avait cessé de témoigner à ses œuvres. Il s'efforça, après sa mort, de marcher sur ses traces, heureux si au fort de l'orage il avait eu sa fermeté invincible (1). Mais si son caractère n'avait pas reçu une aussi forte trempe, il eut d'autres qualités. Patient et habile, il était par-

(1) Messire Pierre Sigorgne prêta, avec son frère l'abbé Sigorgne de Chazeray et à la suite de Mgr Moreau, le serment de *liberté et d'égalité*, licite selon les uns, condamné selon les autres. Ce serment, mal interprété, fit accuser M. Sigorgne d'avoir adhéré à la constitution civile du clergé, mais le fait n'est pas prouvé. La mémoire du dévoué supérieur des sœurs du Très-Saint-Sacrement est donc pure de la tache du serment schismatique. Il prêta, dans le même esprit de conciliation, en 1795, le serment de soumission aux lois de la république, et en 1799 le serment de haine à la royauté. Mais il ne fit qu'imiter la conduite de son évêque, qui, à l'exemple de plusieurs prélats restés en France, voulut donner ce dernier gage de condescendance aux nouveaux maitres du pays.

dessus tout fertile en expédients. Sa souplesse de tempérament, sa facilité de s'accommoder des personnes et des choses lui firent tirer tout le parti possible d'une situation humainement désespérée.

Mais n'anticipons pas sur les événements. Le 19 août 1778, M. Sigorgne, ainsi que la R. M. Brunet, signe en sa qualité de supérieur, un nouveau traité avec l'hospice de la Charité à *Roanne*, « à l'effet d'accroître le nombre des sœurs qui le desservent ». D'autres établissements furent créés à *Tain* (1) et à *Roussillon* (2), en Dauphiné. Les sœurs du Saint-Sacrement furent appelées à *Perpignan* en 1780 pour y diriger l'hôpital Saint-Jean-Baptiste, à *Rhodez* en 1788 pour y desservir l'Hôtel-Dieu de Saint-Jacques, et en 1784 à *Bourgoin*, en Dauphiné, où la R. M. Ducarre donna l'exemple d'un dévouement héroïque à l'égard des pauvres et des malades. La dernière fondation, qui précéda de quelques années la tourmente révolutionnaire, fut celle de *Glandève* (3), dans les Alpes, aux confins de la France et des Etats Sardes.

Mais l'œuvre la plus importante qu'accomplit la R. M. Brunet de concert avec M. Sigorgne, avant les orages de 1789, ce fut d'assurer, à l'aide d'un capital considérable, le service des malades à l'hospice de la *Providence*. Ils mettaient ainsi la dernière main à la

(1) Département de la Drôme.
(2) Département de l'Isère.
(3) Ne se trouve pas dans le *Diction. des Com.*

fondation de M. Agut, juste au moment où les Jacobins s'apprêtaient à la bouleverser de fond en comble.

« Dès le principe, lisons-nous dans une relation manuscrite, toutes les sœurs qui habitaient la *Providence* y payaient leur pension, afin que le service des pauvres incurables ne diminuât pas les revenus si restreints de la maison... » en sorte que, selon la remarque qui en a déjà été faite, les religieuses du Saint-Sacrement achetaient de leurs deniers l'honneur de soigner les malades.

Mais « prévoyant, dans leur sagesse, que plusieurs sujets très propres au service si dégoûtant de cette maison pourraient se trouver hors d'état de payer leur pension, afin que les pauvres incurables ne fussent pas privés des secours et des soins de ces sœurs, nos anciennes mères (réunirent) leurs ressources pour y fonder sept places gratuites... (1) » Cette somme, qui s'élevait à 21.000 livres, fut remise aux recteurs de la *Providence* et placée sur les Etats du Mâconnais. Ainsi grâce à leur sage et généreuse prévoyance, la R. M. Brunet et ses filles obtenaient ce double résultat : elles assuraient le recrutement de la communauté et en même temps elles unissaient indissolublement le sort de la Congrégation à celui de l'hospice. « C'est ce que furent obligés de reconnaître, non sans quelque dépit, les délégués du district qui remplacèrent en 1790 l'an-

---

(1) *Mémoire inédit de la R. M. Récy.*

cienne commission administrative (1). » Déjà, en effet, la révolution était commencée ; le premier soin des sectaires qui s'arrogèrent le souverain pouvoir à la réunion des Etats généraux, fut de dépouiller l'Eglise afin de mieux *décatholiciser* la France. De son vivant, M. Agut avait démasqué leur dessein pervers, et avait mis en garde ses filles spirituelles contre les idées nouvelles. Après sa mort, sa puissante intercession auprès de Dieu, les prières et les vertus de tant de saintes âmes qu'il avait mises sur le chemin du ciel furent pour l'hospice de la *Providence* et pour l'Institut tout entier un rempart protecteur.

La vente des biens du clergé, prétendus *biens nationaux*, s'opéra, comme l'on sait, sous le fallacieux prétexte de rétablir l'équilibre dans les finances de l'État, mais en réalité pour enlever aux prêtres et aux évêques la légitime influence qui leur appartenait. Quand la secte eut réduit les ministres des autels à mendier leur pain, elle voulut les déshonorer, en leur imposant sous peine d'exil et bientôt de mort, le schisme d'abord, puis l'apostasie. L'histoire a redit bien des fois la noble résistance que le clergé de France opposa aux vaines entreprises des constitutionnels, et son ardeur à voler au martyre, lorsque l'échafaud eut été dressé pour punir les prêtres fidèles à Dieu et à son Eglise.

(1) M. Boussin. *Annuaire*, p. 278.

Cependant, la révolution, poursuivant son œuvre de haine et de mort, détruisait les unes après les autres toutes les institutions des siècles de foi : hospices, hôtels-Dieu, refuges, asiles, universités, collèges, écoles, rien de ce que l'Eglise avait créé ne put trouver grâce à ses yeux. Elle proscrivit les religieux et jeta les malheureuses religieuses des divers ordres hors de leurs couvents transformés en casernes ou en prisons. Pour nous restreindre au sujet particulier que nous étudions, elle chassa les sœurs du Saint-Sacrement des vingt établissements d'éducation qu'elles dirigeaient, sans compter les écoles de campagne, et les « força à se disperser dans leurs familles, où plusieurs qui étaient âgées et malades, terminèrent leurs jours ».

Les hôpitaux eux-mêmes n'échappèrent pas à la rapacité cupide des *patriotes*, qui ne craignirent point de s'adjuger une partie des rentes et des capitaux, réunis, comme nous l'avons vu, afin d'assurer aux malades tous les soins qui leur sont nécessaires. La célèbre formule : *Récompense pour services exceptionnels*, était déjà largement mise en pratique par les frères et amis. Cependant la pudeur et la nécessité où ils étaient d'offrir un asile quelconque aux infirmes et aux malades pauvres, empêchèrent la destruction totale des hospices. Les sœurs du Saint-Sacrement purent ainsi en conserver *huit*, mais Dieu sait au prix de quels sacrifices ! L'un des plus pénibles fut de quitter l'habit religieux. Ce ne fut qu'après des sommations réitérées et dans la crainte de plus grands maux, que la R. M. Brunet et ses sœurs consentirent à prendre pour un temps des habits séculiers. Mais rien ne put les déterminer à prêter le serment schismatique qu'on exigeait encore de ces saintes filles.

Sœur Brunet fut pour ce fait jetée en prison. A cette nouvelle, tout le quartier de la Barre fut en émoi ; pétitions sur pétitions furent adressées au procureur syndic, et malgré le mauvais vouloir des directeurs, il fallut bien élargir celle que tous les malheureux appelaient si justement leur mère ; c'était le 6 décembre 1793, en la fête de saint Nicolas. Les pauvres de la *Providence* allèrent la chercher jusqu'à la porte de la prison et la ramenèrent triomphalement au milieu d'eux. La digne supérieure reprit ainsi l'exercice de son ministère de dévouement et de charité à l'hospice des incurables.

Il est inutile d'ajouter qu'elle et ses sœurs furent privées de toute sorte de secours spirituels, tant que dura l'abominable régime de la Terreur. En 1791, l'aumônier de la communauté, M. Joseph Baillyat, avait été obligé comme insermenté, de prendre le chemin de l'exil, ainsi que le vénéré M. Robert, curé de Charnay. Un intrus, Etienne Maigre, prétendit le remplacer à la paroisse et à l'hospice. Comme il pressait les sœurs d'assister à sa messe sacrilège et d'y envoyer leurs malades : « Nous n'en avons pas le temps répondaient-elles ; tous nos moments sont pris par le soin des infirmes. Quant à eux, ils font leurs prières dans les salles. »

De son côté, M. Sigorgne, au plus fort de la Terreur, put faire parvenir à ses filles spirituelles quelques avis et conseils pour fortifier leur courage et guider leur conduite. Mais Dieu, qui n'abandonne jamais les siens, ménagea aux sœurs du Saint-Sacrement une consolation d'un prix infini, en leur envoyant un saint prêtre, confesseur de la foi, « qui, sous le déguisement d'un marchand de plantes médicinales, parcourait les campagnes du Mâconnais, administrant les moribonds, baptisant les nouveau-nés, réconciliant les pécheurs avec le ciel. Sous le prétexte de vendre des *simples* pour la pharmacie, il put pénétrer plusieurs fois auprès de la mère Brunet et de ses compagnes, les entendre en confession, réparer les erreurs et les fautes commises, leur distribuer le Pain des forts et le Vin qui fait germer les vierges (1). »

(1) Privées de direction et abandonnées à elles-mêmes, mère Brunet et ses filles crurent pouvoir céder aux menaces du curé intrus de Charnay et *subir* quelquefois son ministère. Afin de prévenir le scandale, elles disaient aux personnes de la maison « qu'il était un prévaricateur et qu'elles n'avaient aucune confiance en lui ». Sans excuser leur conduite, nous pouvons l'expliquer par le désarroi qui régnait partout, à Mâcon en particulier, où le premier pasteur avait lui-même donné l'exemple des compromis avec les nouvelles autorités de la ville.

II

Dès que la tourmente se fut un peu calmée, M. Sigorgne reprit les fonctions de supérieur de la congrégation, et aida puissamment la R. M. Brunet à la reconstituer. Ce fut une bien douce jouissance aux filles de M. Agut, de se retrouver, après un si violent orage, dans ce modeste sanctuaire, témoin des élans de ferveur de leur noviciat et des engagements sacrés qu'elles avaient contractés avec le Seigneur. Il avait été sinon respecté, du moins préservé des honteuses orgies du culte de la déesse Raison. Mais grande aussi fut leur douleur de voir tant de vides dans leurs rangs, tant de ruines amoncelées autour d'elles.

L'hospice des incurables si généreusement doté par M. Agut et par les premières mères de la congrégation, se trouvait dans une situation des plus précaires; les capitaux avaient été pillés ou confisqués; les rentes n'étaient plus payées, les ressources réduites à rien; le mobilier usé, les malades et les vieillards couverts de haillons.

Malgré ce dénuement presque absolu, les filles du saint fondateur, se souvenant des maximes qu'il leur avait enseignées sur la pauvreté, se mirent à l'œuvre sans hésiter. Le crédit dont il jouit sur le cœur de Dieu se fit particulièrement sentir à ce moment critique, où tout manquait à la fois à la R. M. Brunet et à ses courageuses compagnes.

Le noviciat, resté désert depuis 1790, fut réorganisé et ne tarda pas à rouvrir ses portes à quelques postulantes. En attendant que le nombre des religieuses pût leur permettre de se consacrer de nouveau à l'indispensable apostolat de l'éducation chrétienne des enfants, la R. M. Brunet pourvut aux besoins les plus urgents, qui étaient ceux des pauvres malades nécessiteux. Elle s'ingénia de mille manières pour leur procurer le pain de chaque jour, prenant souvent sur le strict nécessaire des religieuses. Mais quel que fût son dévouement, la maison de la *Providence* resta encore plusieurs années dans une telle gêne, que sœurs et infirmes durent se passer d'un aumônier. Jusqu'en 1805, les unes et les autres assistèrent aux saints offices, d'abord à la chapelle de l'hôpital, où le culte catholique fut rétabli en premier lieu, puis à l'ancienne cathédrale de Saint-Vincent qui s'ouvrit à la fin de 1802.

Sur ces entrefaites, Mgr Moreau, qui lui aussi avait repris ses augustes fonctions, fut transféré au siège épiscopal d'Autun, maintenu par le concordat de 1801. On sait quelle était la politique de Bonaparte dans la nomination des nouveaux évêques : à l'aide de soixante vieillards, il voulait, disait-il, tenir entre ses mains tout le clergé de France. C'est-ce qui explique le choix qu'il imposa obstinément au souverain Pontife de prélats souvent octogénaires. Mgr Moreau fut de ce nombre; il eut à peine le temps de prendre possession de son nouveau siége. Les affaires de son ancienne Église l'ayant rappelé à Mâcon, il y mourut pieusement *en son domicile*, le 8 septembre 1802, à l'âge de 82 ans ; il fut assisté durant sa maladie par les religieuses du Saint-Sacrement, heureuses de lui prodiguer leurs soins et les témoignages de leur piété filiale.

Mgr de Fontanges, ex-archevêque de Toulouse, succéda à Mgr Moreau à la tête du diocèse d'Autun, qui comprenait alors les départements de Saône-et-Loire et de la Nièvre. Il avait trop d'intérêts majeurs à soutenir, trop de ruines surtout à relever pour pouvoir s'occuper, comme il l'aurait désiré, d'une manière particulière de la congrégation du Saint-Sacrement, qui resta sous l'autorité spirituelle de l'abbé Sigorgne. Celui-ci, en effet, signe à titre de supérieur les actes du chapitre, dès le 25 novembre 1802. Il venait fréquemment visiter l'hospice de la *Providence*, exhortant les sœurs, les encourageant à redoubler de dévouement, s'il était possible, à l'égard des malades, offrant aussi de temps en temps le saint sacrifice dans la chapelle où reposait la dépouille mortelle de M. Agut, son saint ami.

Peu à peu cependant le noviciat se repeuplait ; l'année 1801 vit entrer trois postulantes parmi lesquelles nous remarquons sœur Françoise Lacombe, de Rodez, qui devait succéder à la R. M. Brunet dans la supériorité générale de la congrégation.

L'année suivante fut tout à fait stérile en vocations ; mais le mouvement surnaturel qui va pousser les âmes généreuses vers l'Institut du Saint-Sacrement ne tarda pas à reprendre ; il ne s'arrêtera plus désormais et ira croissant d'année en année. En l'année 1803, la congrégation ajouta aux anciens établissements qu'elle avait conservés sous la Révolution de nouvelles et importantes maisons (1), telles que l'hospice civil et militaire de *Milhau*, au diocèse de Rodez, l'hôpital de *Perreux* (Loire), et la Charité de *Tournus*. Cette dernière fondation ne fut pas maintenue, et déjà les sœurs du Saint-Sacrement avaient fait une perte encore bien plus sensible, en abandonnant l'hospice Saint-Louis, autrement dit de *la Charité*, à Chalon, qui avait été, on s'en souvient, le second berceau de l'institut (2).

(1) Les établissements qui furent conservés pendant la Révolution sont :
L'hospice de la Providence, à Mâcon, maison mère,
L'hospice de la Charité ou de Saint-Louis, à Chalon-sur-Saône,
L'hôpital de Saint-Amour-en-Comté,
L'hôpital de la Chaise-Dieu,
L'hôpital de Condrieu,
L'hôpital civil et militaire de Perpignan,
L'hôpital de Bourgoin.
(2) Les filles de M. Agut ne furent point chassées de l'hospice de Saint-Louis pendant la persécution. On lit dans un mémoire du temps, que « les Agustines ou sœurs de la Charité avaient fait le serment d'égalité.... Une des sœurs, nommée Pacard, et résidant dans cette même maison, enseignait les jeunes filles de la deuxième école, qu'elle dirigeait d'après les principes de l'ancien régime. Une députation de la municipalité se rend au

Mais l'ordre chronologique nous ramène à la tentative faite, en 1807, par Napoléon, devenu empereur des Français, pour modifier les statuts rédigés par M. Agut et auxquels Mgr Moreau, évêque de Mâcon, avait accordé sa haute approbation.

Le but du nouveau César était, personne ne l'ignore, de soumettre toutes les congrégations de femmes vouées au soin des malades à une législation uniforme et empreinte de ses idées personnelles. Un chapitre général des hospitalières fut donc convoqué à Paris, le 10 novembre 1807, au palais de Madame Lætitia Ramolino, mère de Sa Majesté. L'Institut du Saint-Sacrement reçut l'invitation de s'y faire représenter par l'un de ses membres.

A Mgr de Fontanges avait succédé, en 1806, sur le siège d'Autun, Mgr Imberties, vieillard vénérable d'un tempérament conciliant. D'après son conseil, le chapitre des sœurs du Saint-Sacrement députa à Paris sœur Antoinette Augier Lacombe, qui en garda le surnom de *la Parisienne,* et à laquelle M. l'abbé

---

comité, le 11 juin 1794, et dénonce la dite citoyenne. Ces députés, membres du conseil général de la commune, disent qu'ils ont observé à la dite Pacard que la jeunesse devait être enseignée suivant les maximes de la constitution républicaine, et qu'il fallait substituer les nouveaux livres élémentaires à ceux qui respiraient le fanatisme, et que cette citoyenne leur a répondu par les propos les plus inciviques : ils la dénoncent comme suspecte et incivique *(sic)*... Un mandat d'arrêt fut décerné contre cet individu, pour être entendu et ensuite ordonné ce qu'il appartiendra. » Mais il resta sans effet et la sœur ne fut point incarcérée.

Maury, secrétaire de l'évêché, fut prié de s'adjoindre pour soutenir les intérêts de l'Institut. Une procuration en forme leur fut remise, ainsi qu'un court mémoire sur le but et l'état de la congrégation. M. Sigorgne, rédacteur de cette note, s'était, dans un but facile à comprendre, appliqué à prouver que les vœux émis par les sœurs n'étaient nullement *monastiques* ni solennels, mais qu'ils relevaient de la seule autorité diocésaine. On savait l'empereur peu favorable aux ordres religieux et aux congrégations dépendant directement du Saint-Siège, et M. Sigorgne, fidèle à sa ligne de conduite, voulait ménager les susceptibilités du tout-puissant monarque. Napoléon ne souffrait pas dans son empire d'autre autorité que la sienne et laissait déjà entrevoir l'intolérable prétention de régenter le Pape et l'Eglise.

Le chapitre général des hospitalières se tint, à Paris, à la date indiquée; nous ignorons la part que purent y prendre la sœur Lacombe et le chanoine qui l'assistait. Ce n'est que plus d'un an après, le 18 février 1809, que parut le décret impérial, auquel les communautés religieuses de femmes durent se soumettre, sous peine de dissolution. Le César s'était fait pontife. D'un trait de plume il biffait le vœu de pauvreté et limitait lui-même la durée des vœux de chasteté et d'obéissance !

Le 19 avril suivant, une assemblée générale des sœurs hospitalières du Saint-Sacrement composant la maison de la *Providence*, chef-lieu de la congrégation, était convoquée à l'effet de prendre connaissance du décret impérial et d'en délibérer. Hélas ! si les avis furent partagés, la résolution finale, dont nous avons la teneur, était une pleine et entière soumission aux volontés de l'irascible empereur. « Sans doute, dit M. Boussin, la situation où le décret plaçait les congrégations hospitalières, et en particulier celle du Très-Saint-Sacrement, était d'une gravité exceptionnelle. Le refus de s'y soumettre et d'obéir à l'article arbitraire, violent, sur le vœu de pauvreté, aurait pu entraîner la dissolution de l'institut pour un temps dont il n'était pas facile de prévoir la durée, et, dès lors, probablement sa ruine (1). » De deux maux on choisit celui qui parut le moindre à des yeux peu clairvoyants ou à des volontés timides.

On crut donc devoir céder ; les intentions étaient bonnes, personne ne saurait en douter ; l'erreur n'en fut pas moins fâcheuse. Mais qui ne voit qu'une part notable de la responsabilité retombe sur l'autorité diocésaine, qui approuva la délibération au lieu de l'annuler comme c'était son droit et son devoir ?

Cette défaillance ne fut malheureusement point isolée en cette déplorable époque, où tant de volontés qui auraient dû résister avec la dernière énergie plièrent si tristement sous les violentes, tenaces

(1) *Annuaire de la Congrégation*, p. 338.

et despostiques exigences de Napoléon. Mgr Imberties était baron de l'empire ; ses remontrances eussent peut-être été efficaces et nous pouvons nous demander s'il n'y eut pas, de sa part ou d'ailleurs, des démarches tentées dans ce sens. Hâtons-nous aussi d'ajouter que le mal accepté en principe ne fut pas consommé. La déclaration du chapitre des sœurs, envoyée au ministère vers la fin de mai 1809, ne reçut pas de réponse immédiate. Il s'écoula une année entière et même plus, avant que l'acte approbatif de la congrégation et de ses statuts fût signé par Napoléon, et encore fut-il moins rigoureux qu'on ne pouvait s'y attendre. Nous aimons à penser que les efforts persévérants de Mgr Imberties, qui était à Paris le 6 décembre 1809 et encore le 21 mars 1810, contribuèrent à cet heureux résultat.

Les religieuses servantes des pauvres et des malades retrouvaient la liberté de régler elles-mêmes, « sous la direction des ordinaires et pour la foi interne, le nombre et la durée de leurs engagements avec le Seigneur ». Les statuts approuvés en 1810 ne font aucune mention de la question capitale des vœux de religion. Que s'était-il passé dans l'esprit du vainqueur de l'Europe, alors à l'apogée de sa gloire ? nous ne saurions le dire. Mais il est certain, d'après le grand registre de la congrégation, que les jeunes professes, en 1809, 1810 et les années suivantes, firent comme les anciennes religieuses les trois vœux annuels de chasteté, d'obéissance et de pauvreté et que les sœurs âgées de trente ans furent admises à les émettre perpétuels.

Ni M. Sigorgne ni la R. M. Brunet ne virent la fin de ces pénibles négociations. Le premier mourut le 10 novembre 1809, à l'âge de 90 ans, et fut inhumé le lendemain, suivant son désir, au caveau de la *Providence*. Par son testament, il léguait à l'hospice des Incurables sa maison estimée 16,000 fr. et d'un revenu net de 800 fr., à la condition de servir à six religieuses de la *Providence* la rente de 360 fr. Le généreux donateur, grâce à son intelligente fondation, comblait pour sa part le vide désolant fait par la Révolution dans la caisse des hôpitaux de Mâcon, et en même temps il assurait l'avenir des servantes des Incurables.

Pour témoigner sa reconnaissance à ce charitable et savant prêtre, l'administration lui fit, le 11 janvier 1810, ériger une pierre tombale dans la chapelle de la *Providence*. On y lit les titres du défunt et un pieux hommage rendu à sa mémoire, qui restera gravée dans le cœur de tous les Mâconnais (1).

Mgr l'évêque d'Autun ne voulut pas laisser la congrégation sans un guide spirituel éclairé, au moment où la question de son existence était de nouveau débattue, et il nomma supérieur M. Focard, curé de Saint-Pierre, qui lui aussi avait été l'ami du

(1) Une des principales rues de Mâcon porte le nom de *Rue Sigorgne*.

vénéré M. Agut et le zélé coopérateur de toutes ses œuvres.

La R. M. Brunet suivit de près dans la tombe M. l'abbé Sigorgne. Elle décéda pieusement le 15 mars 1810, âgée de 74 ans, dont plus de 48 passés dans la Congrégation (1). Elle fut inhumée au caveau de la chapelle où reposaient déjà plusieurs des anciennes religieuses de l'Institut. L'humble plaque de marbre qui fut plus tard placée en son honneur sur les murs de la chapelle, nous apprend qu' « elle avait gouverné la Congrégation, pendant 44 ans, avec autant de zèle que de prudence ». Mais il est facile d'établir que dans ce chiffre on a réuni les années de la supériorité locale de la R. M. Brunet à celles de sa supériorité générale.

La perte de cette « bonne, prudente et dévouée » mère survenant peu de temps après la mort de M. Sigorgne, laissait l'Institut dans une situation des plus critiques, d'autant que les instances faites à Paris par Mgr Imberties pour obtenir l'autorisation impériale n'avaient pas encore abouti. C'est ce qui détermina le prélat à placer de sa propre autorité et sans délai, à la tête de la congrégation, sœur Françoise-Joséphine LACOMBE. Forte, active, affable pour tous et dévouée

---

(1) Une des œuvres établies à la *Providence* par la révérende mère Brunet et qui témoigne de son ardente piété est la Société ou *Confrérie en faveur des âmes du purgatoire*, érigée dans la chapelle de l'hospice le 3 juin 1789, et dans laquelle se firent inscrire les sœurs et d'autres personnes de la maison.

aux malades, la nouvelle supérieure visitait tous les jours les salles de la *Providence;* on la voyait moins souvent au noviciat ; elle préférait recevoir chez elle les jeunes postulantes, et les accueillait toujours avec une bonté vraiment maternelle.

Parfois, dit-on, elle se montra jalouse de son autorité dans la direction générale de l'Institut, et ne craignit pas, sur certaines questions, de résister à Mgr de Vichy, successeur de Mgr Imberties. Comme le nouvel évêque d'Autun s'en plaignait à un de ses prêtres : — Gouverne-t-elle bien ? demanda ce dernier. — Oui, en vérité, repartit le prélat. — Alors, laissez-la faire, ajouta l'ecclésiastique, qui connaissant la haute capacité de la supérieure générale n'hésita point à prendre sa défense auprès de l'évêque.

Durant son gouvernement, la R. M. Lacombe apporta quelques modifications aux règles suivies jusqu'à ce jour au noviciat de l'Institut (1). Une petite retraite, durant laquelle les aspirantes n'entendaient pas d'autres exhortations que celles de leur maîtresse, clôturait les trois mois de postulat. Les novices ne revêtaient point le costume religieux, et recevaient comme seul signe distinctif une petite croix de bois qu'elles portaient suspendue à leur cou. Toutefois

---

(1) L'article XVI des constitutions données aux sœurs par Mgr Moreau porte : « ..... Le noviciat se fera en habit séculier, sans cérémonie, et l'entrée en sera précédée par huit jjours de retraite et par une confession générale. » P. 12.

celles qui étaient envoyées en maison prenaient l'habit religieux, mais elles le déposaient en rentrant à la *Providence*. L'honneur de revêtir définitivement les livrées des épouses de Jésus-Christ n'était accordé qu'aux seules professes.

Le costume des sœurs, déjà modifié par la R. M. Brunet, reçut sa forme actuelle en 1825, à la suite d'une retraite prêchée par M. Tussac, missionnaire apostolique. C'est encore la R. M. Lacombe qui fut l'inspiratrice de cette mesure ; son amour pour la simplicité et la modestie religieuses lui fit préférer avec raison la cornette et la guimpe aux petits bonnets noirs et aux longs mouchoirs, en usage depuis la Révolution. Les sœurs de la Charité de Chalon avaient déjà témoigné quelque répugnance à abandonner l'ancien habit, qui remontait à la fondation et dont nous avons parlé.

On n'a pas oublié qu'à l'époque de la dispersion des sœurs, M. Agut, par reconnaissance pour Mgr de Madot, évêque de Chalon, avait permis la création d'un noviciat à l'hospice Saint-Louis ; ce fut la planche de salut pour la congrégation, durant la furieuse tempête qui était venue l'assaillir. Le noviciat de Chalon était très florissant, en 1805 ; la vénérable mère Méziat en était toujours la supérieure. Malheureusement des abus s'y glissèrent, paraît-il, pendant les dernières années de son administration. L'autorité ecclésiastique voulut y remédier ; quelles mesures furent alors prises? comment la communauté les accepta-t-elle ? les archives très importantes de la *Charité* pouvaient nous l'apprendre; elles ont été malheureusement détruites, peu après le départ des filles de M. Agut. Des manuscrits de la plus haute valeur pour cette histoire (1) disparurent en même temps, et il nous est impossible aujourd'hui de pénétrer les raisons qui motivèrent une mesure aussi radicale. Nous ne pouvons que déplorer la perte d'un établissement qui avait été autant que l'hospice de la *Providence*, à Mâcon, le berceau de la congrégation des sœurs du Saint-Sacrement.

III

La Révolution n'a pas eu seulement pour objet la ruine presque complète des institutions religieuses du passé; elle s'est proposé, à l'aide d'une législation perfide et impie, de rendre impossible, même sous les régimes politiques les plus favorables, la restauration de la société chrétienne. En 1793 elle dispersa

---

(1) Ces papiers renfermaient, selon M. Boussin : la volumineuse et si importante correspondance qui dut s'échanger entre M. Agut et la mère Méziat sur tout ce qui intéressait l'Institut, et en particulier sur les diverses fondations; les lettres circulaires après le décès des religieuses, dont une seule nous est parvenue par un hasard providentiel ; les pièces relatives aux réélections de mère Méziat et une foule d'autres documents du plus haut intérêt.

brutalement les ordres monastiques, vola leurs biens et profana leurs cloîtres ; mais ce qui pouvait assouvir sa haine, à l'heure des troubles populaires, ne suffisait point à calmer ses craintes de voir un jour ces proscrits revenir de l'exil, ces morts sortir du tombeau. La violence ne dure pas, les sectaires le savent mieux que personne; aussi se sont-ils efforcés, par une série de mesures administratives toutes attentatoires à la liberté de conscience, de rendre stériles les généreux dévouements des âmes que solliciterait un jour la grâce de la vocation religieuse.

Les codes nouveaux, en effet, ne permettent pas sans une autorisation préalable l'établissement d'une congrégation, la construction d'un monastère. Il est loisible à chacun d'exploiter une industrie quelconque, de faire telle entreprise qu'il lui plaira, mais défense sévère est intimée aux religieux ou aux religieuses de se consacrer à l'éducation de la jeunesse, se dévouer au service des pauvres, et même de se réunir pour prier. Leurs maisons n'ont pas le droit de posséder, ni eux-mêmes celui de respirer librement l'air en France, et l'on sait les monstrueuses aggravations des redevances fiscales, récemment machinées pour aboutir sans autre prétexte à l'expropriation de toutes les maisons religieuses.

Charles X, guidé par les lumières de la foi et du bon sens français, voulut faire cesser cette choquante inégalité de droits entre citoyens du même pays. Il est inutile de rappeler ici l'accueil qui fut fait à la loi présentée par ses ministres, en 1826, pour donner l'existence légale aux communautés des religieuses hospitalières ou cloîtrées.

La révolution de 1830 rendit plus précaire encore la situation si triste des établissements congréganistes. Les diverses branches de l'administration se montrèrent de plus en plus hostiles à leur égard. On aurait dit un mot d'ordre de la franc-maçonnerie déjà toute-puissante.

A Mâcon, le bureau préposé à la direction des hospices ne se prêta que trop bien à ce mauvais vouloir du gouvernement; et, pour ne parler que des sœurs du Saint-Sacrement, on leur chercha noise de mille manières et sous les moindres prétextes. Les bâtiments de la *Providence* renfermaient à la fois l'hospice des Incurables et la maison-mère de l'Institut. Il n'en fallut pas davantage pour faire accuser les sœurs de détourner au profit du noviciat les dons faits aux malades. La R. M. Lacombe était d'autant plus affectée de ces reproches injustes, qu'elle avait payé elle-même les réparations considérables exécutées à l'hospice. Le nombre des novices augmentant, elle avait acquis, au moyen de leurs dots, plusieurs parcelles de terrain contiguës aux bâtiments. Un réfectoire et un dortoir, jugés indispensables, furent construits de la même manière, sans que le bureau eût à débourser le moindre argent.

Mais il n'y a pas d'aveuglement pire que celui du parti pris. Les récriminations des administrateurs allèrent leur train, et les rapports entre les sœurs et ces Messieurs devinrent de jour en jour plus difficiles. Le bureau, prétendant que le noviciat était une charge pour l'hospice (1), ne voulut pas recevoir la somme de mille francs que chaque sœur versait en émettant ses vœux, et exigea désormais de chacune d'elles une pension ou rente annuelle de 400 francs. Plus que jamais il était vrai de dire que les filles de M. Agut payaient l'honneur de servir les infirmes.

Peu de temps après la R. M. Séraphine Longepierre succéda à la R. M. Lacombe dans le gouvernement de la Congrégation. Son premier soin fut de soustraire ses religieuses aux mesquines tracasseries des administrateurs. Comment, en effet, conserver le calme et le recueillement nécessaires à un noviciat au milieu de chicanes sans cesse renaissantes? On agita alors, au

(1) On lit dans le préambule de la règle des sœurs éditée et approuvée par Mgr Moreau, en 1774 : « Le roi ayant confirmé l'établissement de l'hôpital des Incurables, dit de la Providence, au faubourg de la Barre de la ville de Mâcon..., et le bureau d'administration... ayant, par sa délibération du 7 décembre 1771, incorporé au dit hôpital les sœurs dites du Saint-Sacrement ou de la Providence, pour en régir l'économie à perpétuité sous l'autorité du bureau, avec pouvoir de recevoir des élèves pour se faire succéder et remplir à temps les places qui deviendraient vacantes... comme étant les dites sœurs singulièrement propres à l'économie d'un hôpital, qui ne s'est élevé en partie que par leurs soins et auquel, en vertu des conditions susdites, elles ne peuvent jamais être à charge... » P. 6.

conseil de la Congrégation, la grave question du transfert de la maison-mère, hors des bâtiments de la *Providence*. Ce n'était pas sans une extrême douleur que les filles de M. Agut se voyaient dans la dure nécessité de s'éloigner de la tombe de leur Père vénéré et de quitter des lieux encore tout embaumés du parfum de ses vertus. Cette chapelle, ces salles de communauté, l'hospice, les classes, tout avait été créé par lui. La maison de la *Providence* était le berceau de la Congrégation ; les premières mères, si vénérables par leur dévouement et par leur esprit intérieur, l'avaient habitée ; elles y étaient mortes, et leurs restes reposaient pieusement dans le caveau de famille. Que de liens rattachaient l'Institut à cette maison ! Aussi la R. M. Séraphine et son conseil firent-ils les derniers efforts pour ne pas les rompre. On songea d'abord à établir le noviciat dans le voisinage immédiat de la *Providence*, et ce ne fut que devant des difficultés insurmontables que l'on se résigna à transporter hors de Mâcon le chef-lieu de l'Institut.

L'évêque diocésain, Mgr d'Héricourt, fut consulté ; il indiqua Autun, sa ville épiscopale, comme offrant les garanties les plus sérieuses d'une installation telle que des religieuses pouvaient la désirer, et proposa à la R. M. Séraphine les bâtiments de l'ancienne abbaye de Saint-Andoche. Cette heureuse combinaison reliait le présent au passé, en rendant à sa destination primitive le monastère fondé par Brunehaut, à la fin du VIe siècle.

Mais dès que l'on sut à Mâcon que la maison-mère des sœurs du Saint-Sacrement devait être transférée à Autun, ce fut une explosion de regrets, de plaintes et de récriminations. C'était, disait-on, faire tort à la ville, aller contre les intentions du vénéré fondateur, compromettre son œuvre. Toutes ces objections avaient été prévues, et l'on ne pouvait s'en prendre qu'au mauvais vouloir de l'administration du discrédit que le transfert des sœurs semblait faire rejaillir sur toute la cité. Il eut lieu le 19 novembre 1836. L'année suivante, Mgr d'Héricourt donna une édition nouvelle des règles de la congrégation, qui fut acceptée avec une humble docilité par toutes les religieuses.

C'est à cette époque qu'encouragées par l'évêque du diocèse, Mgr de Saunhac de Belcastel, les sœurs qui dirigeaient le grand hôpital de *Perpignan*, se constituèrent en communauté particulière, tout en gardant le costume et le nom de sœurs du Très-Saint-Sacrement et en se disant, elles aussi, filles de M. Agut. Toutefois les sœurs chargées de la maison de la *Miséricorde* dans la même ville, aimèrent mieux quitter Perpignan que de rompre avec la maison-mère d'Autun.

Mais entrons dans quelques détails. Les sœurs du Saint-Sacrement, nous l'avons vu plus haut, avaient continué à desservir l'hôpital de Perpignan, même pendant les plus mauvais jours de la Terreur. Leur communauté acquit ensuite une telle importance qu'elle put se suffire à elle-même. Le 19 mars 1840, elle fut érigée en congrégation diocésaine avec son noviciat particulier et des constitutions spéciales. Cette seconde famille de M. Agut reçut, peu après 1840, la direction de presque tous les hôpitaux établis dans le département des Pyrénées-Orientales. Elle ouvrit des écoles dans un grand nombre de paroisses et des pensionnats dans les centres plus populeux. Le pensionnat annexé à la maison-mère, à Perpignan, est un établissement de premier ordre. Les succès scolaires obtenus par les religieuses de cette pieuse congrégation, les firent placer, comme leurs sœurs de Mâcon, à la tête de l'école normale des institutrices : elles ont dirigé cette maison de 1852 à 1881 et elles ne l'ont quittée que par suite d'une législation bien connue par son caractère anti-chrétien.

Jusqu'en l'année 1887, la communauté du Saint-Sacrement, à Perpignan, n'avait eu à sa disposition qu'une modeste chapelle qui rappelait celle de la *Providence*, à l'hospice des Incurables à Mâcon. Elle n'eut bientôt plus rien à envier à la congrégation d'Autun, qui venait d'ouvrir au Dieu de l'Eucharistie une belle église, ainsi que nous le dirons plus loin. Le 5 avril 1887, Jésus-Hostie prenait possession du nouveau temple élevé en son honneur par ces dignes filles de M. Agut, dans la vieille capitale du Roussillon.

Mgr Gaussail, évêque de Perpignan, y autorisa d'abord l'exposition du très saint Sacrement tous les jeudis de l'année; l'année suivante, voyant le pieux empressement des fidèles à venir prier dans cette nouvelle église, Sa Grandeur résolut d'y établir l'adoration perpétuelle quotidienne. C'est le 20 juin 1889, jour de la fête-Dieu, que la pieuse association a été canoniquement érigée ; elle compte déjà plus de 1200 membres.

IV

L'hospice de la *Providence*, à Mâcon, resta confié aux sœurs du Saint-Sacrement ; le transfert de la maison-mère et du noviciat dans la ville épiscopale ne nuisit en rien à cet établissement, œuvre de M. Agut et de ses filles. On fit plus large place aux malades et aux infirmes, qui continuèrent d'y trouver un asile assuré ; l'administration put même y recueillir durant quelques années les enfants trouvés de la région, puis elle y installa un cours de maternité où viennent encore se former les sages-femmes jurées du département (1).

Aux écoles gratuites établies à la *Providence* par le saint fondateur et que les sœurs du Saint-Sacrement avaient ouvertes de nouveau dès que l'orage révolutionnaire avait commencé à s'apaiser, on adjoignit plus tard un pensionnat de plein exercice en faveur des familles aisées (2). Il ne tarda pas

---

(1) Nous ignorons le motif qui fit transférer de l'hospice de la *Providence* à la *Charité* l'asile des filles repenties ou œuvre de la *Miséricorde*.

(2) C'est dans les salles du pensionnat qu'on a rétabli l'école gratuite de la *Providence* supprimée par l'administration des hospices.

à devenir florissant. Ainsi, les filles de M. Agut s'employaient avec un égal succès au soulagement des malheureux et à l'éducation des jeunes filles. Chacun, à Mâcon, se plaisait à rendre justice à leur dévouement : M. Delmas, préfet de Saône-et-Loire, leur confia, en 1842, la direction de l'école normale des institutrices, qu'elles ont gardée jusqu'en 1872 ; seul l'esprit sectaire a pu méconnaître les services éminents qu'elles rendaient aux familles et à la société tout entière ; mais déjà la franc-maçonnerie avait dicté à ses adeptes le mot d'ordre de laïciser l'enseignement primaire, et l'école normale des institutrices fut enlevée, malgré d'énergiques protestations, aux sœurs du Saint-Sacrement.

A Autun, l'établissement de Saint-Andoche ne connut point ces tristes vicissitudes ; les faveurs du ciel se répandirent abondamment sur cette maison, dès le premier jour de sa fondation ; les épreuves sans doute ne lui manquèrent pas, mais soutenue par le bienveillant appui de l'autorité épiscopale, elle en sortit victorieuse, portant l'empreinte de la croix, qui est le sceau des œuvres de Dieu. Diverses acquisitions permirent peu après de donner au noviciat l'importance que le nombre croissant des vocations exigeait impérieusement. Toutefois, ce n'est qu'en 1888 que les filles de M. Agut purent ouvrir à Autun même pour les enfants pauvres ces écoles gratuites si chères au zèle de leur saint fondateur. En 1845 un hospice de la *Providence* avait déjà été établi dans les dépendances de la maison-mère et quelques incurables y reçevaient des secours ; mais l'organisation de cette œuvre n'a été complète qu'après le transfert dans les bâtiments du clos Saint-Andoche de l'orphelinat primitivement installé à Saint-Jean-le-Grand. Mgr d'Héricourt, l'infatigable bienfaiteur de tout son diocèse et de sa ville épiscopale en particulier, avait pressé la création de cette maison de charité ; il voulut être le premier inscrit sur la liste des fondations à perpétuité ; c'est grâce surtout à la générosité des dames de Saint-Joseph que la Congrégation a pu faire revivre à Autun les touchantes traditions de la charité chrétienne laissées par M. Agut à sa famille spirituelle.

Les sœurs établirent ensuite, avec l'agrément du prélat, un pensionnat qui, après des débuts modestes, est devenu aujourd'hui l'une des maisons les plus renommées pour ses succès scolaires dans toute la région d'Autun.

Dès que le noviciat de la congrégation eut été reconstitué, le cours des fondations reprit son premier élan. L'hospice de *Bourgoin*, fondé en 1784, n'avait point été enlevé pendant la Révolution aux sœurs du Saint-Sacrement ; en 1803 elles purent y ajouter des écoles gratuites et plus tard un asile pour les petits enfants. On y a établi ensuite un pensionnat, qui est réputé aujourd'hui un des meilleurs de la contrée. Aussi les familles n'hésitent-elles pas à laisser leurs enfants terminer dans cette maison leurs études classiques, qu'elles croyaient auparavant ne pouvoir être achevées convenablement qu'à Lyon ou à Grenoble. Tels sont les fruits d'un dévouement et d'une sagesse qui devaient produire tant d'autres œuvres admirables.

Cette même année 1803 vit les filles de M. Agut rentrer plus nombreuses dans l'hôpital de *Perreux*, ainsi qu'aux hospices civils et militaires de *Milhau*. Peu après, on leur rendit les maison de la *Chaise-Dieu*, de *Saint-Amour* et de *Condrieu*, dont nous avons raconté la fondation. La maison d'*Effiat* au diocèse de Clermont date aussi de 1811. Un établissement fut fondé à *Pau* en 1812, mais il n'a pas été maintenu.

La Restauration de la monarchie en France fut marquée par un réveil de la foi des plus heureux. Aussi partout s'efforça-t-on de relever de leurs ruines encore fumantes les anciens établissements de charité et d'instruction ou d'en créer de nouveaux. C'est ainsi que les sœurs du Saint-Sacrement furent appelées, en 1815 à *Mur-de-Barez*; en 1816 à *Chaintré*; en 1818 à *Chaudes-Aigues*; en 1820 à *Ambérieux* et à *Langeac*, dans l'ancien couvent de Sainte-Catherine, qui garde toujours vivants les souvenirs de M. Olier et de la vénérable mère Agnès. Les établissements de *Marcillac* et d'*Espalion* remontent à 1821; celui de *Vic-sur-Cère* est de 1822. Les filles de M. Agut furent appelées en 1823 à *Montfleur*; en 1825, à *La-Chapelle-de-Guinchay*; en 1826, à *Chavanay* et à *Salers*; en 1827, à *Mailly*; en 1828, à *Saint-Sorlin* et à *Cousance*. Le beau pensionnat de *Saint-Laurent-en-Brionnais*, aujourd'hui si florissant, fut fondé cette même année 1828; *Préty*, *Couches-les-Mines* sont de 1829. L'année 1830 vit la création de trois grands établissements : *Semur-en-Brionnais*, *Verdun-sur-le-Doubs*, et surtout *Paray-le-Monial*, où les sœurs du Saint-Sacrement remplacèrent les religieuses de la Visitation dans les écoles de la ville (1).

La révolution de Juillet suspendit un instant le cours rapide de ces fondations, mais il reprit ensuite, malgré le mauvais vouloir des administrations civiles trop souvent livrées aux mains des sectaires. Les Maisons de *Dampierre* (Haute-Saône) et de *St-Illide* datent de cette époque.

L'hôpital de Sennecey-le-Grand n'avait pas cessé, même durant les plus mauvais jours de la Terreur, d'être sous la direction des filles de M. Agut; nous avons vu au prix de quels sacrifices. En 1832, on compléta l'œuvre de la R. M. Chatelain par la création d'écoles primaires. Le grand établissement que la congrégation possède à *Saint-Claude* date de la même année. *Fuissé* est de 1833; *Matour*, de 1834; *Toulon*, de 1835. La maison que les sœurs avaient fondée à

(1) Voir notre *Nouveau Guide du pèlerin à Paray-le-Monial*.

APPENDICE 399

Lyon, au quartier de la Croix-Rousse, datait de cette année 1835 ; celle de *Saint-Germain-du-Plain* est de 1836. Deux nouveaux établissements, *Saint-Dezert* et *Mervans*, puis la restauration d'un ancien, *Saint-Gengoux-le-Royal*, marquent l'année 1838.

En 1842, sur les instances réitérées de l'humble sœur Gertrude Laurent, les supérieurs reçurent ses vœux de religieuse converse et l'on vit une sœur de voile réclamer comme un honneur l'emploi et le costume (1) de ces pieuses coadjutrices des filles de M. Agut ; elles ont depuis fourni à la congrégation un appoint considérable et précieux. A la même date, l'*Asile départemental* de Saône-et-Loire, qui venait d'être construit à Mâcon, fut confié au zèle des sœurs du Saint-Sacrement. N'était-ce pas pour elles comme un héritage de famille et qui leur revenait presque de droit? Elles s'établirent à *Saint-Léger-sur-Dheune* et à *Buxy* en 1843, à *Lucenay-l'Evêque* et au *Bois Sainte-Marie* en 1846 et à *Anost* en 1847. Sur

(1) Il semble que le costume donné aux sœurs converses se rapproche assez exactement de celui qui fut d'abord adopté par les premières mères de la congrégation. En compulsant les registres de la *Providence*, tenus par M. Agut lui-même, nous avons constaté deux fois la mention de sœurs converses, en 1760 et en 1762. Cependant le grand livre des vœux est absolument muet sur leurs professions, ce qui donne à supposer que sœur Ursule et sœur Jeanne n'étaient qu'affiliées à la communauté. Il est de tradition qu'il n'y a pas eu de sœur converse dans la congrégation du Saint-Sacrement avant sœur Gertrude, laquelle se félicita toute sa vie d'avoir ouvert ce chemin aux âmes désireuses d'une vie humble et cachée.

ces entrefaites, la R. M. Arsène Givord succéda à la M. Séraphine Longepierre, dans le gouvernement de la famille de M. Agut, que le Dieu de l'Eucharistie se plaisait de plus en plus à combler de ses faveurs. En effet, le nombre des sœurs s'accrut dans de notables proportions, sans que leur ferveur et leur esprit d'abnégation en fussent altérés ; le cours des fondations nouvelles, loin de se ralentir, prit au contraire, de jour en jour, une extension plus considérable. C'est alors que l'Institut des sœurs du Saint-Sacrement franchit les limites du diocèse d'Autun pour pénétrer dans les diocèses de Clermont, Saint-Flour, Rhodez, Saint-Claude, Lyon, Grenoble, La Rochelle, Nevers, Moulins et Besançon.

Les filles de M. Agut furent appelées en 1851 à *Pierreclos;* en 1853, à la *Roche-Millay* et *Tancon;* en 1854, à *Romanèche* et à *Saint-Jean-des-Vignes;* en 1855, à *Rully,* où, grâce aux secours d'une âme généreuse les écoles congréganistes ont pris une si grande importance. *Saint-Côme-lès-Chalon* était de cette époque.

Le pensionnat d'*Aigrefeuille,* qui est aujourd'hui si florissant et possède une des plus belles chapelles de la congrégation, date de l'année 1857, laquelle vit aussi les fondations de *Saint-Saturnin, Tramayes, Port-d'Envaux, Marcigny, La Chapelle-sous-Dun* et *Sercy.* Nos pieuses institutrices s'établiren en 1860 à *Saint-Germain-Laval,* à *Jully-lès-Buxy* et à *Vauban;* en 1861, à *Saint-Point* et à *Montret;* en

1863, à *Sassenay* et à *Dompierre-les-Ormes;* en 1864, à *Decazeville* et à *Marencennes* ; en 1865, à *St-Jean-de-Vaux ;* en 1866, à *Bergesserin* et à *Bourgneuf-de-Chalon ;* en 1867, à *St-Symphorien-de-Lay ;* en 1869, à *St-Ambreuil,* à *St-Mamet* et à *Luneau ;* en 1870, à *Lay* (Loire).

Lorsque la R. M. Arsène eut terminé les années de sa supériorité (1865), la R. M. Séraphine fut pour la troisième fois placée à la tête de la Congrégation et poursuivit avec non moins de succès que précédemment la série des nouvelles fondations, soit dans l'intérieur du diocèse d'Autun, soit au dehors.

Mgr de Marguerye avait succédé, en 1852, à Mgr d'Héricourt sur le siège de cette ville ; il eut pour les filles de M. Agut les mêmes égards que ses prédécesseurs, leur prodiguant en toutes occasions les marques de sa paternelle bonté. Il veilla à l'exacte observation de la règle et donna comme directeurs à la communauté des prêtres éminents en science et en vertu. Qu'il suffise de nommer ici MM. Juillet et Genty, qui exercèrent sur la formation religieuse des sœurs la plus salutaire influence et qui moururent tous les deux vicaires généraux, le premier en 1872, le second en 1889.

La R. M. Séraphine était encore en charge, lorsque éclatèrent la guerre franco-allemande de 1870-71 et la révolution du 4 septembre. La Bourgogne, comme on le sait, fut envahie au nord et à l'est; l'antique cité d'Autun, qui n'avait plus vu d'armée sous ses murs, depuis les guerres de religion, fut menacée et un instant envahie. Au milieu de ces tristes circonstances, la R. M. Séraphine dut préserver la maison-mère de l'invasion garibaldienne, plus à craindre que la marche même des armées allemandes.

Plusieurs établissements, ceux d'Autun en particulier (l'externat et le pensionnat), furent transformés en ambulances pour nos malheureux soldats. Ce n'est que justice de dire que les filles de M. Agut furent partout dignes de leur charitable fondateur. On les a vues, près des blessés, déployer le plus sublime dévouement et risquer leur vie en soignant les varioleux.

Quand le sang eut cessé de couler, elles reprirent avec la même abnégation leurs modestes fonctions d'institutrices et de servantes des pauvres.

Sous le gouvernement de la R. M. Bénédicte (1871-1877) et de la R. M. Léon (1877-1883), la Congrégation atteignit, malgré la guerre impie déclarée à toutes les familles religieuses, le haut degré de prospérité où, nous l'espérons, elle se maintiendra longtemps encore. Les novices affluèrent de tous côtés; plus le monde devenait mauvais, plus elles apportèrent de générosité au service du divin Maître. Aussi les laïcisations à outrance des écoles et des hôpitaux n'ont fait perdre presque aucun établissement à la Congrégation du Saint-Sacrement. Partout où les Sœurs ont été chassées des écoles communales, elles ont pu ouvrir des écoles libres, et garder l'immense majorité de leurs élèves, preuve manifeste qu'elles n'avaient, sur aucun point, perdu la confiance des familles ! Les succès scolaires remportés aux examens n'en devinrent aussi que plus éclatants.

Ajoutons aux nomenclatures précédentes la liste des dernières fondations : En 1871, *Rimont*, *Vigny-lès-Paray* et *Saint-Mamet*; en 1872, *Ligny-en-Brionnais*, *La Chapelle-du-Mont-de-France*, *Ratenelle*, *Saint-Romain-en-Gal*, *Polminhac*; en 1873, *Mont-Saint-Vincent*; en 1874, *Saint-Remy*, *La-Motte-Saint-Jean*, *Nieul*, *Saint-Sernin-du-Plain*; en 1875, *Saint-Bonnet-le-Château* ; en 1876, *Conblanc* ; en 1877, *Argelet*; en 1779, *Meyrié*; en 1880, *Chasserades*; en 1882, *Louhans*, *Jallieu*; en 1884, *Saint-Urcize*; en 1885, *Branges*, *Saint-Hippolyte*, *Boyer*; en 1887, *Mabuec* et *Crazannes*; en 1889, *Salornay-sur-Guye*.

L'année 1887 vit s'accomplir le transfert depuis longtemps désiré de la maison que la Congrégation possédait à Lyon, du quartier de la Croix-Rousse où tout agrandissement était impossible, à la *rue de l'Oratoire*, dans un immeuble construit au xviie siècle par les fils du pieux cardinal de Bérulle et qui a repris ainsi sa destination primitive. Il serait difficile de trouver pour une maison d'éducation, à la ville, une situation plus favorable. Aussi une ère de prospérité semble-t-elle assurée à cette nouvelle installation, qui tout de suite a pris une grande importance.

Sans doute c'est à Dieu, l'auteur de tout bien, que

l'Institut des Sœurs du Saint-Sacrement doit sa prompte reconstitution au lendemain de la Terreur, et les merveilleux développements qu'il a reçus de nos jours : mais de saints prêtres furent les instruments dociles de la miséricorde divine. On trouvera plus loin la liste des supérieurs ecclésiastiques, chanoines, vicaires généraux, qui se sont succédé, dans ce siècle, à la tête de la Congrégation du Saint-Sacrement. Nous remarquons parmi eux quatre évêques : Mgr *Landriot,* évêque de La Rochelle, puis archevêque de Reims ; Mgr *Devoucoux,* évêque d'Evreux ; Mgr *Thomas,* aujourd'hui archevêque de Rouen et Mgr *Lelong,* évêque de Nevers.

V

Depuis la translation à Autun de leur maison-mère, les filles de M. Agut soupiraient après le jour où il leur serait permis d'élever au Dieu de l'Eucharistie un temple plus digne de sa majesté que ne l'était la chapelle aménagée provisoirement au milieu des ruines de Saint-Andoche. Ce bonheur leur fut accordé en 1872. La première pierre de la nouvelle église avait été posée solennellement le 19 mars 1869 ; trois ans après le splendide édifice, construit aux frais de la Congrégation entière, put enfin s'ouvrir à Celui dont les sœurs ont l'honneur de porter le nom.

APPENDICE 405

Avant de descendre de son siège, Mgr de Marguerye, qui pendant les vingt années de son épiscopat avait, nous l'avons dit, prodigué les marques de son dévouement à la famille de M. Agut, voulut encore lui en donner une dernière preuve, en consacrant solennellement, le 3 septembre 1872, le temple magnifique qu'elle a élevé à Jésus-Hostie et dont elle est si justement fière (1).

(1) Nous empruntons à M. Harold de Fontenay la description de ce beau monument construit sur les plans de M. Roidot-Houdaille :

« ….. Le parvis est formé des trois travées subsistantes de l'ancienne église abbatiale bâtie vers 1480….. (Son enceinte) a la forme d'une croix latine, comprenant une nef terminée par un sanctuaire à pans et coupée par un transept à croisillons de mesure égale. Celui de gauche a été percé à jour pour agrandir le chœur des religieuses, le mettre en communication avec la maison et former une tribune indispensable. Suivant une diposition (particulière)….. les contreforts de la nef et du sanctuaire ont été placés à l'intérieur. Ceux de la nef, percés à leur base, constituent des dégagements latéraux, facilitant les mouvements des assistants ; ceux du sanctuaire sont espacés de manière à recevoir des stalles. Les uns et les autres ont été combinés pour donner économiquement plus de résistance aux poussées des voûtes et un plus grand effet de hauteur en accusant les verticales : chaque travée est éclairée par des baies géminées, étroites et hautes et surmontées d'une rosace. Le vaisseau est voûté tout entier en voûtes d'arêtes à nervures saillantes. De la porte d'entrée au fond de la chapelle neuve il y a 43^{m}40….. »

Le savant archéologue ajoute que « l'abbaye de Saint-Andoche avait été construite à l'emplacement de la porte romaine de l'ouest, dont il reste une des tours latérales (vulgairement appelée à tort temple de Minerve). Joignant cette tour, il existe une curieuse crypte qu'une tradition apocryphe a fait

Durant le cours des années suivantes, plusieurs cessions de terrains agrandirent le clos Saint-Andoche; on put ainsi reculer la porte d'entrée jusqu'à la rue de ce nom, et élever le grand corps de logis où se trouvent aujourd'hui les classes et la salle des demi-pensionnaires.

Mgr de Léséleuc, le nouvel évêque d'Autun, de Chalon et de Mâcon, qui semble n'avoir été donné au diocèse du Sacré-Cœur que pour ouvrir les grands pèlerinages de Paray-le-Monial, avait béni et encouragé ces agrandissements indispensables. Au nombre des immeubles devenus la propriété de la Congrégation, se trouve, s'il faut en croire une respectable tradition, la maison paternelle de saint Symphorien, le premier martyr d'Autun. Elle avait été transformée en une église, que la Révolution profana et vendit ensuite; c'était, dit-on, le plus ancien sanctuaire chrétien d'Augustodunum (1). Déjà les substructions gallo-romaines de l'abbaye de Saint-Andoche renfermaient le caveau humide où l'intrépide apôtre de la Bourgogne aurait été incarcéré. Ainsi, la maison chef-

désigner sous le nom de « prison de Saint-Andoche. » Ce souterrain, qui forme un rectangle de 13^{m}90 de l'est à l'ouest, et de 10^{m}90 du sud au nord, se compose de quatre travées en tous sens. Les piliers quadrangulaires qui soutiennent la voûte sont formés de matériaux romains assez disparates, et le chapiteau de l'un d'eux, grossièrement travaillé, est orné d'un cordon de dents de loup gravées en creux. » *Autun et ses monuments*, p. 504-505.

(1) Voir notre *Histoire populaire de Bourgogne*.

lieu du Saint-Sacrement était déjà doublement vénérable aux yeux des archéologues chrétiens, avant de devenir cette ruche mère sans cesse en activité, d'où s'échappent, tous les ans, des essaims d'abeilles mystiques qui s'en vont ensuite distiller dans les âmes le miel précieux des enseignements évangéliques.

En 1876, sur l'initiative de Mgr Perraud, successeur de Mgr de Léséleuc, une mesure importante fut prise pour la formation plus suivie des novices de la Congrégation. C'était moins une innovation qu'un retour à ce point de la règle primitive qui prescrit dix-huit mois de noviciat à la maison chef-lieu, sans compter les six mois entiers que doit durer le postulat.

L'année suivante, l'illustre et pieux évêque d'Autun ne craignit pas de s'imposer un surcroît de besogne en prenant lui-même la direction de la Congrégation, qui devint ainsi sa famille de prédilection. Mgr Lelong, nommé évêque de Nevers, allait la quitter. Il ne fallait rien de moins que cette marque d'une haute et généreuse bienveillance pour adoucir l'amertume qu'une si cruelle séparation causa à toutes les sœurs. « Qui pourrait dire en effet le zèle infatigable qu'il (Mgr Lelong) a déployé pour les intérêts spirituels et temporels de notre chère Congrégation, sa sollicitude pour mettre en vigueur, partout, l'esprit de notre saint fondateur, son dévouement pour accroître et propager l'instruction ? Le repos était impossible à son âme ardente, à son cœur généreux. Que de voyages ! Que de fatigues ! Que de veilles consacrées au bien de notre famille religieuse ! Ces fatigues, il les comptait pour rien, lorsqu'elles devaient avoir pour fruit un encouragement donné, la fondation ou l'amélioration de quelque établissement de nos sœurs, le progrès des études ou de l'esprit religieux (1) ».

Le 20 juin 1878 fut célébré avec piété et amour dans toutes les maisons de la Congrégation, le premier centenaire de la mort de M. Agut ; il tombait le jour précédent, mercredi 19, mais on ne pouvait mieux faire que d'unir ensemble cette fête de famille et la solennité de la Fête-Dieu, dévotion spéciale du vénérable fondateur. Toutes les sœurs s'étaient préparées par une neuvaine de prières à la touchante cérémonie. Elle revêtit, à la maison-mère, un éclat inaccoutumé. « Les élèves de la maison en robes blanches, l'orphelinat, le noviciat, la communauté, toute une foule relativement nombreuse et recueillie, défila dans la cour, dans les jardins, sous des arcs de verdure et de fleurs, au milieu de la lumière projetée à travers les arbres par le soleil couchant. On arrive en chantant au pied de chaque reposoir ; on s'incline avec foi sous la bénédiction du Sauveur. Puis la procession se remet en marche, on rentre à la chapelle ; l'autel est étincelant de lumières, l'orgue reprend ses plus beaux

(1) Annuaire de 1877, p. 289.

chants, Monseigneur donne le salut solennel ; puis le *Laudate Dominum omnes gentes* annonce la fin de ce beau jour (1). »

* * *

Qu'il nous soit permis, avant de clore ce récit, de témoigner publiquement notre reconnaissance à celui qui nous a aidé de ses conseils et soutenu de sa bienveillance dans ce long et pénible travail.

Aumônier de la communauté du Saint-Sacrement depuis de nombreuses années, M. l'abbé Fontaine, vicaire général, fut présenté par Mgr Perraud comme *un autre lui-même,* au Conseil de la Congrégation, réuni le 3 août 1882, et depuis cette époque il a pris en main les intérêts de la famille spirituelle de M. Agut avec un tact et une prudence qui ne se sont jamais trouvés en défaut.

C'est sur son invitation formelle que nous avons entrepris cette œuvre qui excédait de beaucoup nos forces ; il encouragea notre bonne volonté, soutint notre inexpérience, guida lui-même nos recherches et prit la peine de reviser tout le travail.

Seules ces dernières lignes n'ont pas été placées sous ses yeux ; il les eût impitoyablement supprimées ; mais nous avions le droit et le devoir d'inscrire dans cette histoire son nom vénéré, que nous avons

(1) Annuaire de 1878, p. 373.

lu presque à toutes les pages des annales de la Congrégation.

M. Fontaine a publié dans l'*Annuaire* des extraits remarquables tirés des œuvres de M. Agut, et des aperçus sur la vie religieuse les plus propres à inspirer aux sœurs du Saint-Sacrement l'amour de leur sainte vocation.

La collection de l'*Annuaire* forme déjà un volume considérable et infiniment précieux, car il renferme des détails fort intéressants sur les développements et sur l'état présent de l'Institut. Nous faisons des vœux pour que cette histoire, écrite d'année en année, s'enrichisse des faits principaux qui ont marqué la fondation de chaque établissement particulier ; nous n'avons pu ici qu'en donner rapidement les dates ; mais quelle profonde édification ne causerait pas à tous le spectacle de tant de vertus aux prises parfois avec de si grandes difficultés ! On ne soupçonne même pas dans le monde ce qu'il a fallu, ce qu'il faut toujours à ces dignes filles de M. Agut d'abnégation et de dévouement pour créer et maintenir prospères et ferventes toutes ces maisons de charité et d'instruction religieuse, où, malgré la persécution, elles travaillent avec tant de zèle et de succès, sous le regard de Dieu, à sa plus grande gloire et au salut des âmes.

PIÈCES JUSTIFICATIVES

[A]

EXTRAIT

DU MANDEMENT ET INSTRUCTION PASTORALE POUR LE SECOND CENTENAIRE DE LA MORT DE LA BIENHEUREUSE MARGUERITE-MARIE, PAR MGR L'ÉVÊQUE D'AUTUN, CHALON ET MACON. *Voir plus haut*, p. 24.

« S'il est démontré par la science que Dieu n'est plus qu'un mot, la liberté une chimère, la responsabilité un non-sens, que reste-t-il, sinon que chacun s'arrange pour tirer le meilleur parti possible des combinaisons inconscientes de la nature et des forces aveugles qui gouvernent le monde?

« L'humanité de la fin du dix-neuvième siècle, si fière de ses progrès, se trouve ainsi ramenée à cette lutte brutale pour l'existence, que les naturalistes déclarent être la loi organique du monde animal. Déjà même, un mot de fabrique récente, assorti à cette théorie barbare, a été trouvé pour désigner cet homme des temps nouveaux dont l'unique mobile est d'être plus habile et plus fort que ses congénères.

« Le roman et le théâtre ont déjà mis en scène ce *lutteur pour la vie*, type idéal de l'homme tel que l'a fait la science matérialiste et athée, fille du philosophisme antichrétien.

« Quand ce personnage égoïste, délivré, comme il le dit, de tout préjugé, de toute illusion, de tout remords, a reçu le vernis d'une certaine éducation, il peut se croire obligé de compter avec les convenances sociales. Il s'arrange alors (c'est peut-être le dernier de ses préjugés) pour concilier avec elles la satisfaction de ses désirs et la soif de jouissance immédiate qui est dans la logique de cette philosophie des instincts et des passions. Encore esclave des habitudes que l'éducation donne à l'homme de bonne compagnie, il saura dissimuler sous une correction extérieure la plus radicale et systématique immoralité, d'ailleurs très conséquente avec elle-même lorsqu'elle rejette comme antiscientifique la distinction traditionnelle du bien et du mal, déclarée incompatible avec la fatalité des lois générales de la nature.

« Mais ces désolantes et dégradantes doctrines ne demeurent pas confinées dans une aristocratie intellectuelle et sociale où elles peuvent s'allier agréablement avec le dilettantisme épicurien que de violentes commotions troubleraient dans ses plaisirs. Au-dessous de ces habiles et de ces heureux qui ont su se faire la meilleure part dans les hautes situations de la politique, de la finance, de la littérature, de la presse, du théâtre, il y a des millions de déshérités qui ne se résignent pas à être exclus des avantages dont jouissent les premiers.

« Ceux-ci gardent des ménagements à l'égard des conventions et des combinaisons sur lesquelles repose l'ordre public, parce qu'ils sont au premier rang pour les exploiter à leur profit.

« Mais les autres n'ont rien à gagner aux demi-mesures et aux atermoiements. On leur a persuadé qu'il n'y a plus « ni Dieu, ni maître »; que la croyance en une âme immortelle, avec toutes les conséquences qui en découlent, est une légende ridicule à proscrire de la première éducation de l'enfance ; que la seule loi constatée par la méthode expérimentale est la loi du plus fort, loi qu'il faut appliquer sans retard aux difficultés de l'heure présente, parce que le lendemain n'appartient à personne et que, si les calculs savent attendre, les appétits ne le peuvent pas. Donc avant d'aller pourrir dans le charnier commun, la « bête humaine » que le hasard de la naissance a rangée dans la partie la plus besogneuse du troupeau est autorisée par ses instincts à se ruer sur le banquet de l'existence pour y saisir de gros morceaux. Telle est, dans sa hideuse simplicité, la science sociale qui se charge de tirer les conséquences pratiques du positivisme scientifique de notre temps.

« Or, il ne faut pas l'oublier, ceux qui raisonnent de la sorte souffrent et ils sont les plus pressés ; ils s'organisent, et ils ne sont pas les moins intelligents ; ils se comptent, et ils sont de beaucoup les plus nombreux. Sans doute, ils pourraient différer leurs revendications jusqu'à l'heure peu éloignée où le mécanisme des scrutins et la loi des majorités feront passer entre leurs mains le pouvoir politique, l'influence, le crédit, avec tous les avantages qui en découlent. Mais ce lendemain paraît encore trop éloigné aux impatients. Ce n'est pas plus tard, c'est tout de suite qu'il faut jouir. Que si l'on prétend retarder leur victoire ou leur en disputer le prix, ils seront terribles dans la vengeance et feront cruellement expier aux vaincus les inégalités, les injustices, les privations, les affronts de toute sorte, dont ils souffrent depuis tant de siècles. Déracinez de la conscience de l'homme du peuple la foi au Christ consolateur, vous ne lui laissez plus d'autre alternative qu'un pessimisme sans espérance dont le suicide est la conclusion logique, ou la résolution hardie de se créer dès maintenant le Paradis qu'ils reprochent aux mystiques d'ajourner après la mort.

« Hélas ! comment exprimer les souffrances cruelles qui font presque toujours cortège à ces monstrueuses aberrations ? Cheminer à travers les obscurités et les duretés de la vie sans être soutenu par une espérance, sans entrevoir une issue, sans pouvoir rattacher à une cause digne d'elles les luttes mystérieuses de la conscience, sollicitée en sens divers par le devoir et la passion ! Avoir une âme qui porte en elle-même d'invincibles instincts d'immortalité, et sentir qu'elle étouffe sans air et sans lumière, sous le poids de misérables sophismes dont une ignorance souvent invincible ne permet pas de secouer le joug : tel est l'état auquel se trouvent réduites ces multitudes qui s'agitent, travaillent, souffrent, se désespèrent et meurent autour de nous.

« Or, n'est-ce pas la prescience de ces évolutions de l'erreur et du mal qui a ému si profondément la miséricorde infinie du Sauveur, à l'aurore de ces temps nouveaux où, sous prétexte de progrès scientifique et d'émancipation politique et sociale, tant d'hommes devaient devenir la proie des négations les plus ténébreuses ? Une fois de plus, de son Cœur très compatissant, Jésus-Christ a laissé échapper ce cri pathétique : « J'ai pitié de ces foules : *Misereor super turbam.* »

« Mais comment les ramener à la religion qui seule explique la vie, transfigure la mort et rend l'homme « roseau pensant, » capable de vaincre « l'univers qui l'écrase ? » Recueillons-nous encore une fois, N. T. C. F., dans le silence pénétrant du sanctuaire où priait il y a deux siècles une fille de notre peuple ! Regardons son visage qui trahit l'adoration et l'extase ; prêtons l'oreille à la conversation engagée entre elle et un invisible interlocuteur. Écoutons le message qu'elle est chargée de nous transmettre : « Voilà ce Cœur qui a tant aimé les hommes ! »

« Qu'est-ce à dire, et qu'y a-t-il dans cette révélation ?

« Il y a, dirons-nous avec Bossuet, qui va nous servir de guide, l'abrégé substantiel de tout le christianisme et le moyen le plus saisissant de le faire comprendre et aimer par ces foules qui s'égarent. » *Pag. 119-123.*

[B]

MÉMOIRES DE M. AGUT

Ni M. Agut ni ses dévouées coopératrices n'ont songé à rédiger le registre, où nous aimerions à suivre de près « cette lente et laborieuse communauté du Très-Saint-Sacrement. » Leurs actes s'inscrivaient au livre de vie ; cela leur suffisait. Tout leur temps était employé au service du divin Maître, dans ses membres souffrants. Il a fallu que le saint fondateur fût contraint de rédiger des *Mémoires*, afin d'obtenir des lettres patentes du roi et l'approbation du Saint-Siège, pour qu'il se décidât à retracer l'historique de l'hospice de la *Providence* et de l'Institut des sœurs du Saint-Sacrement.

Ces Mémoires sont au nombre de trois et se complètent l'un par l'autre ; malheureusement ils ne renferment que quelques pages, et encore s'étendent-ils plus sur l'établissement de l'hospice lui-même que sur l'origine de la Congrégation. Il est fort probable que d'autres documents, ayant pour objet la double fondation de M. Agut, ont disparu, comme plusieurs de ses œuvres manuscrites, durant la tourmente révolutionnaire.

Mais la nécessité de noter les recettes et les dépenses de la maison obligea M. Agut, puis les premières mères de l'Institut à relater quelques faits et à citer des noms qui ont échappé de la sorte à l'oubli du temps. Nous l'avons dit, M. l'abbé Dumonet, professeur au collège de Mâcon, publia, en 1787, la *Vie de M. Agut* qui n'est qu'une esquisse fort incomplète, écrite d'ailleurs dans le goût du temps. Cet auteur semble avoir pris à tâche d'éviter les noms propres et les dates. M. l'abbé Sigorgne, qui avait vécu longtemps dans l'intimité de M. Agut et qui lui succéda à la tête de la congrégation, semblait désigné pour composer l'histoire du vénéré fondateur. On regrettera toujours qu'il ne l'ait pas fait.

Le premier des documents que nous publions a pour titre : *Mémoire sur l'hôpital des Incurables, sous le nom de la Providence*, situé sur la levée de la Barre, faubourg de la ville de Mâcon. Il a été composé par M. Agut, en l'année 1758 ou 1759.

Le second, rédigé sous l'épiscopat de Mgr d'Ailly, évêque de Chalon (1755-1772), renferme des détails plus circonstanciés sur l'origine de la Congrégation, ainsi que l'indique son titre : *Mémoire sur l'établissement de l'hôpital des Incurables, dit de la Providence*, au faubourg de la Barre, et des *Sœurs du Saint-Sacrement* qui le desservent.

Le troisième et dernier remonte à l'année 1764 ; il ne serait autre, pensons-nous, que la *supplique* elle-même que M. Agut se proposait d'envoyer à Rome afin de solliciter l'approbation du Saint-Siège pour son Institut ; il est à dessein divisé en paragraphes qui portent des indications analytiques. En voici le titre général : *Mémoire pour les sœurs hospitalières de la Providence ou du Très-Saint-Sacrement, établies en plusieurs endroits du royaume de France.*

I

MÉMOIRE SUR L'HÔPITAL DES INCURABLES, SOUS LE NOM DE LA PROVIDENCE, SITUÉ SUR LA LEVÉE DE LA BARRE, FAUBOURG DE LA VILLE DE MACON.

« La maison ou l'hôpital des Incurables paraît plutôt l'effet de la divine Providence que d'un projet concerté. Elle ne doit son érection ou plutôt sa reconstruction qu'aux différents événements qui y ont donné lieu. Celui qui l'a commencée n'avait dans son commencement aucun plan suivi ; il ne savait pas où allaient aboutir toutes ses démarches ; il y aurait eu une témérité bien présomptueuse, tant dans cette érection que dans l'établissement d'une congrégation de filles dévouées aux bonnes œuvres, qui en sont devenues comme le soutien et comme une suite ordinaire.

Ce fut en 1731 que le sieur Agut, à son retour en France, pensa sérieusement à se livrer au ministère des pauvres. Plusieurs occasions lui en fournirent une ample matière, surtout en 1732, où plusieurs de ces misérables périrent de faim, de froid et de misère, sans aucuns sacrements, parce que l'Hôtel-Dieu n'était pas suffisant pour les contenir.

D'ailleurs, ce n'est point l'usage à Mâcon d'y loger les étrangers, autres que les militaires, les soldats passants, mais seulement les malades de la ville, attaqués de maladies accidentelles et non invétérées. Cet usage, d'ailleurs prudent et sage, en ce qu'il n'admettait point d'incurables, et gens atteints de maux qui peuvent se communiquer, ne mettait pas cependant les pauvres de la ville atteints de ces maux, non plus que les étrangers ou gens de la campagne, dans une situation de se défendre contre les besoins d'un misérable reste de vie, et surtout de pouvoir recevoir leurs derniers sacrements. Ainsi, se voyant destitués de tout secours spirituels, ils se trouvaient en partie obligés d'aller mourir dans des étables ou écuries, où ils se retiraient, et même au milieu des rues. Le sieur Agut, touché de commisération pour tant de malheureux qui périssaient chaque jour, en conféra avec un saint et pieux ecclésiastique, également témoin de tant de misères, qui donna la main à son projet : ce fut de louer, hors de la ville, une petite maison, pour y tenir au moins deux ou trois de ces incurables, en attendant que la divine Providence voulût lui ménager des fonds pour pouvoir en augmenter le nombre. Un événement inopiné devint l'époque de l'exécution de ce projet. Un officier de la maison de Mme la princesse de Conti, ne pouvant pénétrer à Avignon à cause de la peste qui y était, obligé de revenir à Mâcon, y fit une abjuration, qu'il devait faire entre les mains de M. le Vice-Légat d'Avignon, pour quelques difficultés que cette princesse avait eues avec feu M. Languet, curé de Saint-Sulpice, à qui elle avait d'abord adressé son officier. Etant tombé malade, le sieur Agut qui, par une lettre adressée par Mme de Digoine, qui était auprès de Mme de Conti, à lui-même, le priait de l'admettre à l'abjuration, vint demander à feu M. Colin, pour lors Vicaire Général, un billet pour placer cet officier à l'hôtel-Dieu ; ce billet ne put servir, parce qu'on ne pouvait recevoir les étrangers. Le sieur Agut fut obligé de le mettre dans une auberge, où il mourut après son abjuration faite.

Ce refus de recevoir un officier d'une si grande maison toucha vivement le sieur Agut, qui prit la liberté de représenter à M. Colin les inconvénients auxquels étaient exposés tous les jours tant de pauvres malades, et souvent même d'honnêtes gens destitués de tous secours, comme cet officier qui avait laissé sa malle à Avignon ainsi que son argent. Alors, le sieur Agut proposa son dessein : ses raisons furent du goût de M. l'abbé Colin ; il lui dit qu'on avait autrefois si bien senti la nécessité d'un hôpital extraordinaire d'incurables, que, outre celui de Bourgneuf, où il a toujours été, il s'en était établi un autre, dans les siècles précédents, comme les anciens pouillés du diocèse en font mention expresse, avec sa situation et ses fonds propres, mentionné dans plusieurs terriers de MM. de Saint-Pierre, en 1482, en 1549 et autres années suivantes. Quelques-uns, par erreur de chronologie, ont confondu cette maison avec celle de la maladrerie, autrefois située dans la prairie de Varenne, près Saint-Clément, qui fut, il y a quelque temps, mal à propos ruinée ; mais c'est se tromper, car cette dernière maison fut construite aux dépens de M. Gaspard Dinet, pour lors évêque de Mâcon, à l'occasion de la peste qui ravageait la province, en Mil-six-cent et quelques années; quoi qu'il en soit, M. l'abbé Colin, en l'absence de Mgr l'évêque qui était alors à Paris, en sa qualité de Vicaire Général, consentit à l'érection de ce nouvel établissement sur la levée de la Barre, au faubourg de la ville où la maison venait d'être louée et eut la bonté d'appointer la requête qui lui en fut présentée, le 15 mai 1733, en l'homologuant, et, par sa générosité ordinaire, il donna un ornement complet pour la chapelle qui se bâtissait, avec quelques aumônes pour commencer, avec la permission de faire des quêtes, pour fournir en attendant aux besoins de la maison.

Cette approbation de l'ordinaire obtenue, le Sieur Agut s'adressa à Messieurs de Saint-Pierre, en qualité de Seigneurs justiciers de Lévigny, dans la juridiction desquels le bourg de la Barre se trouve compris, pour demander leur agrément pour ce nouvel établissement; la requête leur fut présentée, et il y fut fait droit par un acte capitulaire du 18 mars de la même année.

Ce qu'étant fait et approuvé, il en fut présenté un autre à M. Chamonard, pour lors curé de Charnay, dans l'étendue de la paroisse duquel l'hôpital devait être situé. Cette requête fut pareillement appointée, agréée et signée du dit curé, le 24 mars de la même année; cette approbation a été homologuée par l'ordinaire. En conséquence de toutes ces permissions le sieur Agut prit la liberté d'en écrire à Mgr l'évêque, à Paris, une lettre dans laquelle il lui rend compte de toutes ses démarches sur la bonne œuvre; voici la réponse : « J'ai reçu, Monsieur, la lettre que vous avez pris la peine de m'écrire pour m'informer de l'établissement que vous avez fait, sur la permission de M. l'abbé Colin, d'un nouvel hôpital dans la ville de Mâcon. On ne peut que louer les marques que vous donnez de votre zèle dans cette occasion pour le soulagement des pauvres incurables de cette ville, et je prendrai volontiers connaissance de cet établissement, lorsque je serai dans mon diocèse. »

Mgr l'évêque parut approuver cet établissement à son retour de Paris, puisque la maison de la Providence a reçu de sa part plusieurs malades de Romenay, sa Baronnie, et qu'elle en a encore actuellement deux sans pension, ni rétribution, pour lesquels sa Grandeur a fait, pendant quelques années, expédier des mandats sur M. Ferret, receveur des subsides, décimes et tailles, en faveur d'un pauvre aveugle qui a resté plus de quinze ans dans cette maison, qu'elle eut la bonté de se transporter, au mois de janvier, en 1737, aux deux bureaux de l'Hôtel-Dieu, et de la Charité pour y faire dresser une délibération, qui y fut stipulée, le 10 du même mois, même année, par laquelle il est porté que, pour exécuter, autant qu'il se peut, les conditions sous lesquelles Mme Chenard, la Lieutenante Générale, a fait un legs de cent mille livres, à l'Hôtel-Dieu, qui sont entre autres de faire faire et entretenir quatre lits pour des incurables ; les recteurs contribueront pour trois cinquièmes au paiement des pensions des pauvres de la Charité, atteints des maladies appelées écrouelles ; lesquelles pensions ont été faites entre les mains de M. Agut, Chevalier de Saint-Pierre, qui a bien voulu s'en charger pour l'entretien des pauvres et les mettre dans la maison des Incurables. Et eux, à la somme de cent livres par années, payables à prorata seulement du temps que les malades auront demeuré à la charge de M. Agut. Les Sieurs Barjaud, Vaillant, Olivier, Gauthier et Cadot étaient pour lors recteurs de l'Hôtel-Dieu.

Les recteurs de la Charité en firent de même, et s'engagèrent de leur côté à payer en supplément des dites cent livres les deux autres cinquièmes, et en conséquence envoyèrent à l'hôpital des Incurables successivement leurs malades, de sorte que, depuis le 1er janvier de la même année 1737 jusqu'au 1er février, il y eut onze de leurs malades, dont le sieur Agut tient encore registre. Depuis ce temps, les recteurs des deux hôpitaux ont envoyé à la dite maison des Incurables tous leurs malades incurables par billets et continuent encore aujourd'hui de le faire. Mgr l'évêque, depuis ce temps-là, écrivit une lettre au mois de juin 1738 à M. l'abbé de la Porte, qui occasionna ce billet qu'il envoya à M. Agut au sujet des remèdes du clergé qu'il demandait gratuitement, pour les pauvres incurables, dont voici la teneur : « Monseigneur l'évêque me mande, Monsieur, qu'à son premier voyage de Versailles, il parlera à M. le comte de Muy, pour les remèdes que le roi fait distribuer gratis, pour les hôpitaux et pauvres de son royaume. »

Et pour prouver que Mgr l'évêque n'était point opposé à cette bonne œuvre, M. Manoury envoya encore un billet au sieur Agut, le 27 avril 1743, par lequel il le pria de vouloir bien faire mettre aux Incurables un enfant de Romenay travaillé de la pierre. M. Manoury était pour lors official.

Tout étant ainsi tranquille, le sieur Agut fit des démarches et procéda à la construction de la maison de la Providence ; il y employa, pour cet effet, ses deniers patrimoniaux et une partie de son revenu, avec plusieurs sommes épargnées par son économie, et le travail de ses mains à plusieurs ouvrages de la plume et des répétitions de philosophie et même de théologie, et les legs de plusieurs particuliers, et, par ce moyen, et à mesure qu'il touchait ses revenus, il put faire de nouvelles constructions ; et pour nourrir les pauvres il eut recours à Mgr de Rochebonne, archevêque de Lyon, pour avoir la permission de quêter dans son diocèse, et surtout en Bresse. La concession en fut délivrée sur l'exposé qu'on faisait dans la requête de la réception indistincte des pauvres de tous pays. M. de Lavalette, ancien évêque d'Autun, étant en régale à Lyon et honorant le sieur Agut de sa juste confiance, continua cette permission de quête et lui promit toutes les grâces qui pourraient dépendre de lui. Postérieurement Mgr le cardinal de Tencin lui accorda la même permission qu'il joignit à ses approbations dans son diocèse, et depuis elle a été renouvelée par ses grands vicaires, et nommément par ceux de Mgr de Montazet, archevêque actuel de Lyon.

Cette maison d'Incurables tient actuellement des malades de toute espèce au nombre d'environ quarante. Depuis longtemps, le sieur Agut sollicitait de faire mettre le Saint Sacrement dans la chapelle qui est aujourd'hui d'une assez vaste étendue, pour donner lieu d'administrer plus facilement le saint Sacrement aux malades, mais la mauvaise volonté du curé postérieur, les vexations continuelles qu'il est obligé d'endurer de la part de celui qui est en place ont retardé cet événement. C'est pourquoi plusieurs malades auraient reçu les derniers sacrements, qui n'ont pu le faire, attendu qu'il faut employer beaucoup de temps et des pauvres malades, pour aller à Charnay, distant d'une grande demi-lieue, parmi les boues et les mauvais chemins, avertir le curé de venir les administrer, lequel souvent fait des querelles mal fondées aux sœurs, et des menaces au sieur Agut, se sentant soutenu par une personne en dignité qu'on ne nomme point ici ; si on en déclarait la cause, tout le monde se révolterait contre elle.

Le 11 novembre 1759, Mgr de Valras donna un ciboire pour reposer le Saint Sacrement au tabernacle de la Providence et le lendemain M. Dusson, vicaire général, vint dire la messe et l'y déposa.

Ce serait donc un grand bien que l'on procurerait à cette maison, si l'on y faisait reposer le Saint Sacrement ; tout y est en état décent jusqu'au tabernacle qui y est depuis longtemps en souffrance. Et le curé de Charnay n'aurait qu'à y prendre le Saint Sacrement pour le porter non seulement aux malades de la maison, mais aussi à ceux du faubourg, sans être obligé de promener le Saint Sacrement, depuis Charnay jusqu'à la ville de Mâcon, au milieu des mauvais chemins, accompagné d'une seule personne, et porté par un curé mal vêtu d'un mauvais surplis, ce qui révolte infiniment.

On doit sentir la nécessité de cette maison par tout le bien qu'elle procure aux pauvres de la ville et de la campagne qui y accourent de toutes parts, pour y trouver des remèdes et des soulagements à leurs maux ; remèdes qu'on a l'habitude de leur distribuer gratuitement, et tirés de la pharmacie de cet hôpital où l'on fait toutes sortes de médecines, de remèdes et d'onguents proportionnés aux différentes maladies, qui ont guéri et guérissent tous les jours un grand nombre de malades, comme l'expérience journalière le montre.

La congrégation des sœurs, sous le vocable du très saint Sacrement, est devenue comme la fille de cette maison ; plusieurs d'entre elles vaquaient aux bonnes œuvres et à la visite des malades. Lorsque la construction de la maison de la Providence se fit, il semblait que Dieu les y avait destinées ; elles s'y présentèrent pour y faire gratuitement leurs fonctions, et furent reçues à cet effet. On ne parle pas ici des règles qu'elles se firent prescrire par le sieur Agut, à qui elles s'adressèrent pour cela ; lequel les leur fit attendre longtemps, pour ne rien faire de précipité, et pour ne pas donner lieu au retour ni au repentir. Plus d'une année s'étant passée, les règles parurent ; les sœurs agrégées se soumirent, et continuent encore aujourd'hui avec édification, mais non sans contradiction et sans coup fourré de la part des ennemis de tout bien, qui, par de fades et sottes plaisanteries, voulaient surprendre la religion des supérieurs. On donna quelque temps dans le piège, et l'orage s'étant levé, la plupart des sœurs se dispersèrent hors du diocèse.

Les diocèses voisins ne furent pas les victimes de la crédulité. Mgr de Madot les appela dans le sien et fit multiplier les établissements sur le rapport avantageux et charitable que Mgr l'évêque de Mâcon fit tant des sœurs que du fondateur, non seulement à Mgr de Madot, mais encore au maire, au lieutenant général et au procureur du Roi à Chalon. Mgr D'Ailly-Rochefort, évêque aujourd'hui du dit lieu, non seulement les approuve, mais encore il les augmente de telle sorte que ces établissements sont au nombre de cinq, savoir : Chalon, Tournus, Cuisery, Saint-Gengoux et Sassenay en Bourgogne. Mgr l'évêque de Saint-Claude suivit la même route, en fit venir pour son hôpital de Saint-Amour, en Comté, où elles sont encore aujourd'hui.

Mgr l'archevêque de Lyon en fit de même par ses grands vicaires et Mgr d'Egée son suffragant. On parle de feu Mgr le cardinal de Tencin, qui, loin de poursuivre comme ministre, le système de la Cour dans la suppression de tant de Communautés, et surtout dans son diocèse, a loué et approuvé les sœurs du Très-Saint-Sacrement, tirées de la ville de Mâcon pour venir s'établir à Roanne-sur-Loire, mais encore leur fit toucher par les mains de M. Agut, leur supérieur, une somme de cinq cents livres pour commencer leur pharmacie, participation qu'il voulait continuer ; il en aurait sans doute autant fait à l'établissement des sœurs à Mervieux en Forez, comme aussi à Belleville, si la mort de ce grand prélat n'eût mis fin à tous ses projets. Feu Mme la maréchale de Maillebois en demanda aussi à Mgr de Chalon, qui la renvoya à M. Agut ; celui-ci lui donna deux sujets pour la ville d'Allègre, où s'est formé un noviciat de sœurs qui subsiste toujours et augmente.

Mgr l'évêque du Puy les a autorisées et approuvées, parce qu'elles sont de son diocèse. La petite ville de la Chaise-Dieu les a fondées, et de là on en demande pour plusieurs diocèses. Dans celui de Vienne, Condrieu est un autre établissement fait depuis quelques années. Et postérieurement, dans celui de Besançon, Mgr l'archevêque a donné son agrément pour Auxonne, où les sœurs viennent d'être appelées (en 1759).

Dans celui de Mâcon est la maison de la Providence qu'on pourrait regarder comme le chef-lieu, puisque c'est à Mâcon que la congrégation a pris naissance, et où ont été élevés les principaux sujets, qui en sont sortis pour aller ailleurs pour fonder des maisons particulières, et dont l'éducation er la naissance ont répondu aux soins qu'on s'est donnés pour les former à leurs emplois. Ces emplois sont : de tenir des maisons de charité ou des hôpitaux mixtes, avec l'éducation de la jeunesse, comme à Saint-Amour, Condrieu, etc.

Quant à Saint-Gengoux, les Ursulines du lieu ayant été transférées à Chalon, il fut passé un acte par la médiation de quelques prélats, par lequel il est dit : qu'en attendant que la pension des sœurs Ursulines vivantes vînt à avoir lieu par le décès de quelques-unes, il serait pris sur la caisse du roi à Chalon, une pension de cinquante écus, pour chaque sœur du Saint-Sacrement qui enseignerait la jeunesse à leur place, et que, décès avenant d'une des sœurs, la pension de dot passerait aux dites sœurs.

Il ne s'agit donc plus, pour affermir une congrégation si utile et si nécessaire au public, que de la faire jouir des privilèges des autres communautés de leur sexe, pour les rendre plus tranquilles dans leur état, et les mettre à l'abri d'un certain public, à qui il convient de ne plaire ni d'agréer.

On peut remarquer cependant en passant, qu'on rend à cette bonne œuvre et aux sœurs bien plus justice qu'auparavant, et que plusieurs personnes prévenues sont bien revenues de leurs anciens préjugés, reconnaissant combien le tout contribue à la gloire de Dieu et au salut du prochain.

Si pour obtenir les lettres patentes pour la maison ou hôpital de la Providence, on voulait savoir ce qu'elle a de revenu, on répond qu'elle a d'abord 1º une hypothèque générale spéciale, de soixante-quinze livres, chaque année, à prendre sur les fonds de la veuve Pochon, contigus à la maison; 2º une rente annuelle et continuelle des deux cents livres, léguée par feu M. l'abbé Colin de Serres, ancien Vicaire Général du diocèse, fondée sur les deux maisons de l'Hôtel-Dieu de cette ville et de la Charité; 3º qu'elle a encore une vigne ou clos autour de son pourpris, qui peut faire par communes années, quatre queues environ de vin ; que d'ailleurs le Sieur Agut espère dans la suite augmenter par ses épargnes les revenus de la dite maison ou hôpital entre autres rentes.

Pour revenir aux sœurs qui desservent le dit hôpital : 1º elles ne sont nullement à charge aux pauvres, au contraire, elles payent pension; 2º dans leur Institut, on ne demande ni dot, ni faux frais, mais seulement une pension viagère de cinquante écus, annuellement, que ainsi les dites sœurs n'emportent pas le bien le plus liquide des familles comme les autres communautés, mais le fonds de leur pension retourne à leurs parents après leur décès; 3º qu'elles ne sont pas inutiles au public; mais elles embrassent toutes les bonnes œuvres les plus essentielles, pour former des sujets à l'état.

Depuis ce temps, jusqu'à ce jour, il s'est fait d'autres établissements des sœurs, et selon toute apparence ils se multiplieront, car il s'en présente beaucoup.

II

MÉMOIRE SUR L'ÉTABLISSEMENT DE L'HOPITAL DES INCURABLES, DIT DE LA PROVIDENCE, AU FAUBOURG DE LA BARRE, ET DES SŒURS DU SAINT-SACREMENT QUI LE DESSERVENT.

Cet établissement a commencé sans autre vue que de soulager les pauvres incurables et les malades étrangers qui ne pouvaient être reçus dans l'hôpital général, ni dans l'hôtel-Dieu de la ville de Mâcon. Plusieurs de ces misérables, destitués de secours, mouraient dans les étables et les écuries où ils se retiraient.

Le sieur Agut, prêtre, chevalier du chapitre noble de Saint-Pierre de Mâcon, appelé souvent pour visiter et confesser ces malheureux, touché de compassion, en conféra avec un autre ecclésiastique, également témoin de tant de misères ; ils formèrent ensemble le projet de louer une petite maison, hors de la ville, pour y tenir au moins deux ou trois de ces incurables, jusqu'à ce que la divine Providence voulût lui ménager des fonds pour en augmenter le nombre. Ce fut, le 8 mars, mil sept cent trente-deux. Il arriva dans ces entrefaites, qu'un officier de Mme la Princesse de Conti, de la religion prétendue réformée, n'ayant pu faire abjuration à Avignon entre les mains de Mgr le vice-légat, passa par Mâcon, muni d'une lettre de Mme de Digoine, adressée au Sieur Agut, qui le priait d'admettre cet officier à l'abjuration, attendu que la peste était dans le comtat où il ne pouvait se rendre, et où il avait laissé sa malle et son argent. La maladie dont il fut attaqué à Mâcon, l'obligea de dépenser le peu qu'il avait pour se conduire, et se vit réduit à solliciter une place à l'hôtel-Dieu, qui lui fut refusée, attendu qu'il était étranger, malgré les recommandations de M. l'abbé Colin, pour lors vicaire général, et dont le Sieur Agut avait imploré l'assistance. Cet infortuné se retira dans une auberge, où il mourut quelques jours après s'être dûment réconcilié avec l'Eglise.

Cet événement fit hâter le projet de M. Agut; il le proposa à M. l'abbé Colin, qui le goûta et l'approuva, moins comme une entreprise nouvelle, que comme le rétablissement de l'hôpital des Incurables qui avait subsisté dans les siècles précédents, ainsi qu'il est mentionné dans plusieurs terriers du chapitre de Saint-Pierre de Mâcon, en

1482, 1549 et autres postérieures; bien différent de la maison de la maladrerie construite à Saint-Clément, par les soins de Mgr Gaspard Dinet, pour lors évêque de Mâcon, en 1604 ou environ, et démolie depuis quelques années.

La maison fut donc louée, le 20 mars 1732, et pour donner forme à ce nouvel établissement, le sieur Agut présenta requête à Monsieur le vicaire général, le 15 mai 1733, qui, en l'homologuant, donna un ornement complet pour la chapelle qui s'y bâtissait, avec quelques aumônes pour commencer, la permission de faire des quêtes dans le diocèse pour fournir aux besoins de la maison, qui fut dès lors nommée de la Providence, et à juste titre, comme on le verra.

Autre requête à Messieurs de Saint-Pierre en qualité de Seigneurs hauts-justiciers de Lévigny, où se trouve le bourg de la Barre, appointée par acte capitulaire, le 18 mars 1733.

Autre requête au Sieur Chamonard, lors curé de Charnay, dans la paroisse duquel devait être situé, le dit agréé et répondu par le dit sieur curé le 24 mars, même année, homologué par l'ordinaire.

Enfin requête à l'ordinaire.

M. Agut rendit compte à Mgr l'évêque, pour lors à Paris, de toutes ses démarches; il les approuva, et à son retour fit recevoir dans cette maison plusieurs personnes de Romenay, entre autres un aveugle, en faveur duquel il fit expédier plusieurs mandats sur l'aumône de Romenay, pendant plusieurs années.

Ce prélat fit plus. Au mois de janvier 1737, il se transporta aux deux bureaux de l'hôpital général et de l'hôtel-Dieu de Mâcon pour y faire prendre une délibération portant: que pour exécuter autant qu'il se peut les conditions sous lesquelles Mme Chesnard, lieutenante générale, a fait un legs de cent mille livres à l'hôtel-Dieu qui sont entre autres pour faire entretenir quatre lits pour des incurables, les recteurs contribueront pour quatre cinquièmes au paiement des pensions des pauvres de la charité, atteints de la maladie appelée les écrouelles, lesquelles pensions ont été faites entre les mains de M. Agut, chevalier de Saint-Pierre qui a bien voulu se charger de l'entretien des dits pauvres, et les mettre dans la maison des Incurables et eux, recteurs, à la somme de cent livres par année, payables au prorata seulement du temps que les susdits malades auront demeuré à la charge de M. Agut.

Le bureau de l'hôpital général fit pareille délibération, s'engageant seulement à payer un cinquième de la pension de cent livres pour chaque pauvre. En conséquence, les bureaux envoyèrent leurs malades incurables à la maison de la Providence; on en reçut onze depuis le 7 janvier 1737 jusqu'au premier février de la même année; depuis les traités les hôpitaux ont continué d'envoyer leurs malades jusqu'à ce jour, et l'hôtel-Dieu a continué de payer 80 l. pour chaque malade, mais la Charité a discontinué de payer le surplus.

Mgr l'évêque, voyant la bonne œuvre commencée avec quelque succès, procura au Sieur Agut des remèdes du clergé, et continua à placer dans cet hôpital des pauvres de la paroisse de Romenay.

Tout étant tranquille, M. Agut forma le dessein de faire construire une maison convenable à cet établissement. Le sieur Pochon, habitant de la Barre, lui relâcha une coupée de fonds, à la charge de faire construire une chapelle dans la maison qu'il projetait bâtir.

Il commença donc, en l'année 1737, à jeter les fondements, et, pour consommer l'ouvrage, il vendit la maison patrimoniale, joignit quelques épargnes de ses revenus, et le produit de quelques ouvrages pour fournir à la continuation; enfin le bâtiment du grand pavillon fut achevé en 1739 et la chapelle en était. Il invita le sieur Buat, alors curé de Charnay, successeur immédiat du sieur Chamonard, à en faire la bénédiction ; ce qu'il fit. Les habitants du bourg, charmés de ce secours, y venaient à l'envi, non seulement pour y entendre la messe, mais encore les catéchismes qui s'y faisaient régulièrement les dimanches et les fêtes.

Le nombre des malades étant augmenté, le Sieur Agut aurait désiré d'avoir le Saint Sacrement dans la chapelle ; mais il n'osait en hasarder la proposition dans les circonstances actuelles ; il en attendait de plus heureuses. La divine Providence permit même que le curé actuel, successeur immédiat du Sieur Buat, hérita de son opposition à cet établissement, et qu'il ne dut cette faveur qu'à Mgr de Valras, qui ayant fait dresser procès-verbal de la décence du lieu et de la convenance d'y faire reposer le Saint-Sacrement, donna son décret, le onzième novembre 1759, et le lendemain douzième, M. l'abbé Dusson, l'un de ses vicaires généraux, vint célébrer la sainte messe dans la nouvelle chapelle, et y déposa le Saint Sacrement qui y a résidé depuis le dit temps.

C'était un avantage pour M. le curé de Charnay, qui pouvait par ce moyen s'épargner la peine de porter le saint Viatique de son église aux pauvres malades éloignés d'une grande demi-lieue ; mais il refusa ce secours et exigea qu'on envoyât les pauvres demander les sacrements pour les malades, le cas advenant ; il y aurait même plus de décence, mais il n'en fut point touché.

Il s'agissait de nourrir les pauvres, et les frais nécessaires à la nouvelle construction diminuaient les ressources du sieur Agut. Il eut recours à Mgr de Rochebonne, alors archevêque de Lyon, qui lui permit de faire quêter dans son diocèse, surtout en Bresse, attendu que cette maison était ouverte aux pauvres incurables de tous pays.

M. de Lavalette, évêque d'Autun, administrateur de l'archevêché de Lyon, le siège vacant, qui honorait le sieur Agut de sa confiance, renouvela la dite permission. Après lui, Mgr le cardinal de Tencin et Mgr de Montazet, aujourd'hui archevêque de Lyon, lui ont fait la même grâce; il a trouvé la même protection dans ses supérieurs locaux.

Il y a actuellement quarante malades incurables dans cette maison qui subsistent comme il a été dit : 1° du produit des quêtes; 2° de la pension de 80 l. pour chaque pauvre donnée par l'Hôtel-Dieu, qui sont au nombre de six; 3° d'une rente annuelle et perpétuelle de 200 l. léguée par M. l'abbé Collin de Serre, doyen, ancien vicaire général et official du diocèse, payable par les bureaux de l'Hôtel-Dieu et de l'hospice général de cette ville sur les fonds du legs à eux fait par son testament; 4° dans le produit d'un clos de vigne joignant la maison qui peut rendre annuellement huit tonneaux de vin. Le reste est suppléé par la charité des fidèles et les soins du sieur Agut; 5° une rente hypothèquée sur les fonds de la Ve Pochon à la Barre de 75 l. appartenant au dit sieur Agut comme subrogé au sieur.

La chapelle est bénite sous le vocable de Notre-Dame des Sept Douleurs, de saint Raphaël et de saint Jean de Dieu. Il y a une fondation de messes faite par plusieurs personnes, dont le fonds a été placé à contrat de rentes : 70 l. 22 l. 92 l. pour l'acquit de 122 messes.

Lorsqu'il fut question de servir les pauvres incurables, plusieurs personnes dévotes se consacrèrent à cette bonne œuvre, filles, femmes, veuves ; on en vit un grand nombre empressées à secourir ces malheureux ; elles se partagèrent les emplois, et le sieur Agut choisit parmi les pauvres, une fille plus entendue pour veiller sur la maison, et lui rendre compte des aumônes qu'on y apportait, et de l'emploi, ainsi que de la conduite des personnes de la maison.

Pour augmenter le zèle des personnes charitables qui s'étaient dévouées au service des pauvres, il entreprit une retraite. Les filles et les amies de ces personnes pieuses, conduisaient leurs enfants aux instructions de cette maison ; le nombre était considérable, et le S^r curé de Charnay prit l'alarme. Le sieur Agut prit le parti de les rassembler chez lui, et d'y continuer ses instructions ; mais ce parti ayant encore excité quelques clameurs, il les discontinua ou plutôt les transféra chez les religieuses Carmélites, et changea ses instructions en conférences qui continuaient dimanches et fêtes. Depuis ce temps-là, ces oppositions ne firent qu'augmenter le zèle des enfants qui se faisaient instruire pour la première communion ; elles se portèrent à l'envi au service des pauvres, et quelques-unes ayant obtenu le consentement de leurs parents, demandèrent à entrer dans cette maison pour y exercer les bonnes œuvres. Le sieur Agut les y admit et leur donna un règlement de vie pour allier la prière intérieure avec leurs devoirs extérieurs, leur recommanda des habits simples et modestes ; elles les prirent de leurs bourses, et uniformes. Celles de leurs compagnes qui brûlaient du même zèle, ne pouvant entrer dans cette maison, se dévouèrent au soulagement des pauvres de la ville, chacune dans son quartier, et embrassèrent le même règlement de vie, autant que leur situation pouvait le permettre. Elles se visitaient de temps en temps, et résolurent enfin de former entre elles une société pour exercer les bonnes œuvres en tout genre, particulièrement le soin des pauvres, l'instruction des petites filles.

Le projet ne fut pas si secret, que le public n'en fût informé : on joignit aux sobriquets et aux fades plaisanteries, la menace de déférer à M. le directeur général une société formée sans être autorisée, dans un temps où le gouvernement ne paraissait pas favorable aux nouveaux établissements ; on le fit et le sieur Viard, substitut de M. le procureur général, eut ordre de s'informer et de rendre compte de cet établissement ; il le fit, mais d'une manière à ne donner aucun ombrage à la Cour, parce qu'il ne dit rien que de vrai.

Mgr l'évêque, informé de ces démarches, recommanda aux sœurs de bigarrer leurs habillements pour ne pas irriter les délateurs ; quelques-unes le firent et les autres se dispersèrent dans les diocèses voisins, pour y continuer leurs exercices avec tranquillité.

Mgr de Madot, évêque de Chalon-sur-Saône, fut le premier à profiter de cette dispersion ; mais avant que de les employer, il voulut consulter Mgr l'évêque de Mâcon, qui lui ayant rendu un témoignage encourageant tant des sœurs que de M. Agut, en présence de M. le lieutenant général, de M. le maire et de M. le procureur du Roi à Chalon, demanda à M. Agut son consentement pour retenir ses sujets, et le pria de lui envoyer une sœur pour l'établissement qu'il projetait, ce qu'il fit.

Le prélat, du consentement de la ville et de Messieurs les recteurs et administrateurs de l'hôpital général, pour distinguer les sœurs des autres personnes de leur sexe, leur proposa de porter une croix dont il leur donna le modèle. Quelques-unes de ces sœurs ayant été rappelées à Mâcon ou envoyées pour d'autres établissements, y ont porté cette croix, qui est devenue ainsi propre à toutes les maisons desservies par les sœurs de cette association, et non de celles qui demeuraient dans leur famille. Mgr d'Ailly, évêque actuel de Chalon, content de l'administration des sœurs, a multiplié leurs établissements dans son diocèse ; il en demanda à Mâcon pour Tournus, Cuisery, Saint-Gengoux-le-Royal et Sassenay.

Mgr l'évêque de Saint-Claude, sur le témoignage de Mgr l'évêque de Chalon, en souhaita aussi pour son hôpital de Saint-Amour en Comté.

M. le cardinal Tencin en autorisa l'établissement à Roanne et donna aux sœurs 500 l. pour y commencer une pharmacie. M. Dufour, abbé de Belleville, leur procura une école à Belleville. A Cluny, elles enseignent la jeunesse avec l'approbation de l'ordinaire et l'agrément de M. l'abbé de la ville.

Il fallut alors dresser des constitutions nouvelles dans ces communautés ; mais M. Agut ne pouvant prévoir toutes les circonstances, ne leur prescrivit qu'une espèce de règlement, laissant aux évêques, le soin d'y changer, remanier, ajouter ce qu'ils jugeraient convenable à l'exigence de leurs diocèses respectifs.

III

MÉMOIRE POUR LES SŒURS HOSPITALIÈRES DE LA PROVIDENCE OU DU TRÈS SAINT SACREMENT, ÉTABLIES EN PLUSIEURS ENDROITS DU ROYAUME DE FRANCE.

Origine de cette institution.

Il s'est formé en France, depuis quelques années, un nouvel institut de sœurs hospitalières, dévouées au service des pauvres malades et à l'instruction des jeunes filles. Les avantages que le public en retire ont engagé plusieurs évêques à le protéger et à l'établir dans leurs diocèses. Mais les approbations qu'ils lui donnent ne suffisent pas, si elles ne sont confirmées par l'autorité du Saint-Siège. C'est ce qui met aujourd'hui le fondateur et les filles de cet Institut aux pieds du souverain Pontife, pour en obtenir quelques marques de bienveillance.

Il y a dans la ville de Mâcon un Hôtel-Dieu pour les pauvres malades et un hôpital général de la Charité pour les pauvres valides ; mais ces hôpitaux sont destinés pour la ville seulement, et ne suffisent pas. D'ailleurs, on ne peut y recevoir et garder les pauvres affligés de certaines maladies incurables, à cause du danger de la contagion ; d'où il arrive que les pauvres qui se trouvent dans cet état, et tous les autres pauvres malades des faubourgs de la même ville, des paroisses du Mâconnais et des autres pays voisins sont privés de tous les secours que l'humanité seule exigerait pour eux. Le sieur Agut, prêtre, secrétaire du chapitre noble de Saint-Pierre de Mâcon, appelé souvent pour confesser ces malheureux dans les étables des faubourgs, chercha le moyen de leur procurer quelque soulagement, dans une retraite destinée à cet effet ; secondé par un autre ecclésiastique, qui était touché de la même compassion et qui avait les mêmes vues, il prit à loyer une maison, au mois de mars 1732, dans le faubourg de la Barre, et se munit du consentement du chapitre de Saint-Pierre, qui possède la Seigneurie du lieu, et du consentement du curé de la paroisse de Charnay, de laquelle dépend le faubourg de la Barre.

Sur une requête présentée dans le même sens à Monseigneur l'évêque de Mâcon, en son absence à M. Colin de Serre, alors vicaire général, ne voyant dans cette entreprise que la tentative du rétablissement d'un ancien hôpital d'incurables qui subsistait déjà à Mâcon, sur la fin du xve siècle, M. Colin non seulement donna son approbation, mais encore permit la construction d'une chapelle, donna des ornements pour le service divin, et accorda la permission de faire des quêtes dans le diocèse pour la subsistance des pauvres qui seraient reçus dans cette retraite.

Monseigneur l'évêque de Mâcon, charmé du succès, plaça des pauvres dans cette maison qui reçut dès lors à juste titre le nom de maison de la Providence, et lui procura les remèdes que le roi faisait distribuer au clergé pour les pauvres.

En 1737, les bureaux des deux hôpitaux de la ville, qui en reconnurent l'avantage, arrêtèrent par délibération qu'il serait donné 80 l. pour chacun des malades incurables que l'Hôtel-Dieu enverrait à la maison de la

Providence, et 20 l. pour chacun de ceux de l'hôpital général.

Le sieur Agut, encouragé, conçut de plus grands desseins; il vendit sa maison patrimoniale et forma un fond de tout ce qu'il avait, dont il acheta un emplacement dans le même lieu du faubourg de la Barre, où il fit bâtir.

En 1739, cette nouvelle maison fut déjà suffisante pour la retraite d'un certain nombre de pauvres; mais insensiblement elle s'est étendue, à mesure que le sieur Agut a fait des épargnes sur ses revenus et que les personnes charitables l'ont aidé. Outre un jardin spacieux et un clos de vigne, on voit dans cet emplacement un corps de bâtiment assez régulier qui a coûté plus de 50 mille livres et capable de loger au moins 60 personnes. Il y a actuellement 40 malades incurables, qui sont servis par des filles qui ont été instruites pour cela et qui agissent sous la direction du sieur Agut.

Une chapelle spacieuse et décemment ornée a été nouvellement construite depuis 1733, et quelques particuliers y ont fait une fondation de 122 messes.

Progrès de cette institution.

Les vertueuses filles qui se sont consacrées aux fonctions de religion et de charité dans cette maison, font une profession particulière d'être dévouées au saint Siège et soumises à toutes les décisions de l'Eglise; elles font les trois vœux ordinaires dépendamment de l'évêque diocésain qui peut en relever du consentement des dites sœurs; elles vivent sous la juridiction des évêques et sous des règles accommodées à leur état. Elles sont vêtues de noir et habillées décemment comme de pieuses veuves; elles disent tous les jours le petit office du Très-Saint-Sacrement, tiré du bréviaire romain; elle font tous les jours une heure d'oraison, une lecture spirituelle, deux examens de conscience et deux visites du Saint-Sacrement. Elles se lèvent à quatre heures en été, à cinq heures en hiver; elles font tous les ans une retraite de dix jours, et une d'un jour chaque mois; enfin, elles donnent aux exercices de piété tout le temps qui ne leur est pas enlevé par le service des pauvres, la visite des malades, et l'instruction des petites filles.

L'émulation pour être admise parmi elles a été si grande, qu'on s'est déterminé à en recevoir au delà du besoin de la maison, dans l'intention de les rendre utiles ailleurs. Le Sieur Agut, leur fondateur, n'a point encore été trompé dans ses espérances; elles se sont tellement perfectionnées dans la pratique de l'administration économique, dans la connaissance des maladies ordinaires et le service des malades, dans la préparation et l'application des remèdes, dans les talents nécessaires pour la tenue des écoles et l'éducation des filles, que plusieurs de MM. les évêques, en plusieurs villes, en ont souhaité pour le gouvernement de quelques hôpitaux et pour les petites écoles des filles.

Il en a été envoyé successivement, à Chalon-sur-Saône, à Saint-Amour en Franche-Comté, à Roanne, à Belleville, à Cluny, à Allègre, à la Chaise-Dieu, à Condrieu, à Auxonne, à Grignan en Provence, à Poussan en Languedoc et en quelques autres endroits. Plusieurs de ces établissements sont revêtus de leurs patentes et tirent presque tous leurs sujets de la maison de Mâcon où est le premier noviciat.

Catalogue des maisons.

Dans le diocèse de Mâcon :
Mâcon, noviciat, hôpital des Incurables.
Cluny, école pour les filles.
Romenay, école et hôpital.

Dans le diocèse de Chalon-sur-Saône :
Chalon, noviciat, hôpital général.
Sassenay en Bourgogne, école, visite des malades.
Saint-Gengoux-le-Royal, école, visite des malades.
Cuisery, école, visite des malades.

Dans le diocèse de Lyon :
Roanne, hôpital général, visite des malades.
Belleville, école, pensionnaires.

Dans le diocèse de Besançon :
Auxonne, hôpital d'orphelines.

Dans le diocèse de Saint-Claude :
Saint-Amour en France-Comté, hôpital royal, école.

Dans le diocèse de Vienne :
Condrieu, hôpital, école.

Dans le diocèse de Die en Dauphiné :
Grignan, hôpital, école, pensionnaires.

Dans le diocèse de Clermont :
La Chaise-Dieu, école, visite des malades.

Dans le diocèse du Puy :
Allègre, hôpital, école, manufacture.

Outre ces établissements, qui se sont formés rapidement et qui répandent partout la bonne odeur de Jésus-Christ, on en demande encore plusieurs en différentes villes.

Témoignages authentiques en faveur de cette institution.

On peut citer en faveur de cette institution plusieurs titres, lettres, certificats et attestations dont on conserve les originaux.

1º Approbation de M. le grand vicaire de Mâcon, en l'absence de Mgr l'évêque, avec le sceau épiscopal, en conséquence d'une requête à lui présentée le 13 mars 1733. Plusieurs actes capitulaires en vertu desquels le chapitre noble de Saint-Pierre donne en aumône du blé pour les malades incurables de l'hôpital du sieur Agut, et accorde la coupe des arbres nécessaires dans le bois de Vaixre, ayant égard aux services rendus au chapitre en date du 27 août 1737. Permission de Mgr l'évêque du Mâcon pour faire reposer le très saint Sacrement dans la chapelle de la Providence, du 11 novembre 1739, avec l'acte de la bénédiction du tabernacle. Le tout scellé du sceau de l'évêché et signé par M. l'abbé Dusson, vicaire général.

2º Permission des quêtes pour la maison de la Providence ou hôpital des Incurables de Mâcon, de M. de Rochebonne, archevêque de Lyon, de l'évêque d'Autun, de Mgr de la Gallay, évêque de Clermont; de M. Michel, vicaire général de Lyon, pour les années 1739, 1740 et 1741; du cardinal de Tencin en 1748, 1751 et 1752; de M. de Saint-Aubin, vicaire général de Lyon, en 1757.

3º Plusieurs lettres de M. le comte de Montmorillon, comte de Lyon; de M. Piole, vicaire général; de Mgr l'archevêque de Vienne, et du curé de Condrieu, au sujet de l'établissement des sœurs du Saint-Sacrement au dit lieu par le chapitre de Saint-Jean de Lyon.

4º Attestation de M. l'abbé Pierrefize, curé et archiprêtre de Roanne, du diocèse de Lyon, en date du 13 octobre 1758; de M. le curé principal de la ville d'Allègre, diocèse du Puy, du 11 mars 1858; de Mgr l'évêque de Chalon-sur-Saône, pour toutes les sœurs répandues dans son diocèse, à Chalon, Sassenay, Cuisery et Saint-Gengoux-le-Royal; de Mgr l'évêque de Saint-Claude, du 17 avril 1758. Il est plusieurs lettres de ces illustres évêques et de ceux de Mâcon, écrites sous différentes formes et dates, depuis 1744 à 1758, au fondateur de cette institution, par lesquelles ils lui marquent la satisfaction qu'ils ont du bon gouvernement et de la régularité des sœurs du Saint-Sacrement ; il suffira de joindre à ce mémoire l'original des attestations de Mgrs les évêques de Saint-Claude et du Puy,

Voici comment s'exprime ce dernier :

« Testamur sorores Congregationis a sanctissimo Sacramento quarum institutio in diocesi Matisconensi ortun habuit, ubique seminarium in domo sub titulo Providentiæ nunc habet, in nostra diœcesi laudabilia et assidua pietatis et charitatis exempla præbere pauperibus aegrotis inserviendo ac puellis rudimenta fidei explicando, nobis assentientibus et approbantibus, in cujus rei fidem praesentes signavimus sigilloque nostro muniri ac per secretarium nostrum signari jussimus. Datum in castro nostro Ministroliensi. Die 14 Aug. Anno 1758. »

Mgr l'évêque de Saint-Claude, en se servant presque des mêmes expressions, ajoute que les dites sœurs s'acquittent de leurs pieuses fonctions *nostro populorumque plausu*.

5° Copie en forme des titres et actes de réception des dites sœurs dans la ville d'Auxonne, diocèse de Besançon et ressort du parlement de Dijon, consistant en : 1° Un décret de Mgr de Choiseul, archevêque de Besançon, qui consent à l'érection d'un hôpital d'orphelines de Sainte-Anne et à l'introduction des sœurs du Saint-Sacrement, donné à Besançon le 8 septembre 1758 ; 2° en l'acte d'admission et réception des dites sœurs du 12 août 1759 ; 3° autre décret du dit seigneur archevêque qui permet le transport et l'union d'une somme destinée pour des missions à l'usage et à l'entretien des sœurs du Saint-Sacrement, en date du 13 juin 1759.

Tous ces actes en copie ont été pris à leurs originaux et signés de la main de M. Lanos, curé de la ville d'Auxonne et bienfaiteur du dit hôpital.

Conclusion.

On voit par l'origine et les progrès de cette institution, par les établissements nombreux qui se sont formés en peu de temps, par les témoignages favorables qu'on lui rend de toutes parts, que le fondateur a été dirigé par l'esprit de Dieu dans les vues qu'il s'est proposées pour le service des pauvres et l'instruction de la jeunesse, et que les filles qu'il a formées remplissent avec autant de zèle que de régularité les fonctions de leur état. On peut faire sur les lieux indiqués toutes les informations qu'on voudra auprès de NN. SS. les évêques diocésains, et l'on verra que tout est conforme aux faits énoncés dans ce mémoire. Mais il manque toujours un caractère essentiel à cette protestation, tandis qu'elle ne sera pas revêtue du sceau de l'approbation du Saint-Siège ou au moins d'un regard de sa bienveillance.

Le trouble et l'agitation où les affaires de la religion se trouvent en France depuis quelques années, ont retardé jusqu'à présent cette demande; mais après bien des réflexions, on a pensé que ces circonstances pourraient engager le souverain Pontife à jeter un regard favorable sur cette nouvelle institution.

Le fondateur et ses filles se mettent avec un profond respect et une parfaite soumission aux pieds de Sa Sainteté, pour assurer leur conscience, et pour l'encourager dans une bonne voie, si utile à la religion et à l'humanité.

[C]
STATISTIQUES

DE LA CONGRÉGATION DES SŒURS DU SAINT-SACREMENT
AUX DIFFÉRENTES ÉPOQUES DE SON HISTOIRE

I

Le tableau dressé par M. Agut lui-même, en 1764, des maisons de son Institut, est la première constatation officielle de ses progrès, en un espace de temps aussi restreint (1741-1764) et malgré les persécutions qui se déchaînèrent avec tant de violence contre le saint fondateur et contre ses filles spirituelles.

Quel était le nombre des sœurs du Saint-Sacrement à cette première période de leur histoire? Un des ennemis les plus acharnés de la Congrégation nouvelle, M. Delahaye, publia en 1770 un rapport dans lequel il fait monter le chiffre des religieuses qui avaient embrassé la règle de M. Agut à cinq ou six cents. Mais c'est là une supputation évidemment exagérée et dont on voulait faire une arme de guerre. Les sœurs qui desservaient l'hospice de la *Providence* à Mâcon, et celles que Mgr de Madot avait placées à l'hospice Saint-Louis de Chalon étaient à peine *vingt* en tout. La plupart des autres maisons ne possédaient que deux ou trois, au plus quatre religieuses et les écoles de la campagne une seule. Ces données ne permettent donc de porter le total de la congrégation qu'au chiffre maximum de *cent*. Quant aux agrégées, comme elles n'existaient qu'à Mâcon et dans les localités environnantes, leur nombre était certainement fort restreint. En fixant à 150 le chiffre total des sœurs, on est sûr d'être plutôt au-dessus qu'au-dessous du nombre réel.

La Révolution, nous l'avons vu, causa bien des vides dans le rang de nos zélées religieuses ; elle supprima leurs écoles, et, si elle maintint les hôpitaux, elle ne se montra pas plus favorable au recrutement des sœurs qui les desservaient. Le noviciat ne fut rouvert qu'en 1801 et vit entrer en cette année trois ou quatre postulantes seulement. L'année 1802 ne fournit aucune vocation ; mais, en 1803, sept novices presque toutes remarquables par leur esprit religieux et destinées à devenir des supérieures locales, inaugurèrent le mouvement surnaturel qui poussera de plus en plus vers la famille de M. Agut les âmes généreuses, avides de dévouement et de sacrifices.

Nous savons que c'est le nombre croissant des novices qui servit de prétexte aux administrateurs de la *Providence*, à Mâcon, pour élever leurs injustes récriminations contre la maison-mère de la congrégation, laquelle, dès son origine, n'avait fait qu'une seule et même communauté avec l'hospice des Incurables.

II

Mais laissons parler les chiffres eux-mêmes.

Le grand registre des vœux renferme l'inscription de 119 religieuses pour la période qui s'étend de 1741 à 1810. Sur ce total il faut déduire, pour le même laps de temps, 15 décès ou sorties constatés. Il est évident que ce dernier chiffre est bien au-dessous de la vérité, car il ne comprend ni les morts, ni les défections qui se produisirent durant la tourmente révolutionnaire, dont rien jusqu'ici n'a pu nous révéler le nombre exact. Nous aimons à penser qu'il fut peu élevé, les filles de M. Agut ayant résisté énergiquement à toutes les séductions que l'on fit pour les entraîner dans le schisme puis dans l'apostasie.

La période suivante, qui va de 1810 à 1870, nous est mieux connue, elle est marquée par une progression constante dans le nombre des vocations. La statistique exacte en a été faite au moyen de tableau suivant divisé en six décennalités.

De 1810 à 1820	35	sœurs inscrites et	17	décès ou sorties.
1820 à 1830	82	»	»	82	»
1830 à 1840	107	»	»	38	»
1840 à 1850	123	»	»	43	»
1850 à 1860	162	»	»	54	»
1860 à 1870	199	»	»	74	»

III

Une statistique plus détaillée a été dressée année par année pour la 7e et la 8e décennalité : elle accuse une augmentation de plus en plus considérable dans le nombre des vocations. Elle serait même de nature à nous surprendre, si nous ne savions pas que plus le monde devient mauvais, plus les âmes d'élite que Dieu attire à lui dans la vie religieuse sont désireuses de le quitter.

Années.	Personnes.	Sœurs.	Novices.	Postulantes.
1871	578	506	26	46
1872	629	523	64	42
1873	657	524	97	36
1874	670	549	97	24
1875	705	585	86	34
1876	732	614	81	28
1877	770	686	53	31
1878	775	710	40	25
1879	780	717	34	29
1880	842	785	42	15
1881	754	714	23	17
1882	760	720	20	20
1883	756	717	24	19
1884	783	737	25	21

Années.	Personnes.	Sœurs.	Novices.	Postulantes.
1885	814	748	31	35
1886	814	755	43	16
1887	891	841	24	26
1888	846	784	30	32
1889	871	795	42	34
1890	872	811	42	19

IV

Le mémoire manuscrit de la R. M. Récy renferme quelques détails fort intéressants sur les premières mères de l'Institut. Nous devons les reproduire au moins dans leurs parties principales. Au nombre des âmes généreuses qui secondèrent si vaillamment M. Agut auprès des Incurables nous voyons en première ligne :

Sœur *Thérèse Mathis*, entrée à la *Providence* en 1748.

Sœur *Marie-Benoîte Méziat*, entrée la même année et qui fut la première supérieure générale de la Congrégation.

Sœur *Thérèse Laplatte*, également entrée en 1748.

Ces trois premières Mères, ainsi que les Sœurs *Lagrange* et *Guillemin*, s'étaient vouées, dès 1732, au service des Incurables que le saint fondateur avait recueillis dans une maison de louage, au faubourg de la Barre, à Mâcon. Mais comme elles n'étaient pas alors réunies en communauté... elles ne furent « regardées (comme) n'être entrées qu'au moment où il fut enfin permis à M. Agut, *par l'achèvement de ses constructions,* de réunir ces saintes demoiselles en communauté. »

Sœur *Lardy*, entrée à la *Providence* en 1752, mourut en 1814, à l'âge de 82 ans et après 62 ans de profession. Elle avait été supérieure de l'hôpital de Bourgoin.

Sœur *Debaune*, entrée la même année 1752, mourut en 1817, à l'âge de 85 ans et après 65 ans de profession.

Sœur *De Laroche*, entrée aussi en 1752, décédée en 1818, à l'âge de 88 ans et après 66 ans de profession, était originaire de La Chaise-Dieu, où elle mourut.

Sœur *Espérance Furtin*, née à Cluny, en 1729, entra en 1753 à la maison de la *Providence* où elle devint maîtresse des novices et où elle mourut en 1815, après 62 ans de profession et à l'âge de 86 ans.

Sœur *Fournier*, de Saint-Amour, entra à la *Providence* en 1753, et mourut supérieure de la maison de Condrieu, à l'âge de 83 ans et après 63 années de profession.

Sœur *De Laroche*, cadette, en religion sœur des Saints-Anges, mourut en 1816, à La Chaise-Dieu son pays où elle a laissé une grande réputation de sainteté; elle était entrée en 1754 et compta 62 ans de profession.

Sœur *De La Roche-Durif* était, comme les deux autres sœurs du nom de La Roche, originaire de La Chaise-Dieu où elle mourut en 1819, à l'âge de 87 ans, après 65 ans de profession; elle était entrée en 1754.

Sœur *Basset*, professe en 1757.

Sœur *Roux*, en religion sœur *Saint-Louis*, entra en 1757 à la *Providence* de Mâcon, où elle mourut en 1818, âgée de 85 ans et après 61 ans de vie religieuse.

Sœur *Antoinette Lacombe*, nièce de M. Agut et pharmacienne à la Providence, y était entrée en 1757, et y mourut en 1817, à l'âge de 82 ans et après de 60 ans de profession. Elle fut toute sa vie un parfait modèle de douceur, de régularité et d'obéissance. Son oraison était presque continuelle. « Notre mère Lacombe la pria un jour, à la récréation, de nous parler sur la sainte communion, ce qu'elle fit avec une onction que je n'oublierai non plus que les larmes abondantes qu'elle répandait en nous parlant! Elle excellait dans toutes les vertus et demandait encore à l'âge de 80 ans, à notre mère Lacombe, qui n'en avait pas 40 ans et qui était sa nièce, permission pour les plus petites choses. »

Sœur *Thérèse Monvenoux*, professe en 1757.

Sœur *Marie-Stanislas Brunet* succéda à la R. M. Méziat, comme supérieure générale. Elle était née à Saint-Laurent-lès-Mâcon en 1736, fit profession en 1762 et mourut en 1810, usée par les fatigues et les chagrins qu'elle avait ressentis durant la Révolution.

Sœur *Rosalie Philibert*, née à Cluny en 1737, mourut à Condrieu, à l'âge de 80 ans, après 50 ans de profession.

Sœur *Chavy* entra en 1768 à la *Providence*, où elle mourut après 58 années de profession, âgée de 80 ans.

Sœur *Rubat*, que M. Agut envoya à Saint-Amour, y mourut à un âge fort avancé. Elle refusa constamment pendant la Révolution de mettre ses malades à la porte de l'hôpital, comme elle en reçut l'ordre formel à maintes reprises : « A force d'économie et de zèle, elle les nourrit par le seul produit de sa pharmacie. »

Sœurs *Meunier* et *Labrot*.

Sœur *Marie-Anne Du Ligny*, qui fit profession en 1763, brilla parmi toutes les premières mères de l'Institut par sa ferveur, son humilité et son dévouement héroïque à l'égard des incurables. Elle obtint du saint fondateur, dès qu'il fut mort, la complète guérison du terrible mal caduc dont elle était affligée ; mais à ses yeux cette faveur n'était qu'un motif de plus pour se dépenser tout entière au service des pauvres. Elle trouva la mort en allant solliciter en leur faveur les secours d'un parent qui habitait dans une campagne assez éloignée de Mâcon. « Le temps était froid et pluvieux, les chemins mauvais, et, comme sa chaussure était plus mauvaise encore, elle fut obligée de faire une grande partie du chemin nu-pieds dans la boue. Le lendemain elle était au lit avec une fluxion de poitrine ; mais les cent écus que lui avait donnés son parent, en lui permettant de conserver ses pauvres, la consolaient de tout.

« Il ne restait à la maison pour tous remèdes et pour toutes douceurs qu'une fiole de sirop et deux pommes. On voulait les lui donner; mais il fallut pour lui en faire accepter la moitié qu'on portât l'autre partie à un de ses malades qui dans ce moment avait aussi une fluxion de poitrine. » Elle ne voulut jamais être supérieure.

Après sa mort, si on en croit une pieuse tradition, elle aurait apparu à la R. M. Lacombe dans son costume d'hospitalière et lui aurait dit ces paroles si consolantes: « Ma mère, les œuvres de miséricorde m'ont obtenu miséricorde. »

Sœur *Futelain*.

Sœur *Jacotot*.

Sœur *Antoinette Augier-Lacombe*, surnommé la *Parisienne*, fit profession en 1773; elle recueillit de la bouche même du saint fondateur les instructions si solides qu'il donnait à ses filles sur la vie religieuse et qu'elle transmit ensuite à ses élèves.

Sœur *Vaubertrand*.

Sœur *Marthe Chatelain*, professe de l'année 1773, supérieure de l'hôpital de Sennecey-le-Grand, déploya pendant la Révolution un courage qui en imposa aux terroristes les plus forcenés.

Elle refusa constamment le serment schismatique et ne voulut pas jeter dans la rue, comme on le lui commandait, les pauvres malades de son hospice. « Un très grand jardin était la seule ressource (joint au produit d'une petite pharmacie) qu'elle avait pour les faire subsister. On lui ôta le domestique qui le cultivait; son courage secondé par celui de ses sœurs y suppléa, mais ce fut elle qui fit les trois quarts de la besogne... Elle se levait à une heure ou deux heures du matin pour travailler au jardin, et quand la lune éclairait (les ténèbres), elle y travaillait une partie de la nuit. »

Sœur *Perret*, fit profession en 1776. « C'est la dernière des filles dont notre père ait reçu les vœux et la dernière qui ait été sous le drap de mort. »

Sœur *Nublat*, morte supérieure à Tournus.
Sœur *Saint-Hugues Guillet*.
Sœur *Charpy*.
Sœur *Bonnardel*.
Sœur *Reine Bon*.
Sœur *Marthe Piquetet*, que M. Agut reçut gratuitement à la *Providence*. Ses parents, qui étaient des protestants fanatiques, la déshéritèrent parce qu'elle avait abandonné la religion prétendue réformée. Elle était si humble qu'elle se croyait indigne de manger avec la communauté et il fallait qu'avant chaque repas la mère supérieure l'invitât ou la fît inviter à entrer au réfectoire.

Sœur *Françoise Dorsy*, clôt la liste des anciennes mères dressée par mère Séraphine. Voici le témoignage que la M. Lacombe a rendu de leur vie sainte et édifiante: « Lorsque la Providence me confia le gouvernement de la congrégation, j'étais bien jeune !... Jugez de ma confusion quand je me voyais au milieu des anciennes mères à cheveux blancs qui toutes avaient vu notre père et me confondaient par leurs soins, leur respect et surtout leur obéissance, car c'étaient de vrais enfants en humilité, en simplicité et en soumission, comme aussi en mortification. »

La R. M. *Thérèse-Joséphine Récy*, qui a composé un mémoire sur les origines de la congrégation, était de Saint-Amour-en-Comté mais elle passa la majeure partie de sa vie à Bourgoin, et mourut à Autun, en 1868.

[D]

RÉCAPITULATION DES PRINCIPALES DATES

(Mémoire inédit de la R. M. Récy.)

1° Ce fut le 8 mars 1731 que Notre Père arrêta le projet de louer une maison pour y recueillir quelques pauvres incurables, en attendant que la Providence lui permît d'exécuter son premier plan, qui était de fonder un établissement ouvert à tous les malheureux qui seraient repoussés des autres hospices, et cela sans distinction d'âge, de sexe, de maladies, de pays et de religion.

2° Le 20 mars de la même année, la maison était louée sur la levée du faubourg de la Barre, après en avoir reçu l'autorisation verbale de M. l'abbé Colin, remplaçant alors l'évêque qui était à Paris.

3° Le 18 mars de l'année suivante, il présenta une requête aux comtes de Saint-Pierre, dont le consentement lui était nécessaire, et obtint leur autorisation par un acte capitulaire (18 mars 1733).

4° Le 24 mars de la même année (1733), il obtient pareillement le consentement de M. le Curé de Charnay, de la paroisse duquel le faubourg de la Barre dépendait.

5° Muni de toutes ces approbations en bonne forme, M. Agut alors présenta le 15 mai 1733 une requête à M. l'abbé Colin qui l'agréa, lui donnant même un ornement complet pour la future chapelle et quelque aumône pour la commencer.

6° Ce fut alors seulement que M. Agut osa écrire à Mgr de Valras, qui était alors à Paris, en lui faisant connaître ce qu'il avait déjà fait et ce qu'il se proposait de faire avec l'agrément de Sa Grandeur ; le prélat approuva tout, en donnant de grandes louanges au zèle de M. Agut.

7º En 1737 donc, les premières fondations de notre hospice de la *Providence*, qui devait être le berceau du futur Institut, furent jetées ; mais, comme nous l'avons dit, cet établissement fut bâti à plusieurs reprises, et seulement au fur et à mesure que la divine Providence envoyait des fonds à notre Père.

8º En 1739, le grand pavillon fut achevé et la chapelle bénite.

9º En 1770, le nouvel hôpital et avec lui la Congrégation furent approuvés légalement par lettres-patentes du roi qui voulut que M. Agut en conservât l'administration jusqu'à sa mort.

10º En 1771, M. Agut donna à la ville de Mâcon son hôpital sous la réserve et condition expresse qu'il serait desservi à perpétuité par les sœurs du Saint-Sacrement, condition qui fut acceptée avec joie.

TABLEAU CHRONOLOGIQUE

DE

MM. LES SUPÉRIEURS ECCLÉSIASTIQUES ET DES RR. MM. GÉNÉRALES DE LA CONGRÉGATION DU SAINT-SACREMENT, D'AUTUN

M. Agut............	(1741-1778)
M. l'abbé Sigorgne......	(1778-1809)
M. l'abbé Focard.......	(1809-1817)
M. l'abbé Farraud......	(1817-1830)
M. l'abbé Larcher.......	(1830-1836)
M. l'abbé Violot.......	(1837-1853)
Mgr Landriot........	(1854-1856)
Mgr Devoucoux........	(1856-1858)
M. l'abbé Millerand.....	(1858-1865)
Mgr Thomas..........	(1865-1867)
Mgr Lelong...........	(1867-1877)
Mgr Perraud...........	(1877-1882)
M. l'abbé Fontaine......	(1882)

Mère Benoîte Méziat.	(1743-1774)
Mère Stanislas Brunet......	(1774-1810)
Mère Joséphine Lacombe....	(1810-1835)
Mère Séraphine Longepierre	(1835-1847)
Mère Arsène Givord.......	(1847-1865)
Mère Séraphine (3ᵉ élection).	(1865-1871)
Mère Bénédicte Oriard.....	(1871-1877)
Mère Léon Puech........	(1877-1883)
Mère Xavier Boyer........	(1883-1889)
2ᵉ élection (1889)	

TABLE DES MATIÈRES

Dédicace v
Lettres épiscopales ix
Avant-propos xv

PREMIÈRE PARTIE

Depuis la naissance de M. Agut jusqu'à la fondation de l'hospice de la Providence, à Mâcon.

(1695-1731)

CHAPITRE PREMIER

ORIGINE ET ENFANCE DE M. AGUT

Caractères généraux de l'époque. La famille de M. Agut. Sa première éducation. Sa dévotion à l'égard du saint Sacrement. Louis Agut entre au collège. Ses études chez les Pères Jésuites. Il échappe deux fois à la mort 3

CHAPITRE II

M. AGUT ENTRE AU SÉMINAIRE ET REÇOIT LA PRÊTRISE

Vocation de M. Agut. Sa conduite au Séminaire; il soutient une thèse publique. Le Jansénisme. Comment M. Agut se prépare à recevoir les saints ordres 16

CHAPITRE III

PREMIERS MINISTÈRES DE M. AGUT; IL EST INDIGNEMENT PERSÉCUTÉ

La collégiale de Saint-Pierre à Mâcon. M. Agut entre au bas-chœur puis est nommé chevalier; ses fonctions à la collégiale. Il rétracte sa thèse et est jeté en prison par ses ennemis. Premiers fruits de sa patience............ 27

CHAPITRE IV

M. AGUT EST NOMMÉ CHAPELAIN, PUIS AUMONIER DES CARMÉLITES. IL PREND SOIN DES INCURABLES

Le Carmel de Mâcon. Les religieuses désignent M. Agut pour leur chapelain. Triste sort à Mâcon des malheureux incurables. M. Agut leur procure des secours. Son voyage à Rome. Le pape Clément XII lui rend justice. M. Agut à Lorette et à Bolsène. Il est nommé aumônier des Carmélites de Mâcon............ 42

CHAPITRE V

NOUVELLES LUTTES CONTRE LE JANSÉNISME. M. AGUT DIRECTEUR DES AMES. SA PIÉTÉ

Perfides menées des jansénistes à Mâcon. Fermeté de M. Agut. Il ramène la paix dans sa communauté. Sa méthode de direction. Son ardente piété. Double prodige qui en est la récompense. Sa dévotion à l'égard du saint Sacrement. Son reposoir. Ses controverses avec les hérétiques... 58

CHAPITRE IV (bis) (1)

M. AGUT EST NOMMÉ SECRÉTAIRE DU CHAPITRE DE SAINT-PIERRE. SA VIE MORTIFIÉE

Nouvelles fonctions de M. Agut. Ses voyages; marques sensibles de la protection divine. Difficultés nombreuses

---

(1) Une erreur de pagination, survenue pendant l'impression du volume a donné aux chapitres VI et VII les chiffres IV et V. Nous indiquons cette répétition par l'indice *bis*. L'ouvrage au lieu de vingt-deux chapitres en a en réalité vingt-quatre.

dont M. Agut sait triompher. Ses travaux et sa patience. Ses exercices de piété. Ses mortifications.............. 72

CHAPITRE V *(bis)*

M. AGUT EST ASSOCIÉ AU P. BRIDAINE ET DONNE DES MISSIONS

Zèle et activité de M. Agut. Parallèle entre le P. Bridaine et M. Agut. La mission de Matour. Les *méthodes* de Bridaine. Caractères de la prédication de M. Agut. Quels en ont été les fruits. Bonté de M. Agut pour les pécheurs... 85

CHAPITRE VI

MISSION PROVIDENTIELLE DE M. AGUT. IL RECUEILLE LES INCURABLES

Terribles conséquences des guerres de religion en Bourgogne. Saint Vincent de Paul à Mâcon. Il y institue des confréries de charité. Nouveaux abus. M. Agut entreprend de venir en aide aux malheureux. Episode du soldat de Conti. Le portrait de M. Agut............... 101

SECONDE PARTIE

Depuis la fondation de l'hospice de la Providence ou des Incurables à Mâcon jusqu'à la mort de M. Agut.

(1731-1778)

CHAPITRE VII

FONDATION DE L'HOSPICE DE LA PROVIDENCE OU DES INCURABLES

M. Agut loue une maison pour les Incurables au faubourg de la Barre. Il sollicite et obtient pour son œuvre l'approbation de l'Ordinaire. Encouragements qu'il reçoit. Premières difficultés. Nouvelle approbation de Mgr de Valras qui fait signer un accord entre les anciens hôpitaux et le nouvel hospice. La chapelle provisoire de la *Providence*.. 117

CHAPITRE VIII

M. AGUT ET LES SERVANTES DES PAUVRES. IL FONDE LA CHAPELLE DE NOTRE-DAME DE PITIÉ

M. Agut confie le soin de son hospice à des personnes pieuses de la ville et leur donne des instructions. Les *pensionnaires* et les *agrégés*. La Communauté s'organise peu à peu. Première profession. M. Agut reçoit des fonds pour son œuvre. Emploi qu'il en fait. Il choisit une pauvre enfant malade pour poser la première pierre de la *Providence*. Les premières fondations de Notre-Dame de Pitié.. 131

CHAPITRE IX

FONDATION DE L'INSTITUT DES SŒURS DU SAINT-SACREMENT. ÉPREUVES ET PERSÉCUTION

L'œuvre de Dieu. L'union des pensionnaires et des agrégés donne naissance à la future Congrégation. La règle. La R. M. *Méziat*, première supérieure générale. Calomnies dirigées contre le saint prêtre. Les ennemis attentent à ses jours et le citent en justice. L'innocence de M. Agut est reconnue. Son œuvre se développe..... 147

CHAPITRE X

L'ÉDUCATION CHRÉTIENNE ET LES SŒURS DU SAINT-SACREMENT

But de M. Agut dans sa fondation. Véritable origine des écoles. Zèle de l'Eglise pour l'instruction populaire. Les congrégations vouées à l'enseignement. Les écoles de Mâcon et leur prospérité. Règlements scolaires donnés par M. Agut à ses religieuses. Quelle doit être la fin de l'éducation. Admirable dévouement de M. Agut et des sœurs du Saint-Sacrement...................... 161

CHAPITRE XI

DISPERSION DES RELIGIEUSES DU SAINT-SACREMENT. LEURS PREMIÈRES FONDATIONS

Nouvelle trame ourdie contre M. Agut. Sa circonspection lui est imputée à crime. L'évêque prononce la dissolution de la communauté. Admirable soumission de M. Agut et de ses filles. Raison providentielle de cette dispersion. L'évêque de Chalon recueille les malheureuses fugitives. L'hospice de *la Charité* à Chalon et les Sœurs du Saint-Sacrement. Mgr de Madot et M. Agut. Autres fondations.................................... 177

CHAPITRE XII

RÉORGANISATION DE L'INSTITUT. SES DÉVELOPPEMENTS

L'orage s'apaise. *Les écoles de campagne* et les Sœurs du Saint-Sacrement. Fondation d'*Allègre* et de la *Chaise-Dieu*. Fait extraordinaire. *Condrieu, Roanne.* Ferveur des Sœurs. *Auxonne*. Mgr de Valras revient sur sa décision. Joie de M. Agut. Il met tout son zèle à orner la chapelle de la *Providence* et complète son œuvre. Nouvelles fondations. M. Agut songe à envoyer les Sœurs au Canada. Quelle compensation il accorde à ses filles. Secours abondants qu'il reçoit de tous........... 194

CHAPITRE XIII

CONSTITUTION DÉFINITIVE ET APPROBATION DES SŒURS DU SAINT-SACREMENT

Humble soumission de M. Agut et de ses religieuses à l'égard du Saint-Siège. Motifs qui font désirer au fondateur l'approbation de son institut à Rome. Il obtient des lettres patentes du roi. Nouvelles persécutions. M. Agut revise la règle et obtient l'approbation de l'ordinaire. La R. M. *Brunet,* deuxième supérieure générale. 215

CHAPITRE XIV

MORT DE M. AGUT. SES FUNÉRAILLES. VÉNÉRATION DONT IL EST L'OBJET

Coup d'œil sur la dernière moitié du xviiie siècle. M. Agut tombe malade. Il se dépouille de tout en faveur des pauvres. Son testament. Sa dernière maladie; sa sainte mort. Honneurs qui lui sont rendus. Puissance de son intercession auprès de Dieu 231

TROISIÈME PARTIE

Esprit de M. Agut. Sa doctrine spirituelle. Ses vertus.

CHAPITRE XV

ESPRIT INTÉRIEUR DE M. AGUT. SA MÉTHODE D'ORAISON

M. Agut recommande l'esprit de simplicité. Il veut que l'âme converse familièrement avec Dieu dans l'oraison. La direction d'intention. L'oraison ne doit pas être une étude. Pratique de M. Agut. Résolutions et affections... 249

CHAPITRE XVI

HUMILITÉ ET RENONCEMENT DE M. AGUT

Deux sortes d'humilité. Patience et résignation du serviteur de Dieu au sein des plus dures épreuves. Sa douceur chrétienne. Bienveillance de M. Agut à l'égard du pécheur. Sa vie mortifiée. Sa modestie angélique....... 263

CHAPITRE XVII

SON AMOUR DE LA RÈGLE

Combien M. Agut aimait l'esprit d'ordre. Qualités de la régularité religieuse. Il recommande à ses filles l'esprit de clôture et rend aussi rares que possible leurs relations avec le monde. Bonheur de la régularité. Autres avantages de la régularité 275

CHAPITRE XVIII

SA DÉVOTION ENVERS LE TRÈS SAINT SACREMENT

Cette dévotion a été la marque caractéristique de sa piété. Ses travaux sur le saint Sacrement. Avec quel amour il parle de la sainte communion. Sa dévotion à l'égard du saint Sacrifice. Son zèle pour les cérémonies et le culte divin. Son amour pour le Sacré Cœur. Pratiques de piété qu'il conseille aux Sœurs du Saint-Sacrement.. 288

CHAPITRE XIX

DÉVOTION DE M. AGUT A LA SAINTE VIERGE ET AUX ANGES GARDIENS

Comment M. Agut apprit à aimer la sainte Vierge. Ses pratiques de dévotion en son honneur. La fête de l'Assomption lui était particulièrement chère. Usage des billets. Le Testament de Marie. Faveurs extraordinaires dues par M. Agut aux saints Anges. Son zèle à répandre leur culte. L'octave des anges gardiens et des fidèles trépassés 307

CHAPITRE XX

SA CHARITÉ POUR LES PAUVRES

Vraie source de la charité. Combien M. Agut aimait les pauvres. Motifs de sa conduite à leur égard. Les noms d'*Hôtel-Dieu* et de *Providence* donnés aux hospices. Règles de conduite vis-à-vis des malades et des infirmes. En quelle estime M. Agut tenait la pauvreté. Le précepte de l'aumône et son application pratique.... 319

CHAPITRE XXI

SON DÉVOUEMENT POUR LES ENFANTS

La mauvaise éducation des enfants, première cause de l'incrédulité. Importance de la mission confiée aux sœurs institutrices. Zèle que M. Agut apporta toujours dans cette fonction qu'il nomme *apostolique*. Qualités requises pour s'en acquitter dignement. Il fait une large part dans les programmes scolaires à l'enseignement de la religion. Heureux fruits d'une éducation chrétienne.. 335

CHAPITRE XXII

ZÈLE DE M. AGUT POUR LA PERFECTION RELIGIEUSE

M. Agut travaille activement à sa perfection et à l'avancement spirituel des Sœurs du Saint-Sacrement. Dangers de la vie tiède et nonchalante. Secours que les vœux de religion procurent à une âme pour l'aider à atteindre la perfection. Du vœu de chasteté. Son mérite et ses obligations. La pauvreté religieuse sera la marque distinctive du nouvel institut. Grandeur et consolation de l'obéissance ; ses fruits.......................... 347

APPENDICE

Précis historique de la congrégation du Saint-Sacrement depuis la mort de M. Agut jusqu'à nos jours.

I. Admirable conduite des Sœurs pendant la période révolutionnaire. La R. M. Brunet supérieure générale et M. l'abbé Sigorgne supérieur ecclésiastique. La fondation de bourses pour les pensionnaires de la *Providence*, à Mâcon. La révolution confisque le bien des pauvres. La R. M. Brunet est jetée en prison............... 363

TABLE DES MATIÈRES 461

II. La communauté des Sœurs se reconstitue. Nouvelles fondations. Les évêques d'Autun et la congrégation du Saint-Sacrement. Despotisme de Napoléon, il veut réformer à sa guise les communautés religieuses. La R. M. *Lacombe* est nommée supérieure générale. Modifications apportées au costume des Sœurs 375

III. Plan de la révolution à l'égard des communautés religieuses. Difficultés suscitées aux Sœurs du Saint-Sacrement par l'administration des hospices à Mâcon. La R. M. *Séraphine Longepierre*. Transfert de la maison-mère et du noviciat à Autun. Nouvelle édition de la règle. La communauté de Perpignan se constitue en congrégation particulière... 387

IV. Progrès des maisons de Mâcon et d'Autun. Les fondations reprennent leurs cours. La R. M. *Arsène*. Révolution de 1870. La R. M. *Bénédicte* et la R. M. *Léon*. 394

V. Construction de la nouvelle chapelle et agrandissements de la maison mère. Mgr Perraud et Mgr Lelong. Epilogue'... 404

PIÈCES JUSTIFICATIVES

[A] Mandement et instruction pastorale de Mgr l'évêque d'Autun pour le second centenaire de la B. Marguerite-Marie (extrait).............. 411

[B] Mémoires de M. Agut. 415

I. *Mémoire sur l'hôpital des Incurables*, etc....... 416

II. *Mémoire sur l'établissement de l'hôpital et des Sœurs du Saint-Sacrement*.................... 426

III. *Mémoire pour les Sœurs hospitalières*, etc. Origine de l'institution. Progrès. Catalogue des maisons. Témoignages. Conclusion...... 434

TABLE DES MATIÈRES

[C] Statistiques de la Congrégation aux différentes
   époques de son histoire.................................. 442
   — *Notes biographiques* sur les premières mères de la
      communauté du Saint-Sacrement...................... 445
[D] Récapitulation des principales dates................. 450
   Tableau chronologique................................. 452

Lyon. — Impr. Emmanuel Vitte, rue Condé, 30.

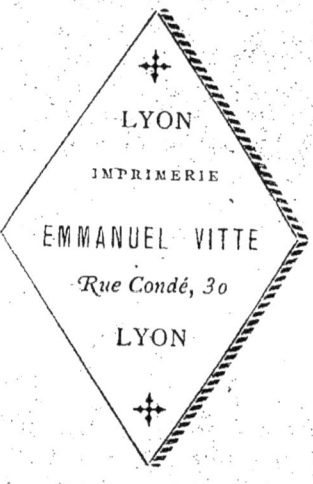

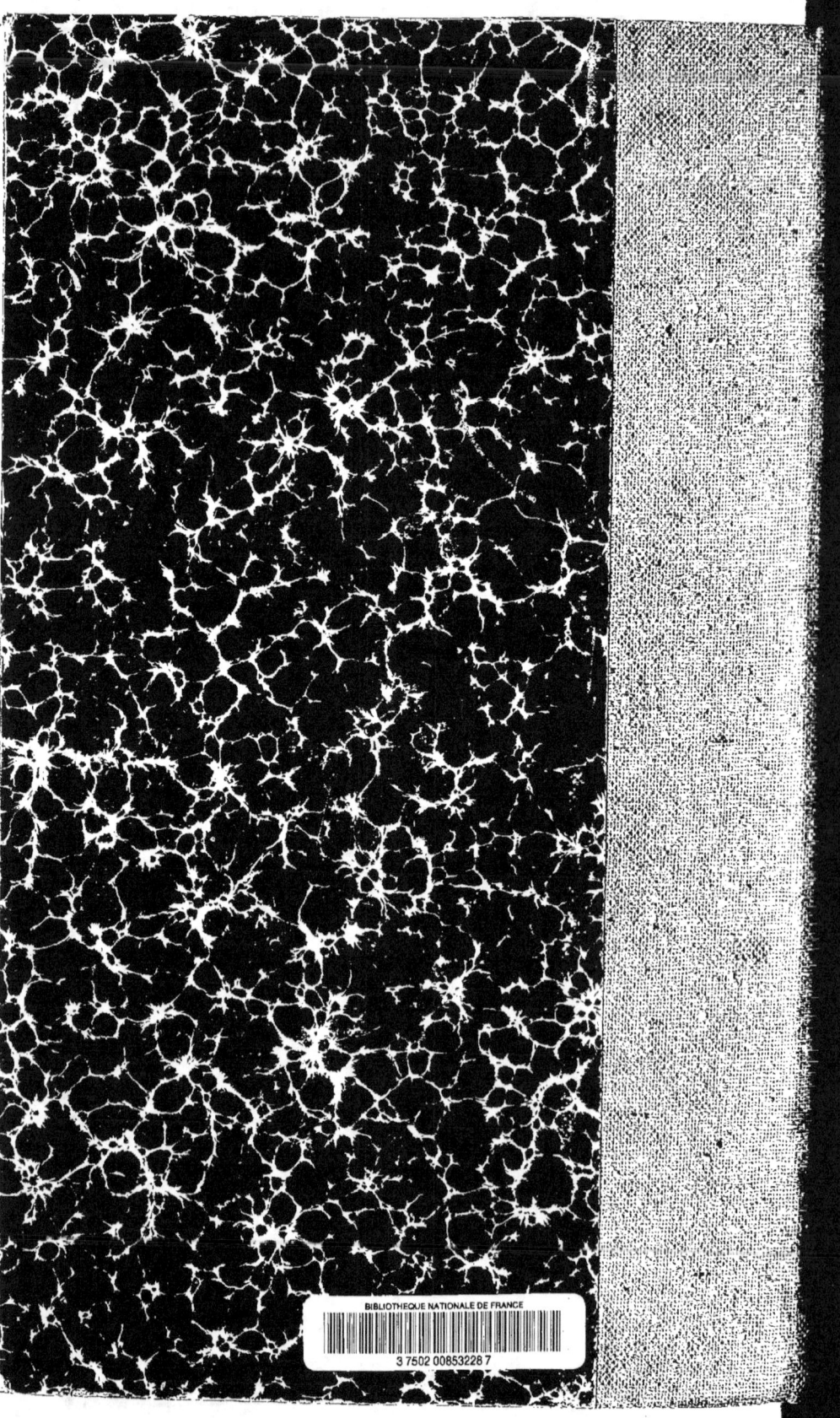

www.ingramcontent.com/pod-product-compliance
Lightning Source LLC
Chambersburg PA
CBHW071712230426
43670CB00008B/988